WEIMARANER HEUTE

Fragen und Antworten um eine alte deutsche Vorstehhunderasse

Dr. Werner Petri

KYNOS VERLAG

Titelbild: Foto: Dr. Klerke
Vorsatz: *Der Verlorenbringer.* Foto: Dr. Klerke
Nachsatz: *Gut behütet.* Foto: Dr. Schmidt
Rücktitel: Foto: Dr. Schmidt

Erstauflage 2001

Am Remelsbach 30
D-54570 Mürlenbach / Eifel
Telefon: 06594/653
Telefax: 06594/452
Internet: http://www.kynos-verlag.de
e-mail: info@kynos-verlag.de

Gesamtherstellung: Dr. Cantz'sche Druckerei, 73760 Ostfildern

ISBN 3-933228-30-1

INHALTSVERZEICHNIS

Kapitel 1

SO EIN SCHÖNER HUND! WO KANN ICH SO EINEN KRIEGEN? (Zugleich ein Vorwort)

Hundebesitzer und Eltern haben oft eine liebenswerte Eigenschaft gemeinsam: Sie sind überzeugt, dass ihre Sprößlinge die schönsten und besten sind.

Für einen Weimaranerbesitzer ist deshalb die Frage nach Herkunft und Rasse seines Hundes, die ihm allenthalben gestellt wird, angenehm und schmeichelhaft. Aber schon beim zweiten Halbsatz des Fragestellers, wo er denn, und das möglichst schnell, einen solchen Hund herkriegen könne, kann der angesprochene Weimaranerbesitzer in Verlegenheit kommen. Doch darüber später.

BEDENKENSWERTES VOR ANSCHAFFUNG EINES WEIMARANERS

Im Laufe der vielen Jahre, während der ich als Tierarzt, als Jäger und Hundeführer und vor allem auch als Zuchtwart und Vorsitzender des für die Rasse Weimaraner zuständigen Zuchtvereins tätig war, wurden mir viele Fragen über Hunde und Hundeführung, über Jäger und Jagd und vor allem auch über den Weimaraner gestellt.

Ich habe versucht, diese Fragen über *Unsere Grauen*, wie viele Weimaranerbesitzer liebevoll ihre Hunde nennen, zusammenzufassen und sie als Gliederung und Inhaltsverzeichnis des vorliegenden Buches zu nehmen. Viele der mir gestellten Fragen habe ich gerne und ausführlich beantwortet. Manche Fragen haben mich geärgert, belastet oder sogar wütend gemacht.

Zur letzten Kategorie gehören die nicht seltenen Anrufe mit dem Ansinnen, ich möchte doch bitte schnell versuchen, den Hund der Familie weiterzuvermitteln, da er bissig sei und die Familie ihn loswerden möchte. Vielfach dann hinterher gleich noch die versteckte Drohung: »Sonst müssen wir ihn ins Tierheim bringen oder einschläfern lassen.«

EINE NICHT GANZ FREI ERFUNDENE GESCHICHTE

Die Geschichte, die man dann erzählt bekommt ist fast immer ähnlich: Der stolze, frischgebackene Besitzer eines Weimaraners, oft eines Rüden (»weil Rüden ja so imposant und auch schärfer sind«) ist zwar Jäger, hat aber wenig Zeit. Er geht zwar ab und zu einmal zur Jagd, aber den Hund kann er da nicht gebrauchen, der ist ja noch so jung und verspielt, bellt zu viel und will nur herumtoben. Zeit, sich auch sonst einmal um den Hund zu kümmern, hat er auch wenig. Ja, später, bevor die Gesellschaftsjagden losgehen, soll dann der Rüde von einem bekannten Abrichter den nötigen Schliff bekommen.

Zwischenzeitlich, er ist ja wie gesagt noch so jung und verspielt, können sich die Familienmitglieder, seine Frau, zwei halbwüchsige Kinder und die hundeliebe Schwiegermutter, die oft zu Besuch kommt, um den Hund kümmern.

Und außerdem hat er ja auf dem 15 ar großen, umzäunten Grundstück genügend Auslauf. Und in seinem Komfortzwinger kann er es sich ja auch bequem machen.

Diese Überlegungen des Hundebesitzers haben allerdings in einem Hundekopf keinen Platz. Der Hund kann nicht logisch denken wie ein Mensch. So interessiert ihn nur der Teil des Grundstücks wo etwas los ist. Der hintere Teil, wo man so schön Mäuse graben kann, ist nur ab und zu einmal interessant. Viel lustiger ist da doch die Vorderseite, wo immer wieder die verschiedensten Dinge passieren und viele Leute vorbeikommen. Und wenn man da den etwas zerlumpt aussehenden Zeitungsausträger kräftig verbellt, wird man sogar noch gelobt.

Und der schöne große Zwinger? Lieber nicht - da ist man ja so schrecklich allein. Aber man braucht ja nur anhaltend zu bellen und zu jaulen, dann lassen die einen schnell wieder heraus.

Wie schön und gemütlich und wie abwechslungsreich ist es dagegen im Haus, vor allem bei schlechtem Wetter! Man wird auch immer so schön gestreichelt, wenn man nur recht aufdringlich ist. Hier gibt es auch so schöne kuschelige Plätzchen, z. B. in der Garderobe.

So ein schöner Hund.! *Foto: Petra Gottmann*

Noch besser liegt es sich auf dem weichen Sofa. Die Menschen sehen das ja gar nicht gern und versuchen einen gerade von den schönsten Plätzchen zu verjagen.

Irgendwie geht unserem Weimaraner dieses Beziehungs-Chaos in der Familie allmählich auf die Nerven. Auch das Herumgeschubse durch alle möglichen Leute wird ihm zu viel. Er fühlt sich verunsichert und gereizt zugleich. Und er merkt: Wenn man nur recht brummt oder gar die Lefzen hochzieht, lassen die einen in Ruhe.

Vielleicht muss er doch einmal selbst versuchen, für geregelte Verhältnisse zu sorgen!?

Und dann geschieht eines Tages, was passieren muss: Der Rüde ist jetzt gerade mal 8 Monate alt. Nachdem in der Vorwoche bereits die Hundezähne die Nase eines der Kinder knapp verfehlten, als es mit dem auf dem Sofa liegenden Hund schmusen wollte, ist die Schwiegermutter heute gerade beim Großputz, und der Hund stört in der Garderobe. Aber der denkt nicht daran, wegen der »Ollen« seinen Platz aufzugeben. Also versucht diese, ihn mit Gewalt und unter Zuhilfenahme des Staubsaugers zu vertreiben. Und da alles Brummen und Zähnefletschen sie von weiteren Versuchen nicht abbringen kann, beißt der Rüde zuerst in den Staubsaugerschlauch und anschließend auch noch gleich in die Hand der sauberkeitsbeflissenen Dame (was ihn selbst gleichzeitig verwundert und erschreckt).

Die körperliche Verletzung ist zwar nicht so schlimm, gerade mal etwas mehr als ein Kratzer. Aber die seelische Verwundung sitzt tief: Wie kann ein Hund, den man doch so sehr liebt, und der es so gut hat, einen Familienangehörigen beißen!?

Die Diskussionen sind ausgiebig und emotional geprägt. Der Hausherr und eines der Kinder sehen die Sache nicht so eng, aber die Damen setzen sich mit ihrer Meinung durch: Mit so einer reißenden Bestie kann man fürderhin nicht mehr unter einem Dach leben. Der Hund muss raus!!

Die nicht ganz frei erfundene Geschichte hat sich nun bei einem Jäger, wenn auch zugegebenermaßen bei einem so genannten Sonntagsjäger, zugetragen. Wie viel schlimmer für den Hund, hätte es ihn in einen Haushalt mit berufstätigen Besitzern in eine Großstadtwohnung verschlagen!

Der Leser wird sich nun fragen, wie geht es mit so einem Hund weiter? Der Möglichkeiten gibt es viele: Wenn er Glück hat, kann er in erfahrene Führerhände weiter vermittelt werden. Ich habe aber auch schon Weimaraner getroffen, die als so genannte Wachhunde auf einem Autofriedhof gelandet sind (ein noch relativ erträgliches Los!) oder die als Kettenhund im Kuhstall eines Bauern ihr weiteres Leben fristen mussten. Der vorletzte Ausweg ist dann oft auch das Tierheim. Ich kann aus jahrelanger eigener Anschauung sagen: Die Tierheime sind übervoll von abgegebenen Hunden, darunter auch zahlreichen Rassehunden. Sogar Weimaraner sind dabei.

Allerdings kann nicht bei jedem Abgabetier von einem Verschulden des ehemaligen Besitzers gesprochen werde. Bei manchen Hunden ist der Besitzer schwer erkrankt oder verstorben. Einige der Hunde sind auch »Ehescheidungs-Opfer« usw.

Und als allerletzter Ausweg bleibt die schmerzlose Tötung. Wenn der Hund lange genug im Tierheim einsitzt, und das ist nicht zynisch gemeint, entwickelt er zusätzliche schwere Verhaltensstörungen und liefert damit selbst den nach dem Tierschutzgesetz zu fordernden »vernünftigen Grund« für die Euthanasie.

LIEBE AUF DEN ERSTEN BLICK

Nun zurück aber zu der Frage »Woher kriege ich möglichst schnell so einen schönen Hund?« Liebe auf den ersten Blick ist sowohl im Hinblick auf Mensch-Mensch-Beziehungen als auch auf Mensch-Tier-Beziehungen etwas sehr Schönes und Aufregendes. Auch ich habe mich schon beim Studium in München in den Weimaraner verliebt und bin ihm zeitlebens treu geblieben.

Aber es ist hier wie da vernünftig und angebracht, nach dem ersten Gefühlssturm seinen Verstand einzuschalten und sich beim Liebäugeln mit einem Hund Folgendes vor Augen zu halten:

- Ein Hundeleben dauert rund 13 Jahre. Im Welpenalter braucht der Hund Zuwendung und Pflege wie ein Kleinkind. Im Alter kann der Hund zum Pflegefall werden.
- Der Hund braucht nicht nur die Zuwendung der ganzen Familie, er muss auch sozialisiert und in das »Rudel Familie« integriert werden.
- Alle Unternehmungen wie Urlaub, Freizeit, ja sogar größere Einkäufe, müssen sich an den Bedürfnissen des tierischen Hausgenossen orientieren.
- Ein Hund ist nie »sauber« im menschlichen Sinn. Hundehaltung einerseits und englischer Rasen, dauernd spiegelndes Parkett oder gepflegte Autopolster andererseits schließen sich gegenseitig aus.

  Beim Weimaraner, einer seit über einhundert Jahren für den jagdlichen Einsatz gezüchteten Hunderasse, kommt noch hinzu:
- Jagdhunde gehören, wie schon Horst Stern anlässlich seiner unvergessenen Fernsehsendung »Bemerkungen über den Jagdhund« so treffend gesagt hat, zu den wenigen Hunderassen, die noch weitgehend ihren ererbten Anlagen und Instinkten gemäß leben können. Beim

Menschen würde man sagen, die sich selbst verwirklichen können.

- Der Weimaraner braucht deshalb, wenn er sich seelisch und körperlich gesund entwickeln soll, **Arbeit und Aufgaben. Sein Beruf ist die Jagd.** Bei den heute immer weniger werdenden Einsatzmöglichkeiten für einen Vorstehhund gilt aber auch für den Weimaraner: Der gut und richtig gehaltene Weimaraner ist heute auch immer gleichzeitig Familien- und Begleithund, in vielen Fällen auch Wachhund.
- Seine Aufgaben und seine Arbeit kann der Weimaraner in unseren Breiten aber nur dann ausüben, wenn er
  - gut sozialisiert ist, d. h.vor allem, dass er im Umgang mit Menschen und Haustieren verträglich ist, zumindest dass er »Burgfrieden« hält,
  - eine strenge und konsequente Ausbildung in allen Gehorsamsfächern, insbesondere auch im Wildgehorsam, durchgemacht hat.

DIE WIRKLICHKEIT KENNT KEINEN TRAUMHUND

Wenn diese Voraussetzungen nicht vorliegen oder geschaffen werden können, kann er sich und seiner Familie zum Problem werden - siehe oben stehende Geschichte.

Er wird versuchen, sich an die Spitze des Rudels zu setzen und sich selbst zu beschaftigen. Er kann, je nach Gelegenheit und Anlage, zum Beisser und Raufer oder zum Wilderer werden. Oder er versucht Kinder, Radfahrer, Inline-Skater oder Haustiere zu verfolgen. Die Beispiele ließen sich fortsetzen.

All diese und auch die Ausführungen in den folgenden Kapiteln sollte der »Liebhaber« bedenken, bevor er seiner Liebe auf den ersten Blick zu seinem Traumhund nachgibt.

Die Wirklichkeit allerdings, das wird er später erfahren, kennt, wie TRUMLER bemerkt, keinen Traumhund!

Bronzeplastik vor dem Jagdschloss der Familie von Bohlen und Halbach im Landkreis Karlsruhe.
Foto: Dr. Petri

Kapitel 2

WER IST DAS, DER WEIMARANER-KLUB E.V.? WAS HAT ER FÜR AUFGABEN UND ZIELE?

Hundefreunde aus anderen Ländern sind immer sehr erstaunt, wenn sie hören, dass es in Deutschland zwei Verbände gibt, die für das Hundewesen zuständig sind. In anderen Ländern ist das nämlich nicht so.

JAGDGEBRAUCHSHUNDVERBAND UND VERBAND FÜR DAS DEUTSCHE HUNDEWESEN

Diese Zweiteilung hat historische Gründe: Im Jahre 1879 entstand als Zusammenschluss verschiedener Hundevereine die *Delegirten-Commission*, die sich als Hauptaufgabe stellte, Rassekennzeichen, zunächst für Jagdhunde, aufzustellen und ein Hundestammbuch zu führen. Zentralismus und die Boykottierung neuer Rassen führten zur Gründung des Verbandes der Vereine zur Prüfung von Gebrauchshunden zur Jagd im Jahre 1899. Dieser Verband wurde später in *Jagdgebrauchshundverband.e.V. (JGHV)* umbenannt.

Neben diesem Verband entwickelte sich aus dem 1908 entstandenen Kartell der stammbuchführenden Spezialklubs der *Verband für das Deutsche Hundewesen (VDH)*.

Ganz kurz und einfach gesagt, ist heute der JGHV zuständig für das Zucht- und Prüfungswesen der Rassen, die jagdlich gezüchtet und geführt werden. Der VDH ist zuständig für das gesamte Ausstellungswesen und das Zuchtwesen der Nichtjagdhunde.

ZUCHTVEREINE, JAGDGEBRAUCHSHUNDVEREINE UND DJV-KREISGRUPPEN

Unter dem Dach des JGHV sind also alle Vereine organisiert, die sich mit Jagdhunden befassen. Das sind einmal die so genannten Zuchtvereine, die in allererster Linie für die Zucht, aber auch für die Prüfung der von ihnen vertretenen Rassen zuständig sind. Dagegen ist die Zielsetzung der Jagdgebrauchshundevereine die Förderung der Ausbildung der Jagdhunde aller Rassen (z. B. durch Abhaltung von Hundeführerlehrgängen) und die Durchführung von Jagdhundeprüfungen nach den Ordnungen des JGHV, vereinzelt auch noch nach vereinseigenen Prüfungsordnungen. Vereinzelt existieren auch noch Hundeabteilungen von Kreisgruppen des Deutschen Jagdschutzverbandes (DJV), die ähnliche Aufgaben wie die Jagdgebrauchshundevereine wahrnehmen.

DER WEIMARANER-KLUB E. V. - VEREIN ZUR ZÜCHTUNG DES WEIMARANER-VORSTEHHUNDES. DER EINZIGE IN DEUTSCHLAND ZUSTÄNDIGE ZUCHTVEREIN!

Einer dieser Zuchtvereine ist der Weimaraner-Klub e. V. **Er ist der einzige in Deutschland zuständige Zuchtverein für Weimaraner-Vorstehhunde!** Er wurde bereits im Jahre 1897 unter dem Namen *Verein zur Züchtung des Weimaraner-Vorstehhundes* in Erfurt gegründet und ist damit nach dem *Verein Hirschmann* der zweitälteste Jagdhundezuchtverein Deutschlands.

Er hat im Jahr 1997 sein 100-jähriges Bestehen in Weimar mit Prüfungen, einer Zuchtschau und einem großen Jubiläumsabend mit internationaler Beteiligung festlich begangen. Aus diesem Anlass wurde in Weimar auch eine bronzene Gedenktafel enthüllt, die in der Nähe des Beethovenplatzes an einem der so genannten Jägerhäuser, heute zur Bauhaus-Universität gehörend, angebracht ist. Der Weimaraner-Klub ist ein eingetragener Verein, der in derzeit zehn nicht selbstständige Landesgruppen gegliedert ist. Die Anschriften der Landesgruppen und deren Vorsitzenden finden sich im Kapitel 18.

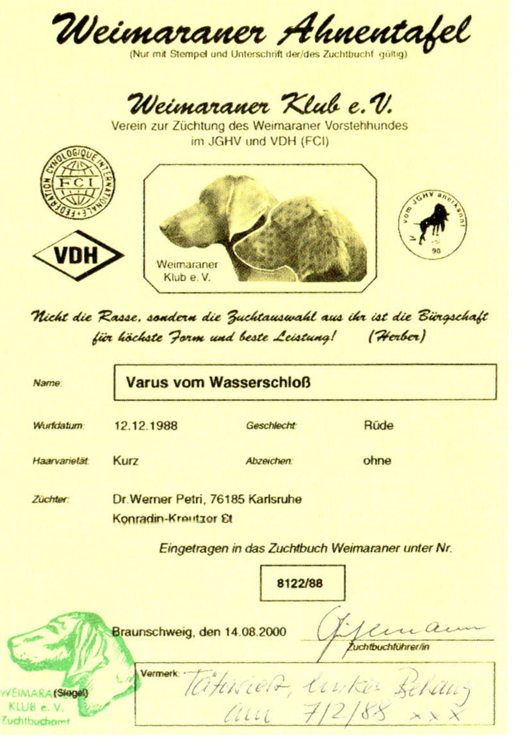

Weimaraner Ahnentafel
(Nur mit Stempel und Unterschrift der/des Zuchtbuchf. gültig)

Weimaraner Klub e.V.
Verein zur Züchtung des Weimaraner Vorstehhundes
im JGHV und VDH (FCI)

FEDERATION CYNOLOGIQUE INTERNATIONALE · FCI
VDH
Weimaraner Klub e. V.
vom JGHV anerkannt

Nicht die Rasse, sondern die Zuchtauswahl aus ihr ist die Bürgschaft für höchste Form und beste Leistung! (Herber)

Name: Varus vom Wasserschloß

Wurfdatum: 12.12.1988 Geschlecht: Rüde

Haarvarietät: Kurz Abzeichen: ohne

Züchter: Dr.Werner Petri, 76185 Karlsruhe
Konradin-Kreutzer Str.

Eingetragen in das Zuchtbuch Weimaraner unter Nr.

8122/88

Braunschweig, den 14.08.2000
Zuchtbuchführer/in

(Siegel)
WEIMARANER KLUB e. V. Zuchtbuchamt

Vermerk: Tätowiert, linker Behang am 7/12/88 xxx

Original-Ahnentafel

MITGLIEDER UND HUNDE

Der Weimaraner-Klub e. V. hat rund 2.000 Mitglieder und gehört damit zu den kleineren im JGHV zusammengeschlossenen Zuchtvereinen mit der Tendenz, ins Mittelfeld aufzurücken. (Stand August 2000).

Die Zahl der derzeit in der Bundesrepublik lebenden Hunde ist nicht genau erfasst. Ich schätze, dass die Zahl zwischen 5.000 und 6.000 liegt. Davon sind rund ein Viertel Langhaar-Weimaraner.

AUFGABEN UND ZIELE DES WEIMARANER-KLUBS E. V.

Zu den in den in der Satzung festgelegten Aufgaben des Vereins gehören insbesondere:

- Die Beratung der Weimaranerbesitzer, -führer und -züchter.
- Die Förderung und Überwachung der Zucht nach Maßgabe der aufgestellten Rassekennzeichen und der Zuchtordnung.
- Die Führung und jährliche Veröffentlichung des Zuchtbuchs für Weimaraner-Vorstehhunde in der Bundesrepublik Deutschland.
- Die Aus- und Weiterbildung von Verbandsrichtern und Formwertrichtern.
- Die Ausrichtung von Zucht- und Leistungsprüfungen von Jagdgebrauchshunden nach den Prüfungsordnungen des JGHV.
- Die Ausrichtung von Zuchtschauen und Formwertbeurteilungen von Weimaranern.
- Die Herausgabe der Klubzeitschrift WEIMARANER-NACHRICHTEN (WN).

Neben den bei allen Vereinen üblichen Vorstandsposten, wie 1. und 2. Vorsitzender, Schatzmeister usw. sind vor allem den nachgenannten Amtsträgern wichtige Aufgaben zur Förderung der Weimaraner-Zucht zugewiesen:

ZUCHT- UND PRÜFUNGSWART

Dieses Amt ist für die gesamte Weimaranerzucht von eminent wichtiger Bedeutung. Ihm obliegt die zentrale Lenkung und Überwachung des Zuchtgeschehens im Sinne der Erhaltung und Hebung der Weimaranerzucht, sowohl was jagdliche Anlagen als auch äußere Form angeht. Bei diesen Aufgaben bedient sich der Zuchtwart des Weimaraner-Klubs heute der modernen technischen Hilfsmittel, vor allem der elektronischen Datenverarbeitung zur Führung einer umfangreichen Zuchtdatei.

ZUCHTBUCHFÜHRER

Dieser arbeitet eng mit dem Zuchtwart zusammen. Er ist vor allem für die Erarbeitung und Herausgabe des jährlich zu veröffentlichen Zuchtbuchs mit umfangreichem Datenmaterial verantwortlich.

LANDESGRUPPEN UND LANDESGRUPPENOBLEUTE

Der Weimaraner-Klub ist derzeit in 10 Landesgruppen untergliedert. Die Landesgruppenobleute sind Kraft Amtes Mitglieder des erweiterten Vorstands. Sie arbeiten eng mit dem Zucht- und Prüfungswart und dem Zuchtbuchführer zusammen. Sie sind quasi deren Außenstellen. Allgemein sind die Landesgruppenobleute erste Ansprechpartner für die Mitglieder, aber auch für alle, die sich für den Weimaraner interessieren.

Als verlängerter Arm des Zuchtwarts sind sie auch für die Wurfabnahme und das Tätowieren der Welpen zuständig.

Die Landesgruppen organisieren auch die Verbandsprüfungen und führen sie in eigener Zuständigkeit durch. Die züchterisch wichtigste Prüfung ist dabei die HZP.

PRESSEWART. WEIMARANER-NACHRICHTEN

Er ist - auch im Sinne des Presserechts - verantwortlich für die Herausgabe der Klubzeitschrift *Weimaraner-Nachrichten*. Er ist auch zuständig für die gesamte Öffentlichkeitsarbeit und hält hierzu Kontakt zu den Medien, insbesondere auch zu den Jagdzeitschriften.

VERMITTLUNGSSTELLE

Der Weimaraner-Klub e. V. unterhält seit Jahren eine Vermittlungsstelle für Welpen und auch ältere Hunde, die sich bestens bewährt hat. Der Leiter der Vermittlungsstelle ist auch im Vorstand präsent. Er hält engen Kontakt zum Zuchtwart und zum Zuchtbuchführer sowie zu den Züchtern und besitzt dadurch aktuelle Informationen darüber, wo Welpen oder auch ältere Hunde abzugeben sind. Er berät darüber hinaus auch Interessenten über Kauf und Möglichkeiten der Haltung und Führung von Weimaranern. Er besitzt auch Informationen darüber, wo in Einzelfällen auch einmal Hunde an Nichtjäger abgegeben werden.

WEIMARANER-ARCHIV

Bei Vereinen, die kein eigenes Klubhaus haben, und das ist ja bei den meisten Jagdhundevereinen der Fall, ist es immer schwierig, das vorhandene Archivmaterial zu sammeln, zu sichten und zu archivieren. Der Weimaraner-Klub ist seit einigen Jahren in der glücklichen Lage, ein solches Archiv und den dazu notwendigen tüchtigen Archivar zu haben. Auch der Jagdgebrauchshundverband unterhält ein derartiges Archiv. Beide Adressen mit Ansprechpartnern finden Sie in Kapitel 18.

ORDNUNGEN DES WEIMARANER-KLUBS E. V.

Der Weimaraner-Klub e. V. hat sich, wie jeder eingetragene Verein, selbstverständlich eine **Satzung** gegeben, welche die Regularien für ein möglichst reibungsloses Funktionieren des Klubs enthält. Neben dieser Satzung hat der Verein noch folgende weiteren Festlegungen und Regularien getroffen:

Die Rassekennzeichen (Standard) legen fest, wie sowohl die äußerlichen Merkmale als auch Verhalten, Charakter und jagdliche Anlagen des Weimaraner-Vorstehhundes beschaffen sein sollen. Die Rassekennzeichen werden in Kapitel 5 ausführlich besprochen.

Die Zuchtordnung ist die Grundlage der gesamten züchterischen Arbeit innerhalb des Weimaraner-Klubs. Jedes Mitglied, welches züchten will oder einen Zuchtrüden besitzt, sollte sich die Bestimmungen dieser Ordnung zu Gemüte führen und sie genauestens beachten. Die wichtigsten Inhalte werden in Kapitel 13 behandelt.

Die Zuchtschauordnung schließlich enthält Einzelheiten über die Durchführung der Zuchtschauen des Weimaraner-Klubs. Wichtige Hinweise hierzu finden Sie in Kapitel 12.1.

MITGLIEDSCHAFT DES WEIMARANER-KLUBS E. V.

Jeder Besitzer eines Weimaraners sollte zumindest Mitglied seines Zuchtvereins werden. Er zieht daraus nicht nur persönliche Vorteile, wie Informationen durch die Klubzeitschrift, Rat und Hilfe bei der Abrichtung und Führung usw., sondern er unterstützt durch seinen Beitrag auch die gesamte Arbeit des Klubs zum Wohle der Jagdgebrauchshundezucht und -führung.

Es darf nur nebenbei erwähnt werden, dass der Verein auch Beiträge an die Dachverbände JGHV und VDH abführt.

Wenn ein Hündinnenbesitzer züchten will, dann muss er zuvor Mitglied des Zuchtvereins werden. Will ein Weimaranerbesitzer auf Verbandsprüfungen führen, dann muss er Mitglied des Weimaraner-Klubs oder eines anderen, dem Jagdgebrauchshundverband angeschlossenen Vereins sein.

Gedenktafel zum 100-jährigen Bestehen. In Weimar an einem der »Jägerhäuser«, jetzt Bauhaus-Universität am Beethovenplatz. (Entwurf: Egon Ast)

Fotos: B. Guggolz, Dr. Petri

Kapitel 3

WERDEN WEIMARANER NUR AN JÄGER ABGEGEBEN?

In den deutschen Jagdzeitschriften inseriert die *Vermittlungsstelle* des Weimaraner-Klubs e. V. u.a mit dem Hinweis: »Vermittlung der Hunde nur an Jäger«. Dieser Hinweis, der auch bei telefonischen Anfragen immer wieder gegeben wird, allerdings mit den notwendigen zusätzlichen Erläuterungen, führt bei den Interessenten oft zu erheblicher Verärgerung.

DER WEIMARANER GEHÖRT GRUNDSÄTZLICH IN JÄGERHAND

Dem Zuchtverein und den Züchtern wird dann oft elitäres Verhalten vorgeworfen.Es wird auch die provokatorische Frage gestellt, ob denn der Zuchtverein der Meinung sei, Menschen der nichtjagenden Spezies seien schlechtere Menschen oder Hundehalter. Diese Fragen und versteckten Vorwürfe sind verständlich. *Trotzdem ist die Forderung berechtigt, dass der Weimaraner grundsätzlich in Jägerhand gehört.* Im deutschen Sprachgebrauch bedeutet aber das Wort *grundsätzlich* so viel wie »dem Grundsatz nach«, es gibt also auch Ausnahmen von dieser Regel.

Für diese grundsätzliche Forderung gibt es vor allem zwei Gründe:

- Wie bereits ausgeführt wird die Rasse Weimaraner seit mehr als einhundert Jahren auf jagdliche Anlagen hin gezüchtet. Dem Weimaraner liegt das Jagen, also vor allem das Ausarbeiten von Fährten, Spuren und Geläufen und das Verfolgen und Greifen von flüchtenden Tieren (manchmal auch Menschen!) im Blut. Wenn der Hund diesen Jagdtrieb nicht ausleben kann, fehlt ihm ein Stück Lebensqualität. Seine Haltung kann dann bei enger Auslegung des Begriffs nicht art- und verhaltensgerecht sein. Selbst das deutsche Tierschutzgesetz, welches lediglich Mindestbedingungen für die einzelnen Tierhaltungen festschreibt, fordert in seinem § 2, dass Tiere ihrer Art und ihren Bedürfnissen entsprechend gehalten werden müssen.
- Die Züchter des Weimaraner-Vorstehhundes und der Zusammenschluss dieser Züchter, der Weimaraner-Klub e. V., müssen selbstverständlich daran interessiert sein, die der Rasse über viele Generationen angezüchteten jagdlichen Anlagen zu erhalten und, wenn möglich, auf manchen Gebieten (z. B. bei der Wasserpassion) noch zu verbessern. Denkbar ist auch, dass, mit Veränderung der jagdlichen Verhältnisse, zukünftig auch auf anderen Einsatzgebieten züchterische Schwerpunkte gesetzt werden müssen.
- Diese züchterische Arbeit ist aber nur über eine züchterische Auslese oder, wie die Tierzüchter sagen, über *Selektion* möglich. Selektion beim Jagdhund setzt aber eine Prüfung der Anlagen bei einer möglichst großen Anzahl von Tieren der Population voraus. Dabei werden bei der Beurteilung der genetischen Potenz eines Tieres heute nicht nur die Vorfahren (»an ihren Früchten sollt ihr sie erkennen«) berücksichtigt, sondern auch die Nachkommen und die Geschwister, also die gesamte nähere Verwandtschaft. Da aber Anlageprüfungen bei Jagdhunden selbstverständlich jagdlich orientiert sein müssen, sind gewissenhafte Züchter darauf angewiesen, dass ihre Welpen in die Hände von Jägern kommen, die sie dann auch auf den Anlageprüfungen vor allem auch auf der sogen. *Herbstzuchtprüfung* führen.

  Auf eine Tatsache muss ich an dieser Stelle ganz deutlich und unmissverständlich hinweisen:

Der Weimaraner wird seit über 150 Jahren als vielseitiger Jagdgebrauchshund gezüchtet - und das muss er auch bleiben! *Foto: Klaus Schendel*

Falls man versuchen würde, den Weimaraner-Vorstehhund oder eine andere deutsche Vorstehhunderasse nur nach äußeren Körpermerkmalen zu züchten, ohne Rücksicht auf seine geistig-seelischen sowie vor allem seine jagdlichen Anlagen, dann würde man nach einer Reihe von Generationen einen grauen Hund erhalten, der zwar noch wie ein Weimaraner aussehen würde, der aber kein Weimaraner mehr wäre. *Das Zusammenspiel von körperlichen Merkmalen mit geistig-seelischen Eigenschaften und ererbtem Jagdinstinkt macht nämlich erst eine Jagdhunderasse aus.*

DER WEIMARANER ALS BEGLEIT- UND FAMILIENHUND

Aber um ganz ehrlich zu sein: Der Zuchtverein und die Züchter haben es zu keiner Zeit der Zuchtgeschichte der Rasse geschafft, alle Welpen in Jägerhände zu vermitteln. Und auf der anderen Seite sind nicht alle Jäger, die einen Welpen erwerben, bereit, ihn auf einer Zuchtprüfung vorzustellen.

Es wurden deshalb immer schon Welpen in Nichtjägerhände abgegeben; und das ist auch heute noch so. Es gibt z. B. immer einmal wieder Junghunde, die im Alter von 7 Monaten noch keinen Jagdtrieb zeigen und den sichtigen Hasen einfach ignorieren, oder die absolut nicht ins Wasser zu bekommen sind. Diese Hunde werden nie vollwertige Jagdhunde abgeben. Früher kehrten solche Tiere einfach nicht mehr von der Jagd zurück. Solche Hunde sind aber heute als Begleithunde immer noch wertvoller als irgendwelche Produkte aus Schönheits-Massenvermehrung. Die Vermittlungsstelle des Weimaraner Klubs e.V. hat immer wieder solche Hunde anzubieten.

Wenn deshalb ein Hundeliebhaber, ob alleinstehend oder für die Familie, einen Weimaraner-Welpen oder auch einen älteren Hund erwerben will, dann muss er sich auf die Besonderheiten einer Vorstehhunderasse, speziell auch der Rasse Weimaraner, einstellen. Das heißt vor allem:

- In der Familie oder im Freundeskreis muss in den Beziehungen Mensch-Hund eine Rangordnung hergestellt werden. Der Hund als Rudeltier Hund braucht diese Rangordnung, sonst wird er asozial.
- Der Hund muss rechtzeitig eine Grundausbildung in den Gehorsamsfächern durchlaufen. Die Schäferhundleute sagen hierzu »Unterordnung«. Ob die Gehorsamsausbildung nach den Regeln der Jagdhundeführer oder anderer Hundegruppierungen durchgeführt wird, ist eher zweitrangig.
- Der Hund muss, da er seinen Hauptberuf, das Jagen, nicht ausüben darf, eine möglichst gleichwertige Ersatzbeschäftigung erhalten. Sonst geht es ihm wie vielen langzeitarbeitslosen Menschen auch: Es drohen durch Langeweile bedingte Entgleisungen bis hin zur Störung der sozialen Bindungen.

MÖGLICHE PROBLEME

Auf zwei Problemkreise möchte ich dabei besonders hinweisen: Einmal ist da der *Jagdtrieb*, der fast jedem Weimaraner angeboren ist. Zum Zweiten ist in vielen Zuchtlinien beim Weimaraner ein ausgeprägter *Schutztrieb* erblich verankert. Zu Letzterem finden Sie weitere Ausführungen im nächsten Kapitel.

Deshalb die Frage »Wie kann man einen Jagdhund, einen Weimaraner, *zähmen*?« Es gibt im Grunde genommen vier Möglichkeiten, um mit einem Weimaraner in Bezug auf seinen *Jagdtrieb* ohne größere Komplikationen zurechtzukommen.

Dabei sollte sich jeder Weimaranerbesitzer, der bereits einen Hund mit Jagdtrieb besitzt, immer vor Augen halten, dass das, was er tut, um den Hund vom Jagen abzubringen, eigentlich nicht art- und verhaltensgerecht ist. In dem Moment, wo er aber im Besitz des Hundes und fest entschlossen ist, mit ihm weiter zusammenzuleben, gibt es keine Alternative mehr.

1. Die erste und beste Möglichkeit ist abzuwarten, bis ein älterer Hund abgegeben wird. Siehe oben.
2. Eine weitere Möglichkeit ähnelt im Prinzip der vorgenannten:
   Man kann versuchen, den Welpen in Bezug auf jagdliche Passion *»steril«* aufzuziehen. Das bedeutet, dass der Hund sowohl im Welpen- als auch im Junghundalter von allen verfänglichen Situationen ferngehalten wird, mit dem Ziel, dass der angeborene Jagdtrieb sich nicht voll entwickelt. Praktisch heißt das, dass der Junghund von allen Orten ferngehalten wird, wo Wild, verlockende Haustiere, vor allem Geflügel usw. zu erwarten sind. Besonders gefährlich sind hier deckungsreiche Feldfluren und der Wald. Hier darf er nicht frei laufen, damit er nicht in Versuchung kommt, Hasen oder die bei uns am häufigsten vorkommende Wildart, das Reh, zu hetzen.
   Das Verfolgen von Haus- oder Parkgeflügel muss ihm von Anfang an mit aller Strenge verleidet werden. Auch muss ihm von Anfang an das so beliebte Verfolgen von Radfahrern, rennenden Kindern, Inline-Skatern u. ä. abgewöhnt werden. Wenn man hier nicht konsequent ist und etwa mit dem Argument, der Hund sei ja noch so jung und spiele doch nur, solche Dinge durchgehen lässt, sind sie ihm später nur sehr schwer wieder abzugewöhnen.
   Ob diese Vorgehensweise auch bei einem sehr *triebstarken* (d. h. einem Hund mit angeborenem sehr starken Jagdtrieb) immer Erfolg hat, kann ich nicht so recht beurteilen, da ich es als Jäger selbst noch nie ausprobiert habe. Sicherlich kommt es auch auf die Wohnsituation des Hundebesitzers an. Hier in der Rheinebene, wo z. B. auf den Grünflächen vor unserem Haus Kaninchen, Enten Tauben, Krähen usw. sehr zahlreich vorkommen, kann die Sache schon etwas schwierig werden, wie ich täglich auch bei Nicht-Jagdhunden, vor allem auch Mischlingen, beobachten kann.
3. Eine dritte, sehr wirkungsvolle Möglichkeit, dem Hund das Wildhetzen oder das Hetzen von Haustieren und Menschen vollkommen zu verleiden, ist heute durch die Tierschutzgesetzgebung und die auf diesem Gebiet ergangenen Gerichtsurteile stark eingeschränkt Diese Methode, den Hund *wildrein* zu machen, kommt vor allem für ältere Hunde in Betracht, die sich das Hetzen bereits angewöhnt haben. Es muss an dieser Stelle darauf hingewiesen werden, dass das Ziel der Jagdhundeabrichtung *nicht der wildreine Hund ist.* Der Jäger benötigt vielmehr für eine tierschutzgerechte Jagdausübung den *wildgehorsamen Hund,* d. h. den Hund, der sich jederzeit durch Befehle von unerwünschtem Hetzen abhalten lässt. Dagegen muss der Jagdhund selbstverständlich krankes Wild auf Befehl sehr energisch hetzen. Bei der angesprochenen Methode handelt es sich um den Einsatz von so genannten *Elekroreizgeräten.* In Deutschland sind die Geräte unter dem Markennamen »Teletakt« bekannt geworden. Zwischenzeitlich sind diese Geräte, vor allem in den USA, weiterentwickelt und stark verbessert worden. Sie werden dort auf breiter Basis, nicht nur bei der Jagdhundeabrichtung, angewendet. Ihr Einsatzgebiet wird in den Gebrauchsanweisungen für alle die Fälle propagiert, in denen der Hund unerwünschte Verhaltensweisen zeigt, wie z. B. auch für Bagatellfälle wie Liegen auf den Sitzmöbeln.
   Der Verband für das Deutsche Hundewesen (VDH) hat zwischenzeitlich allen seinen Untergliederungen die Verwendung dieser Geräte auf den Übungsplätzen untersagt.
   Der die Jagdhunderassen vertretende Jagdgebrauchshundverband (JGHV) hält dagegen den Einsatz derartiger Geräte für bestimmte Einsatzgebiete unter bestimmten Voraussetzungen nach wie vor für sinnvoll und vertretbar. Eine Grundvoraussetzung ist aber z. B., dass der Anwender (z. B. Leiter eines Hundeführerlehrgangs) einen nach einer Fortbildungsveranstaltung erworbenen Sachkundenachweis besitzt.

Das Prinzip der Anwendung ist für das hier gesteckte Ziel, den Hund *wildrein* zu machen, sehr einfach: Der Hund trägt am Halsband einen kleinen Empfänger. Durch Funkkontakt ist dieser mit einem Sender, den der Ausbilder trägt, verbunden. Durch Auslösung eines Funksignals erhält der Hund im Bedarfsfall über dicht am Hals anliegende Elektroden leichte *Elektoreize*. Diese *Elektoreize* sind bei modernen Geräten fein dosierbar. Mit Elektroschocks hat, wie immer wieder behauptet wird, das Ganze nichts zu tun. Ein weiterer Grundsatz der Anwendung lautet deshalb, dass der Anwender die Stärke des Impulses vorher an seiner Hand ausprobieren muss. Bei unerwünschtem Verhalten, welches der Hund außerhalb des unmittelbaren Einwirkungsbereichs seines Führers zeigt, z. B. beim Ansetzen zu einer Hasenhetze, kann nun der Elektroreiz ausgelöst werden. Dieser für den Hund unangenehme Reiz muss stärker sein, als der mit Lustgewinn verbundene Reiz der Hasenhetze.
Die Anwendung dieser Elektroreizgeräte bleibt also auf die Ausbildung des Hundes im Rahmen etwa eines jagdlich orientierten Hundeführerlehrgangs beschränkt. Vor allem Anfänger seien davor gewarnt, solche Geräte ohne sachkundigen Beistand selbst anzuwenden. Es könnten ansonsten schwere Verhaltensstörungen die Folge sein.

4. Schließlich bliebe noch die Möglichkeit, den Hund, etwa im Rahmen eines Hundeführerlehrgangs für Jagdhunde, jagdlich mit vollem Gehorsamsprogramm auszubilden. Diese Möglichkeit ist aber für einen Hundeführer, der nicht selbst Jäger ist, davon abhängig, dass er jagdlich interessiert oder zumindest aufgeschlossen ist, und dass er mit einem Jäger eng zusammenar-

Über den Graben. *Foto: Dr. Schmidt*

beitet. So etwa, wenn Partner oder Verwandte Jäger und Hundeführer sind.
Einen Hund durch einen Abrichter jagdlich ausbilden zu lassen, hat in vorliegendem Fall wenig Sinn. Erstens ist dies relativ teuer. Und zweitens verwildert der Hund bei nicht konsequenter Führung bei seinem Besitzer sehr schnell wieder, da er ja bei der Abrichtung die Freuden des Jagens bereits kennen gelernt hat. Aber egal wie Sie es anstellen, um den Hund zu einem brauchbaren Begleithund zu erziehen :

IHR WEIMARANER BRAUCHT AUFGABEN UND BESCHÄFTIGUNG

Deshalb sorgen Sie auf jeden Fall dafür, dass Ihr Hund rassegemäße Aufgaben erhält und entsprechend beschäftigt wird. Denn der Weimaraner ist ein Gebrauchshund, also ein Arbeitshund, der dies so notwendig braucht wie die Luft zum Atmen!

Das Leben besteht aber auch für den Hund nicht nur aus Arbeit und Aktivität. Deshalb muss der Weimaraner, wenn er ein lebenswertes Leben führen soll, immer auch gleichzeitig Familienhund und treuer Begleiter in vielen Lebenslagen sein. Das gilt uneingeschränkt auch für den als Jagdhund geführten Weimaraner.

So brav, mein Hund! *Foto: U. Tielker*

Kapitel 4

KANN MAN EINEN WEIMARANER AUCH ZUM SCHUTZHUND/WACHHUND AUSBILDEN?

Wenn bei Diskussionen in Jäger- und Försterkreisen die Sprache auf den Weimaraner kommt, dann taucht unweigerlich die Frage auf, wie es denn heute mit der *Mannschärfe* bei dieser Rasse bestellt sei. Darauf gibt es nur eine Antwort: Der Weimaraner ist, wie alle anderen Vorstehhunderassen auch, in allererster Linie eine Jagdgebrauchshunderasse. Er ist nicht, wie immer wieder behauptet wird, von Natur aus »scharf«.

Försterhund aus Thüringen 1888. (Urgroßvater des Klubmitglieds und Züchters Jürgen Nitsche). Foto: Familienarchiv

STANDHAFTE FÖRSTERHUNDE

Der Grund für derartige Fragen ist wohl darin zu suchen, dass der Hund als Beschützer seines Herrn im deutschsprachigen Raum (nicht dagegen in vielen außereuropäischen Ländern!) auch heute noch einen relativ hohen Stellenwert besitzt. Viele Hundevereine bezeichnen sich auch heute noch stolz als »Polizeihundverein«. Diesem typisch deutschen Phänomen muss man sehr kritisch gegenüberstehen, denn viele Leute versuchen ihr mangelndes Selbstbewusstsein durch einen »scharfen Polizeihund« aufzupolieren. Hierin liegt auch mit ein Grund für die so genannte Kampfhundproblematik. Polizei und viele Polizeihundvereine machen es geradezu vor, wie man einen Hund »scharf« macht. Die Schutzhundeleute, voran der Verein für Deutsche Schäferhunde, versäumen deshalb auch keine Gelegenheit zu betonen, dass ihre Hunde ja nicht auf den Mann dressiert werden, sondern den Hetzarm lediglich als Beuteobjekt ansehen. Wenn das nur auch mal alle Hunde so sehen!

Der Weimaraner ist in der jagdkynologischen Literatur nie als Schutzhund propagiert worden. Er wurde allerdings neben der Rasse *Deutsch-Stichelhaar* immer wieder als der klassische *Försterhund* herausgestellt. So zeigen Fotos aus Familienalben der ersten Hälfte des vorigen Jahrhunderts Forstbeamte in Uniform mit imposanten Weimaranern an der Leine. Wobei auf manchen Bildern mangels Vergleichsgrößen nicht zu entscheiden ist, ob nun der Förster so klein und schmal oder der Hund so groß und kräftig ist.

Der Weimaraner war in Försterkreisen als Jagdhund

vor allem deshalb so beliebt, weil er, so steht zu lesen, *wesensfest, zuverlässig, ruhig und standhaft ist.* Diese Eigenschaften, gepaart mit einer guten Nase, befähigten und befähigen ihn auch heute zu besonderen Leistungen bei Nachsuchen auf Schalenwild. Gerade in unruhigen Zeiten, in welchen Wilderei und Holzdiebstahl durchaus noch von wirtschaftlicher Bedeutung waren, war diese *Standhaftigkeit* eines Jagdgebrauchshundes eine gerade bei Forstbeamten besonders gesuchte Eigenschaft.

Damals wie heute sind eben große und energische Hunde in vielen, allerdings nicht in allen, Fällen geeignet, lichtscheue Zeitgenossen, man nannte sie damals *Gesindel*, einzuschüchtern.

WESENSFESTIGKEIT

Der Weimaraner-Klub e. V. versucht aus züchterischen Gründen bei den Junghunden in allererster Linie die Wesensfestigkeit möglichst vieler Hunde zu testen. Zusätzlich gezeigter Schutztrieb wird ebenfalls vermerkt. Diese Überprüfungen werden anlässlich von Klubveranstaltungen, insbesondere Zuchtschauen und Zuchtprüfungen durchgeführt. Hauptzweck ist, *wesensschwache* Hunde, insbesondere scheue und ängstliche Tiere, zu erkennen. Diese, sowie deren nahen Verwandten, müssen unbedingt aus der Zucht ferngehalten werden, da in solchen Fällen Erblichkeit nicht ausgeschlossen werden kann. Auf diesen Test wird in Kapitel 11 etwas näher eingegangen. Für die Zuchtzulassung müssen die Junghunde *nicht* unbedingt Schutztrieb zeigen. Auch Hunde, die gleichgültig sind, können noch zur Zucht zugelassen werden, allerdings nur dann, wenn sie Wildschärfe oder auch Härte nachgewiesen haben. Wir kommen aber trotzdem nicht darum herum, uns mit dem komplexen Begriff *Schärfe* beim Weimaraner auseinanderzusetzen.

WILDSCHÄRFE

Es ist ohne Zweifel so, dass jede Hunderasse als Raubtier-Erbe ein gewisses Aggressionspotenzial besitzt. Selbst bei Kleinhunderassen ist das so. In Tierarztpraxen sind etwa Pekingesen oder Rote Langhaardackel wegen ihrer Aggressivität berüchtigt.

Bei den Jagdhunderassen, die zur Arbeit nach dem Schuss eingesetzt werden, ist die Aggressionsbereitschaft gegenüber Wild, auch aus Tierschutzgründen, ein unbedingtes MUSS. Der Hund muss z. B. das durch Verkehrsunfall schwer verletzte Reh nach energischer Hetze niederziehen und durch festen Drosselgriff töten oder zumindest festhalten, bis der Jäger hinzugekommen ist. Man bezeichnet diese Art des Aggressionsverhaltens als *Wildschärfe.* Diese Wildschärfe ist eigentlich nur bei den Jagdhunderassen weniger ausgeprägt, die als reine Feldspezialisten oder Apportierhunde gezüchtet werden.

Letztere sind auch aus diesem Grund als reine Begleithunde relativ gut geeignet und werden von mir vielfach den nichtjagenden Interessenten empfohlen, die unbedingt einen Jagdhund am Strick führen wollen, es kommt ja hier nicht nur der zum Modehund gewordene Golden Retriever in Frage.

Auf jeden Fall ist die Wildschärfe für den Weimaraner, der als vielseitiger Jagdgebrauchshund geführt wird, eine Grundvoraussetzung waidgerechten und tierschutzgerechten Jagens. Sie muss in der Zuchtlinie erblich verankert sein und durch die Jagdpraxis vervollkommnet werden. Diese Wildschärfe sollte der Weimaraner auch gegenüber wehrhaftem Raubwild wie etwa Fuchs, Dachs und Waschbär zeigen. In diesem Fall spricht man von *Raubwildschärfe* oder auch *Härte.*

Diese Wild- bzw. Raubwildschärfe ist bei den Jagdhunden meist *nicht* gekoppelt mit einer Aggressionsbereitschaft gegenüber Menschen, wie oft vermutet wird. Die meisten Jagdhunde, auch solche mit rabiater Wildschärfe, verhalten sich gegenüber Menschen, auch Fremden, neutral oder sogar freundlich.

Soziale Verträglichkeit. (Nach gemeinsamer Jagd auf Baltrum). *Foto: Paivi Schmidt*

DER SOZIAL VERTRÄGLICHE WEIMARANER

Eine dritte Variante des Verhaltenskreises Aggression ist die *Aggressionbereitschaft gegenüber Artgenossen*, also gegenüber Hunden. Gerade diese innerartliche Aggressionsbereitschaft hat die so genannten Kampfhunderassen, allen voran den so genannten Pitbull-Terrier in Verruf gebracht. Diese wurden geradezu hierfür gezüchtet und teils auch abgerichtet (Hundekämpfe). Gegenüber Menschen sind viele dieser Hunde, wie ich in jahrelanger Tierschutzarbeit erfahren habe, oft durchaus freundlich. Ausnahmen, die dann in der Presse erscheinen, bestätigen auch hier die Regel.

Beim Weimaraner ist innerartliche Aggressionsbereitschaft unerwünscht! Gerade bei den heute üblichen Bewegungsjagden brauchen wir sozial verträgliche Hunde, sonst können wir nicht erfolgreich mit ihnen jagen.

Ansätze zum Raufen mit anderen Hunden müssen deshalb bereits dem Junghund mit aller Strenge verleidet werde. Dagegen ist bereits mit dem Welpen, etwa bei so genannten Welpenspieltagen, soziales Verhalten einzuüben.

UNERWÜNSCHTE VERHALTENSWEISEN

Vor allem folgende unerwünschte Verhaltensweisen aus dem Bereich des Aggressionsverhaltens gegenüber Menschen dürfen deshalb bereits beim Welpen und Junghund auf keinen Fall gefördert werden, sondern sind zu tabuisieren:

- Das Hetzen oder gar Beissen von Personen, insbesondere Kindern, Radfahrern usw.
- Das unmäßige Toben und Bellen im Auto bei jeglicher Annäherung von Personen.
- Das blindwütige Toben auf dem Grundstück bei regelmäßig erscheinenden Personen, wie Briefträger, Zeitungsausträger usw.
- Das Drohen gegenüber Führer und dessen näherem Umkreis, es sei denn, diese verhalten sich selbst drohend oder provozierend gegenüber dem Hund.

Der Weimaranerbesitzer sollte aber trotz aller Mühe, die er sich mit seinem Hund gibt, wissen, dass *Beißzwischenfälle*, wie es im Behördendeutsch heißt, auch bei seinem Hund nie ganz auszuschließen sind. Der viel gehörte Ausspruch, »mein Hund beißt nicht, er hat noch nie so etwas getan« mag zwar in manchen Fällen zur Beruhigung der Mitbürger beitragen. Kein Hundeführer kann aber für alle denkbaren Situationen für seinen Hund in dieser Beziehung seine Hand ins Feuer legen.

Warum beißt ein Hund, ein Weimaraner, auch wenn er nicht bissig im negativen Sinn ist? Dazu einige Beispiele:

- Der Hund fühlt sich, etwa in der Nähe des Autos, von einem Fremden überraschend bedrängt.
- Der »erfahrene« aber fremde Hundefreund knuddelt den Hund und sieht dem Hund direkt in die Augen.
- Ein Familienmitglied versucht, bei nicht ganz geklärter Rangordnung, an dem Hund unangenehme Manipulationen vorzunehmen, etwa die Behänge zu reinigen oder eine Zecke zu entfernen.
- Ein Familienmitglied, dem der Hund nicht sicher gehorcht, versucht den drohenden Hund aus seiner Hütte zu holen oder von seinem angestammten *Hundeplatz* zu vertreiben.
- Ein Mitjäger oder Treiber versucht, den eben nachgesuchten Rehbock anzufassen oder gar wegzutragen oder dem Hund einen auf der Strecke liegenden Hasen wegzunehmen.
- Der Hundeführer versucht, den Hund nach einer schweren schmerzhaften Verletzung, etwa durch Verkehrsunfall, wegzutragen.

Diese Beispiele ließen sich fortsetzen. *Solche typischen hundlichen Abwehrreaktionen haben mit Aggressivität im engeren Sinn nichts zu tun. Sie dürfen dem Hund auf keinen Fall zum Vorwurf gemacht und negativ angelastet werden.*

Ausgesprochen *bissige Weimaraner* gibt es selbstverständlich auch! Sie sind das Resultat einer falschen Behandlung während der Jugendentwicklung oder in seltenen Fällen eines psychischen Defekts (Wesensschwäche). Auf jeden Fall sind bissige Hunde unsichere, besser gesagt verunsicherte Hunde.

FÖRDERUNG DES SCHUTZ- UND BEWACHUNGSTRIEBS

Ganz selbstverständlich ist es jedem Weimaraner-Besitzer unbenommen, darüber hinaus den Schutztrieb seines Hundes zu fördern, sofern die Motive nicht allgemeinen ethischen Maßstäben widersprechen. Auf jeden Fall muss verhindert werden, dass psychisch labile Menschen einen Weimaraner selbst »scharf« machen oder als Schutzhund ausbilden lassen. Der Hund darf nicht zum Ersatz-Aggressor eines verhaltensgestörten Menschen werden.

Auf der anderen Seite sollten Jäger und Förster, die heutzutage in vielen Fällen einen zuverlässigen und standhaften Schutzhund bitter nötig haben, sich von der gerade wieder aufkommenden Kampfhunddiskussion nicht einschüchtern lassen. In diesen Fällen einen Rechtfertigungsgrund anzuführen ist sicher um vieles leichter als bei dem Personenkreis, der bei den zahlreichen Schutzhundvereinen seine Hunde nach wie vor auf den Scheintäter hetzt.

Verteidigen des Stücks. *Foto: Dr. Petri*

Dabei sind aber auch hier wieder Eigenheiten der Rasse Weimaraner zu beachten. Nach meinen Erfahrungen resultieren der Schutztrieb und die Wachsamkeit beim Weimaraner vor allem aus der manchmal fast aufdringlichen Anhänglichkeit der Hunde gegenüber ihrem Führer und dessen Familie. Er ist also Ausfluss dieser engen Bindung des Hundes an Person, Familie, Jagdfreunde, wie auch Haus und Hof seines Rudelführers. Zudem habe ich bei vielen Weimaranern beobachtet, dass sie noch ein deutliches *Hüteverhalten* zeigen. Bei Spazier- oder Reviergängen, besonders in der Gruppe, kehren sie oft zurück und umkreisen regelmäßig die »Herde«.

Ich bin sicher, dass der Schutztrieb des Hütehundes auch beim Weimaraner noch in Andeutung vorhanden ist und in dieser Rasse noch eine Rolle spielt. Aus dieser engen Bindung resultiert auch die Leichtführigkeit, die ausgesprochene Bringfreudigkeit sowie die insgesamt leichte Abrichtbarkeit dieser Rasse.

Zurück zum Schutztrieb! Gerade der junge Hundeführer muss sich sehr wohl überlegen, ob er diesen fördern will. Früher auf dem flachen Lande lebend, habe ich bei meinen Weimaranern den Schutztrieb bewusst gefördert. Insgesamt habe ich damit zwar keine schlechten Erfahrungen gemacht. Man musste aber immer auf der Hut sein, dass nichts passiert. Und gerade auf der Jagd, wenn etwa im Rübenacker überraschend eine etwas komisch angezogene Bäuerin auftauchte, war es misslich, wenn hier der Hund diese durchaus harmlose Person stellte.

Seit ich in der Stadt lebe, habe ich vermieden, bei meinen Hunden den Schutztrieb besonders zu fördern. Und ich lebe ruhig und gut damit! Ich bereite meine Hunde lediglich bei einem erfahrenen Schäferhundeausbilder in wenigen Lektionen auf den Wesenstest vor. Das hat bisher immer gereicht, um einen aufmerksamen und *wachsamen* Hund zu erhalten, der nicht eigentlich aggressiv ist. Ausgebildete Schutzhunde sind bei der Jagdausübung heutzutage ohnehin nur von bedingtem Wert, wie Fälle zeigen, wo Jäger mitsamt ihrem Hund erschossen wurden.

Ich warne nochmals eindringlich davor, darüber hinaus seinen Hund selbst »scharf machen« zu wollen. Gerade bei Rüden kann man da seine bösen Überraschungen erleben. Der nicht richtig vorbereitete scharfgemachte Hund wird nämlich bei dem vermeintlichen oder wirklichen Angreifer nicht nach dem Arm suchen, sondern dort zupacken wo er ihn erwischt, auch an der Gurgel! Wenn ein Führer deshalb seinen Weimaraner als Schutzhund ausbilden will, soll er sich unbedingt einen entsprechenden Verein suchen und den Hund dort unter fachkundiger Anleitung ausbilden. Derartige Vereine werden im Volksmund meist als Schäferhundevereine oder Polizeihundevereine bezeichnet.

Wenn man sich schon entschlossen hat, eine Schutzhundeausbildung mit seinem Weimaraner zu absolvieren, ist es selbstverständlich, auch das Bestehen der verschiedenen Schutzhundeprüfungen anzustreben, wenn der Hund wirklich hierzu die Anlagen mitbringt. Hierbei ist es wichtig, dass der betreffende Hund eine *hohe Reizschwelle* hat, das bedeutet, dass das Aggressionsverhalten des Hundes erst bei deutlicher Bedrohung oder bei eindeutigen Angriffen auf den Hundeführer ausgelöst wird. Ängstliche Hunde, Kläffer und Hunde mit niederer Reizschwelle, welche schon bei geringfügigen äußeren Reizen aggressiv reagieren und sich auch nur langsam wieder beruhigen, sind für diese Ausbildung nicht geeignet.

Diese Schutzhundausbildung kann auch für einen Weimaraner, der nicht jagdlich geführt wird, eine Aufgabe und eine Arbeit sein, die ihn fordert und auslastet, und von der man sagen kann, dass sie seiner Art gerecht wird. Es ist aber, wie viele Beispiele zeigen, auch nicht illusorisch, Weimaraner sowohl als brauchbare Jagdhunde als auch als zuverlässige Schutzhunde zu führen.

Der Weimaraner als Rasse bringt veranlagungsmäßig gute Voraussetzungen mit, um ihn sowohl als anhänglichen und freundlichen Begleit- und Familienhund, als auch als guten und viel-

Schutztrieb.
Foto: Weimaraner-Archiv

seitigen Jagdgebrauchshund und zudem noch als wachsamen und unbestechlichen Hüter und Bewacher von Haus und Familie zu führen.

ANDERE AUFGABENGEBIETE

Da in den folgenden Kapiteln vor allem auf den Weimaraner als *Jagdgebrauchshund* eingegangen werden soll, nachfolgend einige Anregungen, wie man den nicht jagdlich geführten Hund oder aber auch den jagdlich nicht ausgelasteten Jagdhund artgemäß beschäftigen und arbeiten kann. Es kommen hier selbstverständlich überwiegend Arbeiten in Betracht, die dem Weimaraner angewölft sind. Es wäre sicher etwas abwegig, den Weimaraner als Herdengebrauchshund ausbilden oder arbeiten zu wollen, was aber meiner Überzeugung nach auch zu machen wäre.

Verhaltenskreis Schutztrieb

Wie bereits ausgeführt, ist die Ausbildung zum Schutzhund eine rassegemäße und erfolgversprechende Aufgabe, die den Hund gut auslastet. Ähnliche Aufgaben können sich aus dem

Verhaltenskreis Familienhund/Wachhund

ergeben. Hier wäre die Ausbildung zum Begleithund zu nennen, die allenthalben von den Vereinen angeboten wird. Agility-Sport und ähnliches sind zwar nicht nach jedermanns Geschmack, aber auch solche Möglichkeiten, den nicht ausgelasteten Weimaraner zu beschäftigen, halte ich für sinnvoll. Solche Angebote können auch von Familienangehörigen wahrgenommen werden, sie fördern das reibungslose Zusammenleben in der Familie.

Verhaltenskreis Apportieren

Dem Weimaraner ist eine ausgesprochene Bringfreude angewölft. Sie entspringt meiner Überzeugung nach ebenfalls der engen Bindung an den Führer und dessen familiäres Umfeld. Stöckchenwerfen reicht aber bei einem so kräftigen und arbeitsfreudigen Hund wie dem Weimaraner nicht aus. Hier holt man sich am besten seine Anregungen in den Büchern über Jagdhundeabrichtung. Das heißt vor allem, dass die Apportiergegenstände zunehmend schwerer und die Aufgaben zunehmend schwieriger werden müssen. Als Bringgegenstände eignen sich die inzwischen überall käuflichen Dummies in verschiedenen Gewichtsklassen. Die leichteren sind sogar schwimmfähig, so dass man mit diesen auch im Wasser trainieren kann.

Zur Erschwerung der Bringaufgaben eignet sich vor allem das *Bringen auf der Führerrückfährte*. Das geht so: Bei Revier- oder Spaziergängen wird, während der Hund bei Fuß geht, ein Bringgegenstand abgelegt, ohne dass der Hund dies merkt. Nach Zurücklegen immer länger werdender Strecken wird der Hund mit immer der gleichen Aufforderung *(Zurück Apport)* zum Suchen und Bringen des Gegenstands aufgefordert. Man wechselt auch des Öfteren den Bringgegenstand. Ein gut geübter Hund findet dann auch auf einen Kilometer und mehr das »verlorene« Taschentuch oder den Schlüsselbund.

Verhaltenskreis Suche

Ein Zuchtziel der Vorstehhunde, also auch des Weimaraners, ist die weite und schnelle Galoppsuche im Feld. Mit dem Junghund, der als Jagdhund ausgebildet wird, wird diese im Frühjahr zur *Paarhühnerzeit*, wenn das Getreide noch niedrig ist und im Herbst nach der Getreideernte geübt. Minder veranlagte oder schlecht eingearbeitete Jagdhunde, die hier mehr oder weniger im Feld herumbummeln, bezeichnet ein Weimaraner-Freund immer als *Spaziergänger!* Auch dem jagdlich nicht geführten Weimaraner genügt Spazierengehen an der Leine oder bloßes Herumtrotteln auf einem noch so großen Anwesen nicht. Der Hund sollte mehrmals wöchentlich die Möglichkeit haben sich auszulaufen, das heißt zumindest Strecken von einem Kilometer in vollem Galopp zurückzulegen. Dabei gilt als Grundsatz: Der Hund läuft voraus und gibt das Tempo an. Das geht sehr gut mit dem Fahrrad oder einem leichten Moped, aber auch mit dem Auto. Die Amerikaner haben Letzteres fast schon zur Perfektion entwickelt. Aber immer daran denken: Der Hund gibt das Tempo an. Vorsicht ist geboten, weil die Hunde gerne die Fahrbahn kreuzen. Ein Tipp: Der Hund lässt sich auch gut auf Hupsignale einstellen. Gegen das Laufen vor dem Auto werden sicher von eingefleischten Tierschützern Einwände erhoben, deshalb bitte mit Maß und Ziel und nicht gerade bei Ausflugsverkehr anwenden!

Verhaltenskreis Gebrauch der Nase

Der Weimaraner gebraucht sehr gerne seine Nase. Er arbeitet vor allem mit tiefer Nase. Deshalb ist ein Einsatz auf allen Gebieten, die vom Hund Nasenfeinheit und guten Gebrauch der Nase verlangen, sinnvoll und erfolgversprechend. Das wäre vor allem der Einsatz auf Spezialgebieten wie Rauschgift- oder Sprengstoffsuchhund, Rettungshund, Lawinensuchhund oder Fährtenhund. Auf allen diesen Spezialgebieten sind übrigens Weimaraner, wenn auch in geringer Zahl, bereits schon erfolgreich tätig.

Weitere sinnvolle und erfolgversprechende Arbeitsgebiete sind denkbar. So müssen z. B. in Skandinavien einige Hunde auch helfen, den Proviant-Schlitten zu ziehen oder im Rucksack ihren Proviant selbst zu tragen. Der Fantasie sind auch hier wenig Grenzen gesetzt.

Kapitel 5

WIE SOLL EIN WEIMARANER AUSSEHEN? WIE SIND CHARAKTER, WESEN UND SEINE JAGDLICHEN ANLAGEN?

Wenn man nur kurz die äußere Erscheinung des Weimaraner Vorstehhunds beschreiben soll, kann man sich die Antwort leicht machen und etwa sagen: *Der Weimaraner ist ein mittelgroßer bis großer und kräftiger Vorstehhund* ***von grauer Farbe,*** *der in den Haarvarietäten Kurzhaar und Langhaar gezüchtet wird.*

UNSERE GRAUEN

Tatsächlich ist der Weimaraner die einzige Vorstehhunderasse, die nur in der Farbe grau vorkommt, allerdings in verschiedenen Nuancen und zum Teil gepaart mit kleinen weißen Abzeichen. Eingefleischte Weimaraner-Liebhaber bezeichnen deshalb ihre Hunde bzw. die Rasse gerne als *Unsere Grauen.* Diese graue Farbe ist leicht zu züchten, da sie fast vollständig *rezessiv* (verdeckt) vererbt wird. Das heißt, dass aus Paarungen von reingezüchteten Weimaranern untereinander immer graue Welpen fallen. Das heißt aber auch: Wenn andersfarbige Welpen im Wurf liegen, etwa schwarze oder rote, dann ist das ein Zeichen dafür, dass bei einem Elternteil ein »Fremder« mit im Spiel war. Diese Tatsache erleichtert auch der Zuchtleitung die Beantwortung der Frage, ob sich ein Züchter an das Gebot der Reinzucht hält. Das ist mit ein Grund dafür, dass sich der Weimaraner-Vorstehhund seit über einhundert Jahre relativ rein, d. h. ohne fremde Rasseneinkreuzung erhalten hat.

Langhaar- und Kurzhaar-Weimaraner. Foto: Gerhard Eiben

»Weimaraner« waren aber nicht immer grau! Noch im Jahr 1890 wurde z. B. in der »Deutschen Jägerzeitung« *ein Wurf langhaarige Vorstehhunde Weimarischer Abstammung, braun, schwarz und silbergrau* angeboten. (Für 15 Mk übrigens). Wie ist das zu erklären ?

Vor Gründung der *Delegirten Commission (DC)*, des ersten nationalen Zusammenschlusses der deutschen Hundevereine, war Kreuzungszucht die Regel. Gerade auch bei Jagdhunden wurden Tiere verschiedenster Herkunft und verschiedensten Aussehens gekreuzt, Hauptsache sie waren jagdlich brauchbar. Zwar hatte die Eisenbahn bereits im Jahr 1850 ein Streckennetz von beachtlichen 5.470 km, aber welcher Förster oder Jäger konnte oder wollte es auf sich nehmen, weite Strecken mit seiner Hündin zu einem Rüden zu fahren? Da blieb man eben lieber in der Nähe, zumal die Idee der Reinzucht gerade in Jägerkreisen noch weitgehend unbekannt war. Erst nach 1879 (1880) wurden für einige Jagd- und Luxushunderassen *Rassekennzeichen* festgelegt. Erst ab diesem Zeitpunkt kann man in Deutschland ernstlich von einem allmählichen Beginn der *Rassehundezucht* sprechen.

RASSEKENNZEICHEN

Für den Weimaraner wurden die ersten Rassekennzeichen im Jahr 1896 anlässlich einer Hundeausstellung in Bernburg/Anhalt aufgestellt. Diese Rassekennzeichen wurden im Laufe der letzten 100 Jahre mehrfach neu gefasst. Eine mir vorliegende Fassung der *Delegirten-Commission* aus dem Jahr 1902 ist zwar deutlich kürzer gefasst als die heute gültige, es zeigt sich aber, dass beide Fassungen in wesentlichen Punkten noch gut übereinstimmen, dass also im Verlaufe eines Jahrhunderts sehr behutsam mit den Rassekennzeichen umgegangen wurde. Ein weiteres Plus zur Erhaltung der Kontinuität in der Weimaraner-Zucht! Es sollte auch für unsere Generation eine Mahnung sein, sehr behutsam mit dem Rassestandard umzugehen. Originalton TRUMLER: Die Standard-Kommission ist keine Designer-Riege.

Da auch für den Weimaraner diese Rassekennzeichen (gleichbedeutender Begriff: *Rassestandard)* von grundlegender, vor allem auch züchterischer Bedeutung sind, sollen sie im Folgenden im Originaltext wiedergegeben werden. Dabei sind jedem Abschnitt Erläuterungen des Verfassers in Kursivschrift hintangestellt.

FÉDERATION CYNOLOGIQUE INTERNATIONALE (FCI)
Sécréteriat Géneral: Place Albert 1, B - 6350 THUIN (Belgien)

Die FCI ist die internationale Dachorganisation der nationalen Hundeorganisationen, in Deutschland des Verbandes für das Deutsche Hundewesen (VDH). Der FCI gehören allerdings nicht alle Länder an. Deshalb wurden z. B. in den USA und in England leider abweichende Rassestandards für die Weimaraner aufgestellt.

FCI-Standard Nr. 99 / 12.03.1999 / D

Weimaraner

Ursprung: Deutschland
Datum der Publikation des gültigen Originalstandards: 27.02.1990
Verwendung: Vielseitiger Jagdgebrauchshund
Klassifikation FCI: Gruppe 7 Vorstehhunde
Sektion 1.1 Kontinentale Vorstehhunde
Typ »Braque«
Mit Arbeitsprüfung

KURZER GESCHICHTLICHER ABRISS

Über die Entstehung des Weimaraner Vorstehhundes gibt es zahlreiche Theorien. Fest steht nur so viel, dass der Weimaraner, der damals noch sehr viel Leithundblut führte, schon im ersten Drittel des 19. Jahrhunderts am Hof zu Weimar gehalten wurde.

Zu Mitte des Jahrhunderts, also vor Beginn unserer Reinzucht, lag die Zucht fast ausschließlich in den Händen von meist nach Leistung züchtenden Berufsjägern und Förstern in Mitteldeutschland, vor allem in der Gegend um Weimar und in Thüringen. Als die Tage des Leithundes vorbei waren, kreuzten diese ihre Hunde auch mit dem Hühnerhund und züchteten mit diesen Kreuzungen weiter. Ab etwa 1890 wird die Rasse planmäßig gezüchtet und zuchtbuchmäßig erfasst. Neben dem kurzhaarigen Weimaraner kam auch schon vor der Jahrhundertwende, wenn auch nur vereinzelt, eine langhaarige Varietät vor. Der Weimaraner wurde seit seiner zuchtbuchmäßigen Erfassung rein gezüchtet, ist also im Wesentlichen frei von Einkreuzungen fremder Rassen, vor allem von Pointern geblieben. Damit ist der Weimaraner wohl die älteste deutsche Vorstehhundrasse, die seit rund 100 Jahren rein gezüchtet wird.

ALLGEMEINES ERSCHEINUNGSBILD

Mittelgroßer bis großer Jagdgebrauchshund. Zweckmäßiger Arbeitstyp, formschön, sehnig, mit kräftiger Muskulatur. Der Rüden- bzw. Hündinnentyp soll eindeutig ausgeprägt sein.

Die Unterschiede zwischen Rüde und Hündin sind beim Weimaraner meist sehr deutlich ausgeprägt, d. h. die Rüden sind deutlich größer und kräftiger und im Wesen robuster als die Hündinnen. Im Gesamteindruck wirkt der Weimaraner eher etwas rundlich. Die Muskeln treten im Allgemeinen nicht so plastisch hervor wie z. B. beim Pointer oder beim Deutsch-Kurzhaar. Die Haut ist relativ dick und kräftig und nicht so eng anliegend. Man spricht auch davon, dass der Weimaraner etwas »grobzellig« ist, was selbstverständlich nicht so weit gehen darf, dass der Hund schwammig wirkt.

WICHTIGE PROPORTIONEN

- Rumpflänge zu Widerristhöhe etwa 12 : 11.
- Längenproportionen des Kopfes: Von der Nasenspitze bis zum Stirnanfang etwas länger als von dort bis zum Hinterhauptbein.
- Vorderhand: Abstand Ellenbogen bis Mitte Vordermittelfußknochen und Abstand Ellenbogen bis Widerrist etwa gleich.

Diese Proportionsangaben sind mehr theoretischer Natur. Die Längenangaben lassen sich auch nicht exakt messen. Der eigentliche Sinn der Angaben ist, dass der Weimaraner mehr rechteckig als quadratisch gebaut ist und dass der Gesichtsschädel länger als der Oberschädel sein soll.

VERHALTEN/CHARAKTER (WESEN)

Vielseitiger, leichtführiger, wesensfester und passionierter Jagdgebrauchshund mit systematischer und ausdauernder Suche, jedoch nicht übermäßig temperamentvoll. Nase von bemerkenswerter Güte. Raubzeug- und wildscharf, auch mannscharf, jedoch nicht aggressiv. Zuverlässig im Vorstehen und in der Wasserarbeit. Bemerkenswerte Neigung zur Arbeit nach dem Schuss.

Bemerkenswert ist die bei sachkundiger Führung immer zu beobachtende enge Bindung an den Führer und dessen Familie. Hieraus resultiert die Leichtführigkeit des Weimaraners, seine ausgesprochene Bringfreudigkeit sowie seine leichte Abrichtbarkeit insgesamt. Aber auch der dem Weimaraner angewölfte Schutztrieb ist Ausfluss dieser engen Bindung an die Person des

Fast fehlerloser Kurzhaar-Rüde. Foto: Dr. Petri

Führers. Im Jagdbetrieb ist der Weimaraner ein passionierter und ausdauernder Jagdgebrauchshund. Seine Arbeitsweise wird durch sein gezügeltes Temperament bestimmt; sie wirkt dadurch überlegt und zielgerichtet (Jagdverstand!). Eine hektische und überpassionierte Arbeitsweise, wie sie heute bei vielen Jagdhunderassen beobachtet werden kann, ist nicht Zuchtziel dieser Rasse.

Als Erbteil des Leithundes hat sich auch beim heutigen Weimaraner noch die Neigung zur Arbeit mit tiefer Nase, also zum Spur- und Fährtenhalten erhalten. Diese besondere Neigung prädestiniert die Rasse vor allem auch zur Arbeit nach dem Schuss, also zur Schweißarbeit und zum Verlorenbringen. Die für die erfolgreiche Erledigung dieser Arbeiten notwendige Wildschärfe ist selbstverständlich Zuchtziel auch dieser Jagdhunderasse.

Ebenso selbstverständlich ist auch die Vorstehanlage beim Weimaraner erblich verankert. Es muss allerdings hier darauf hingewiesen werden, dass diese Anlage bei der ohnehin nicht ausgesprochen frühreifen Rasse in der Jugend etwas spät zum Durchbruch kommen kann. Dies umso mehr, als auch die Neigung zur Ausarbeitung von Spuren und Geläufen mit tiefer Nase den Junghund leicht dazu verleitet, das Wild herauszustoßen oder gar zu greifen.

Fast fehlerlose Langhaar-Hündin. Foto: Dr. Schmidt

... Neigung zur Arbeit mit tiefer Nase. Foto: Dr. Schmidt

KOPF

Oberkopf

Schädel: In Harmonie zu der Körperhöhe und zum Gesichtsschädel. Beim Rüden breiter als bei der Hündin, jedoch bei beiden im Verhältnis Breite des Oberkopfes zur Gesamtlänge des Kopfes in guter Proportion stehend. Auf der Stirnmitte eine Vertiefung. Hinterhauptbein leicht bis mäßig hervortretend. Hinter den Augen gut verfolgbares Jochbein.
Stop: Stirnabsatz äußerst gering.

Gesichtsschädel

Nasenschwamm: Groß, über den Unterkiefer vorstehend. Dunkelfleischfarben, nach hinten allmählich in grau übergehend.
Fang: Lang, und besonders beim Rüden kräftig, im Profil fast kantig wirkend. Fang- und Reißzahnbereich etwa gleich stark. Nasenrücken gerade, oft etwas gewölbt, niemals nach unten durchgebogen.
Lefzen: Mäßig überfallend; diese wie Gaumen fleischfarben. Kleine Mundfalte.
Kiefer/Zähne: Kiefer kräftig. Gebiss vollständig, regelmäßig und kräftig. Schneidezähne sich reibend berührend (Scherengebiss).
Backen: Muskulös und deutlich ausgeprägt. »Trockener Kopf«.
Augen: Bernsteinfarben, dunkel bis hell, von intelligentem Ausdruck. Im Welpenalter himmelblau. Rund, kaum schräg gestellt. Lider gut anliegend.
Behang: Breit und ziemlich lang, etwa den Mundwinkel erreichend. Hoch und schmal angesetzt, unten spitz abgerundet. Bei Aufmerksamkeit leicht nach vorne gedreht, gefaltet.

Der Kopf des Weimaraners ist ausgesprochen rassetypisch und unterscheidet sich deutlich von vergleichbaren Rassen wie z. B. Deutsch-Kurzhaar. Besonders auffallende Merkmale sind der lange und kräftige, nie spitze Fang, der gerade oder leicht nach oben gebogene Nasenrücken, der geringe Stirnabsatz und das deutlich hervortretende Hinterhauptbein.

Der Nasenschwamm ist dunkel-fleischfarben. Ein zu heller, gar rosaroter Nasenschwamm wirkt nicht nur unschön. Er ist auch, da er auf Pigmentmangel hindeutet, bei dieser ohnehin etwas pigmentarmen Rasse unerwünscht.

Das helle, bernsteinfarbige Auge des Weimaraners wirkt auf viele etwas fremd (Habichtsauge). Es ist jedoch ebenfalls rassetypisch und Folge dieser Pigmentarmut.

HALS

Edel wirkend und getragen, obere Profillinie geschwungen. Muskulös, fast rund, nicht zu kurz, trocken. Zu den Schultern sich verstärkend und in Rückenlinie und Brust harmonisch übergehend.

KÖRPER

Obere Profillinie: Von der geschwungenen Halslinie über den gut ausgeprägten Widerrist harmonisch in den langen, festen Rücken übergehend.
Widerrist: Gut ausgeprägt.
Rücken: Fest und muskulös, ohne Senkung. Hinten nicht überbaut. Ein etwas längerer Rücken ist, da rasseeigentümlich, nicht fehlerhaft.
Kruppe: Becken lang und mäßig schräg gestellt.
Brust: Kräftig, aber nicht übermäßig breit, mit genügender Tiefe - fast bis zum Ellenbogen reichend - und genügender Länge. Gute Wölbung, ohne tonnenförmig zu sein, mit langen Rippen. Vorbrust gut ausgeprägt.
Untere Profillinie und Bauch: Leicht ansteigend, Bauch aber nicht aufgezogen.

RUTE

Rutenansatz etwas tiefer unter der Rückenlinie als bei anderen vergleichbaren Rassen. Rute kräftig und gut behaart. In der Ruhe hängend, bei Aufmerksamkeit und bei der Arbeit waagerecht oder auch höher getragen.

Wie schon bei »Proportionen« ausgeführt, ist der Weimaraner länger als hoch, d. h. die Rumpflänge ist größer als die Widerristhöhe. Deshalb ist auch der Rücken lang. Dieser etwas längere Rücken ist eine Rasseeigentümlichkeit und daran sollte man nicht herumkritisieren oder gar »herumzüchten«. Der lange, gut bemuskelte Rücken befähigt nämlich den Hund zu einem eleganten, raumgreifenden Galoppsprung, wie er einem quadratisch gebauten kurzrückigen Hund überhaupt nicht möglich ist.

Die Brust soll auch beim Weimaraner tief sein und beim erwachsenen Hund bis zu den Ellenbogen herabreichen. Eine etwas rundere Brust als z. B. beim Deutsch-Kurzhaar oder beim Pointer muss beim Weimaraner ebenfalls als rassetypisch angesehen werden und deutet wohl auf das alte Leithunderbe hin. Diese etwas rundere Brust bedingt notwendigerweise, dass die Hunde die Ellenbogen geringfügig nach außen drehen.

Über die Rute schreibt KARL BRANDT, ein profunder Kenner der Rasse im Jahr 1909, »dass der Weimaraner eine so charakteristische Rute hat, wie keine andere Jagdhunderasse, und dass man die meisten Weimaraner, selbst wenn sie künstlich braun gefärbt worden wären, an der Rute allein erkennen könnte. Sie ist bis zum dritten Teil ihrer Länge, bis zu einem Knick, walzenförmig und spitzt sich erst von hier ab, wo sie gewöhnlich kupiert wird, allmählich zu. Unmittelbar vor dem Knick ist sie meistens mit längeren borstigen Haaren besetzt; auch ist sie des Öfteren ganz

Die unkupierte Rute beim Kurzhaar-Weimaraner kann ganz verschieden aussehen! Einmal doch recht lang und dünn! Foto: Petra Gottmann

ungewöhnlich stark, selbst bei solchen Hunden, die sonst ein sehr edles, trockenes Gesicht haben.«. Diesen Beobachtungen Brandts ist nichts hinzuzufügen, sie gelten auch heute noch.

Bei der erwähnten mit borstigen Haaren besetzten Stelle auf der Oberseite der Rute handelt es sich um eine Duftdrüse, die wir in ähnlicher Form auch bei anderen Carnivoren z. B. beim Fuchs finden, und die dort als »Viole« (vom lateinischen Viola = Veilchen) bezeichnet wird. Auch beim Hund spielt diese modifizierte Talgdrüse als Duftdrüse offenbar noch eine Rolle.

Unsinn Rutenkupieren!?

Wenn also beim Kurzhaar-Weimaraner noch kupiert werden sollte, dann ist unbedingt darauf zu

... oder auch kräftig wie beim Schweißhund. Foto: Gerhard Eiben

achten, dass diese Viole vollständig erhalten bleibt. Ansonsten nimmt man dem Hund ein wichtiges innerartliches Verständigungsmittel und außerdem würde die Wunde an dieser Stelle auch schlecht heilen. Das Kupieren der Rute ist derzeit zwar bei großzügiger Auslegung des Tierschutzgesetzes noch erlaubt, wenn der Eingriff »bei jagdlich zu führenden Hunden für die vorgesehene Nutzung des Tieres unerlässlich ist und tierärztliche Bedenken nicht entgegenstehen«. Der Eingriff darf aber nur von einem Tierarzt vorgenommen werden, wenn dieser sich überzeugt hat, dass die vorgenannten Voraussetzungen vorliegen.

Nach meiner Auffassung, und auch nach Meinung vieler sachkundiger Fachkollegen, sollte aber das Kupieren des Kurzhaar-Weimaraners möglichst bald der Vergangenheit angehören. Beim Langhaar-Weimaraner wird ohnehin schon seit längerer Zeit nicht mehr kupiert. Es sprechen nämlich viel, viel mehr Gründe gegen das Kupieren als dafür.

Als einziger Grund für das Kupieren wird lediglich angeführt, dass es bei unkupierten kurzhaarigen Jagdhunden zu Rutenspitzenverletzungen und anschließenden Nekrosen kommen könnte. Dieses Argument muss aber auch von tierärztlicher Seite als sehr fraglich angesehen werden. Denn einmal liegt die Ursache derartiger Verletzungen oft in unsachgemäßer Haltung begründet, wenn sich z. B. Hunde in zu engen Zwingern mit scharfer Drahtumzäunung die Rute wundschlagen. Zum anderen treten derartige Probleme nur in einer Größenordnung von wenigen Promille auf. Wenn dieser unwahrscheinliche Fall dann tatsächlich eintritt, kann dann immer noch ein kleiner operativer Eingriff für Abhilfe sorgen.

Dagegen sind mit mir viele tierärztliche Fachkollegen, so auch Dr. Hans SCHMIDT aus Großefehn, ein renommierter und erfolgreicher Langhaar-Weimaraner-Züchter und Jäger, der Meinung, dass viele und weit gewichtigere Gründe gegen das Kupieren sprechen. Aufgeführt seien nur kurz folgende Gegenargumente:

- *Die unverstümmelte Rute ist ein wichtiges Kommunikationsmittel bei der Körpersprache des Hundes, welches von Artgenossen schon auf weite Entfernungen wahrgenommen werden kann (Rutenhaltung, Frequenz der Rutenbewegung usw.).*
- *Nur mit der vollständigen Rute ist der Hund in der Lage, Geruchspartikel der Duftdrüsen und damit Botschaften an andere Hunde zu »verwedeln«.*

Langer Rücken - langer Sprung! *.Foto: Lothar Grundner*

- *In diesem Zusammenhang sind auch die als Duftdrüsen fungierenden Analdrüsen beiderseits des Waidlochs zu nennen. Nur die unkupierte Rute gewährleistet durch ständiges Training der den After umgebenden Muskulatur, dass diese Drüsen regelmäßig entleert werden.*
- *Die unkupierte Rute hat eine wichtige Steuerungs- und Balance-Funktion. Besonders gut kann man das beim Sprung, bei schnellen Wendungen im Feld, aber auch im Wasser beobachten. Jeder Jäger kennt das auch besonders gut von Beobachtungen beim Fuchs.*
- *Die vollständige Rute hat auch eine Schutzfunktion: Sie schützt Schnalle und Geschröt.*
- *Nur die unkupierte Rute wird in allen Lebenslagen unbeschwert getragen. Kupierte Hunde zeigen oft Abwehrreaktionen beim Berühren der Rute; ich habe diese oft beobachtet, wenn meine Kinder die kupierten Ruten der eigenen Hunde berührten. Wahrscheinlich fühlen auch Hunde einen Phantomschmerz. Oft bleiben auch nach dem Kupieren nicht nur unschöne, sondern auch druckempfindliche Narben zurück. Vielleicht ist dies auch mit ein Grund dafür, dass sich viele Hunde beim Apportieren vor dem Ausgeben nur ungern setzen.*

GLIEDMASSEN

Vorderhand

Allgemeines: Läufe »hoch«, sehnig, gerade und parallel, aber nicht breit stehend.
Schultern: Lang und schräg. Gut anliegend. Kräftig bemuskelt. Gute Winkelung des Schulterblatt-Oberarmgelenkes.
Oberarm: Schräg gestellt, genügend lang und stark.
Ellenbogen: Frei und gerade liegend. Weder nach innen noch nach außen gedreht.
Unterarm: Lang, gerade gestellt.
Vorderfußwurzelgelenk: Kräftig, straff.
Vordermittelfuß: Sehnig, leicht schräg gestellt.
Vorderpfoten: Kräftig. Gerade zur Körpermitte stehend. Zehen eng aneinanderliegend und gewölbt. Längere Mittelzehen sind rasseeigentümlich und somit nicht fehlerhaft. Krallen hell- bis dunkelgrau. Ballen gut pigmentiert, derb.

Hinterhand

Allgemeines: Läufe »hoch«, sehnig bzw. gut bemuskelt. Parallel gestellt, nicht nach außen oder innen gedreht.
Oberschenkel: Genügend lang, kräftig und gut bemuskelt.
Kniegelenk: Kräftig und straff.
Unterschenkel: Lang, Sehnen deutlich hervortretend.
Sprunggelenk: Kräftig und straff.
Hintermittelfuß: Sehnig, fast senkrecht stehend.
Hinterpfoten: Kräftig, kompakt, ohne Wolfskrallen. Sonst wie Vorderpfoten.

GANGWERK

Bewegungsablauf in allen Gangarten raumgreifend und fließend. Hinter- und Vorderläufe parallel gesetzt. Galoppsprung lang und flach. Im Trab Rücken gerade bleibend. Passgang ist unerwünscht.

Bei der Beurteilung der Winkelung der Gliedmaßen wird oft ein regelrechter Kult betrieben. Die Kynologie hat hier offensichtlich Kriterien, die bei der Beurteilung des Pferdes wegen der andersartigen Anatomie zu Recht angewendet werden, übernommen. Beim Hund ist es sehr schwer, im Stand die Winkelung der Gliedmaßen zu beurteilen. Dasselbe Tier kann sich bei der einen Situation sehr straff hinstellen, bei einer anderen Situation lässt derselbe Hund quasi alles hängen und fällt in sich zusammen. Am ehesten ist die funktionsgerechte Winkelung noch in der Bewegung zu beurteilen. Ein Hund nämlich, der, vor allem im Galoppsprung, der effektivsten Fortbewegung des Vorstehhundes, sich frei, raumgreifend und harmonisch bewegt, hat auch die richtige Winkelung der Gliedmaßen! Abgehackte, hoppelnde oder schaukelnde Bewegungsabläufe zeigen an, dass die einzelnen Körperpartien nicht funktionsgerecht gebaut sind bzw. dass sie nicht funktionsgerecht zusammenarbeiten. Dieses funktionsgerechte und zweckmäßige Zusammenwirken aller an der Bewegung beteiligten Körperteile sollte, vor allem bei einer Gebrauchshunderasse wie dem Weimaraner, stets auch entscheidender Maßstab bei der Festlegung der gewünschten Körpermerkmale der Rasse sein. Ein Jagdhund, der diesen Forderungen gerecht wird ist auch »s c h ö n«!

Die Pfoten des Weimaraners sind rassetypisch. Fast ausnahmslos zeigen die Hunde etwas längere Mittelzehen. Die Pfoten haben durchweg eine ovale Form, also so genannte Hasenpfoten (im Gegensatz zu den so genannten Katzenpfoten des Pointers).

HAUT
Kräftig. Gut, aber nicht zu eng anliegend.

Gute Gänge im Trab. Foto: Dr. Schmidt

HAARKLEID
Haar
Kurzhaar: Kurzes (aber länger und dichter als bei den meisten vergleichbaren Hunderassen), kräftiges, sehr dichtes, glatt anliegendes Deckhaar. Ohne oder mit geringer Unterwolle.
Langhaar: Weiches, langes Deckhaar mit oder ohne Unterwolle. Glatt oder leicht wellig. Haar am Behanganansatz lang überfallend. An den Behangspitzen ist samtartiges Haar zulässig. Haarlängen an den Seiten 3-5 cm; an der Halsunterseite, der Vorbrust und am Bauch meist etwas länger. Gute Federn und Hosen, jedoch nach unten weniger lang. Rute mit guter Fahne. Zwischenzehenraum behaart. Kopfbehaarung weniger lang. Stockhaarähnliche Behaarung mit mittellangem, dichtem und gut anliegendem Deckhaar, dichter Unterwolle und mäßig ausgebildeten Federn und Hosen kommt bei mischerbigen Hunden gelegentlich vor.

Es kann nicht oft genug darauf hingewiesen werden, dass Kurzhaar-Weimaraner und Langhaar-Weimaraner keine getrennten Rassen, sondern lediglich Haarvarietäten ein und derselben Rasse sind. Als Beweis, zumindest aber als Hinweis hierfür sei angeführt, dass in den USA selbst nach rund zehn Generationen Reinzucht auf Kurzhaar aus Kurzhaar x Kurzhaar-Paarungen immer wieder Langhaar-Welpen fallen. Der Verdacht, dass dort doch ab und zu einmal Langhaar eingekreuzt worden sein könnte, besteht in den USA nicht. Langhaar-Weimaraner sind dort absolut unerwünscht, da sie nicht offiziell anerkannt sind und deshalb auch auf Schauen nicht bewertet werden. Die Behaarung ist selbst beim Kurzhaar-Weimaraner meist derb und dicht. Kurzes, feines Haar, wie es z. B. beim Deutsch-Kurzhaar vorkommt, tritt beim Weimaraner selten auf.

Beim Langhaar-Weimaraner wird, wie bei ähnlichen vergleichbaren Rassen, langes, schlichtes, höchstens leicht gewelltes Deckhaar verlangt, welches die Unterwolle vollständig überdecken soll. Die Behaarung an der Hinterseite der Vorder- und Hinterläufe (Federn und Hosen), sowie an der Unterseite der Rute (Fahne) soll zwar gut ausgeprägt sein, sie ist aber, wie auch die übrige Körperbehaarung, schon aus jagdpraktischen Gründen nie so üppig wie z. B. bei den Settern.

Die im Standard erwähnte stockhaarähnliche Behaarung kommt gelegentlich vor. Sie lässt sich aber nicht planmäßig züchten, wie früher versucht wurde. Im Erbgang sind Langhaar-Weimaraner immer reinerbig in Bezug auf Langhaar. Bei Paarungen von Langhaar-Weimaranern untereinander fallen deshalb immer langhaarige Welpen. Umgekehrt ist Kurzhaar zwar dominant gegenüber Langhaar, allerdings mit Einschränkungen. Bei Nachkommen aus Kurzhaar-Paarungen treten immer wieder einmal langhaarige Welpen auf, wenn in beiden Linien Langhaar-Gene vorkommen. Oder aber es fallen Welpen, die in ihrer Gesamterscheinung kurzhaarig sind, aber auch Langhaar-Merkmale tragen, wie z. B. etwas längeres, auch welliges Haar, vor allem am Rücken. Auch Andeutung von Hosen, buschige Rute bis hin zu stockhaarähnlichen Welpen können in diesen Fällen vorkommen. Man spricht in diesem Fall davon, dass hier Kurzhaar wohl dominant, aber mit unvollständiger Penetranz (= Durchschlagskraft) vererbt wird. Das heißt, die Kurzhaarkomponente ist nicht in der Lage, die Langhaarkomponente vollständig zu überdecken.

Sehr gute Fahne und Behänge beim Langhaar-Weimaraner. Foto: Dr. Schmidt

FARBE
Silber-, reh- oder mausgrau sowie Übergänge zwischen diesen Farbtönen. Kopf und Behänge meist etwas heller. Weiße Abzeichen sind in geringem Ausmaß an der Brust und an den Zehen zulässig. Gelegentlich über der Rückenmitte ein mehr oder weniger gut ausgeprägter »Aalstrich«. Hunde mit ausgesprochenem rotgelben Brand dürfen höchstens den Formwert »gut« erhalten. Brauner Brand ist ein schwerer Fehler.

Was den Weimaraner schon auf den ersten Blick von anderen vergleichbaren Rassen abhebt, ist seine graue Farbe. Die Entscheidung allerdings, ob nun ein Hund silber-, reh- oder mausgrau ist, ist oft sehr schwer zu treffen und hängt auch von der Beleuchtung und vom Hintergrund, vor dem der Hund steht, ab. Hier ist der Wunsch oft Vater der Farbbezeichnung. Lange waren die »Silbergrauen« das Wunschziel, heute ist ein mittleres Rehgrau wohl die am meisten verbreitete Farbnuance. Auf jeden Fall muss der Weimaraner grau sein! Gelbliche und bräunliche Töne, auch so genanntes Brand, d. h. gelb- oder braungefärbte Brauen, Oberlippen oder Vorderläufe sind auf jeden Fall als Fehler anzusehen. Dagegen sollten weiße Abzeichen, wenn sie nicht zu groß sind, unbedingt toleriert werden. Um die Jahrhundertwende galten weiße Abzeichen, besonders auch die weißen Flecken auf der Hinterseite der Pfoten, sogar als weimaranertypisch.

GRÖSSE UND GEWICHT

Widerristhöhe:	Rüden:	59 bis 70 cm (Idealmaße: 62 - 67 cm)
	Hündinnen:	57 bis 65 cm (Idealmaße: 59 - 63 cm)
Gewicht:	Rüden:	ca. 30 bis 40 kg
	Hündinnen:	ca. 25 bis 35 kg

FEHLER
Jede Abweichung von den vorgenannten Punkten muss als Fehler angesehen werden, dessen Bewertung in genauem Verhältnis zum Grad der Abweichung stehen sollte.

SCHWERE FEHLER
- Deutliche Abweichungen im Typ. Geschlechtsuntypisch.
- Grobe Abweichungen in Größe und Proportionen.
- Gesichtsschädel: Grobe Abweichungen, z. B. zu starke Lefzen, kurzer oder spitzer.
- Kiefer und Zähne: Fehlen von mehr als zwei P1 oder M3.
- Augen: Leichte, vor allem leichte und einseitige Lidfehler.
- Behänge: Ausgesprochen kurz oder lang, nicht gedreht.
- Lose Halshaut (Wamme). Grobe Abweichungen in Form und Bemuskelung.
- Rücken: Deutlicher Senk- oder Karpfenrücken. Überbaut.
- Brust, Bauch: Tonnenförmige Brust, ungenügende Brusttiefe- oder -länge. Aufgezogener Bauch.
- Grobe Stellungsanomalien, z. B. mangelhafte Winkelung, auswärts gedrehte Ellenbogen, offene Pfoten.
- Starke Fassbeinigkeit oder Kuhhessigkeit.
- Schlechte Gänge in einzelnen Gangarten, auch mangelnder Vortritt oder Vorschub. Passgang.
- Grobe Mängel, z. B. Haut sehr fein oder sehr grob.
- Übergänge zwischen den im Standard festgelegten Haarvarianten.
- Fehlende Behaarung an Bauch und Behängen (Lederohren). Verbreitet wolliges Haar bei der kurzhaarigen Varietät. Ausgesprochen lockige oder knappe Behaarung bei der langhaarigen Varietät.

- Abweichungen von Grautönen, wie gelblicher oder bräunlich. Brauner Brand.
- Starke Abweichungen in Größe oder Gewicht (z. B. mehr als 2 cm im Stockmaß).
- Sonstige grobe Mängel.
- Leichte Wesensmängel.

AUSSCHLIESSENDE FEHLER

- Absolut untypisch, vor allem schwerfällig oder schwächlich.
- Absolut untypischer z. B. bulldoggenähnlicher Oberkopf.
- Gesichtsschädel: Absolut untypisch, z. B. durchgebogener Nasenrücken.
- Kiefer und Zähne: Vorbeißer, Rückbeißer, Fehlen von weiteren Zähnen.
- Augen: Entropium, Ektropium.
- Behänge: Absolut untypisch, z. B. abstehend.
- Ausgesprochen starke Wamme.
- Rücken: Starker Senk- oder Karpfenrücken. Stark überbaut.
- Brust, Bauch: Brust ausgesprochen tonnenförmig oder missgebildet.
- Läufe rachitisch oder missgebildet.
- Chronische Lahmheit.
- In den Gängen ausgesprochen behindert.
- Hautmissbildungen und -defekte.
- Teilweise oder vollständige Haarlosigkeit.
- Farbe anders als grau. Ausgedehnter brauner Brand. Weiße Abzeichen außer an Brust und Pfoten.
- Ausgesprochene Über- und Untergrößen.
- Sonstige Missbildungen. Krankheiten, bei denen Erblichkeit angenommen werden muss, z. B. Epilepsie.
- Wesensmängel, z. B. scheu oder ängstlich.

Die Zusammenstellung kann selbstverständlich nicht alle vorkommenden Fehler erfassen; sie ist als beispielhaft anzusehen. **N.B.:** Rüden müssen zwei offensichtlich normal entwickelte Hoden aufweisen, die sich vollständig im Hodensack befinden.

Rassekennzeichen beschreiben das Zuchtziel

Beim Studium der Rassekennzeichen sollte man sich immer vor Augen halten, dass es sich dabei um die Festlegung des Zuchtziels handelt. Das heißt, dass die hier aufgeführten Merkmale und Eigenschaften in der Zucht angestrebt werden. In der Praxis werden aber nur ganz wenige Individuen diese Anforderungen annähernd in allen Punkten erfüllen. Weitaus die Mehrzahl der Hunde wird diesen Forderungen lediglich mehr oder weniger nahe kommen. Dem aufmerksamen Leser ist sicher aufgefallen, dass in den Rassekennzeichen mehrfach Formulierungen gebraucht werden, welche die Unterschiede zu Deutsch-Kurzhaar hervorheben. Dies ist vor allem auch vor historischem Hintergrund zu sehen. Zweimal nämlich in der Zuchtgeschichte des Weimaraners war der Bestand dieser eigenständigen Rasse dadurch gefährdet, dass versucht wurde, den Weimaraner als farblich abweichende Spielart der Rasse Deutsch-Kurzhaar einzuverleiben. Diese Argumente wurden bereits kurz nach Gründung der Delegirten-Commission ins Spiel gebracht, als die Gründung des »Verein zur Reinzucht des silbergrauen Weimaraner-Vorstehhundes« geplant war. Zum zweiten Mal wurde nach der Machtergreifung der Nationalsozialisten im Jahr 1933 im Zuge des »Gleichschaltungsfimmels« versucht, die Weimaraner nur noch in das Stammbuch der Fachschaft Deutsch-Kurzhaar einzutragen. In beiden Fällen haben sich streitbare Freunde der Rasse diesem Vorhaben erfolgreich widersetzt.

Kapitel 6

WIE FINDE ICH EINEN GUTEN ZÜCHTER? WIE SUCHE ICH MIR EINEN WELPEN AUS?

Über 30 Jahre lang lebten in unserer Familie Kurzhaar-Weimaraner und zwar immer nur Hündinnen. Die Töchter folgten ihren Müttern, wenn deren Kräfte nachließen.

Als dann im Jahr 1994 unsere Hündin »Urmel vom Wasserschloss« plötzlich an den Folgen einer nicht rechtzeitig erkannten Gebärmutterentzündung gestorben war, bevor wir rechtzeitig eine Tochter nachziehen konnten, standen wir vor dem Nichts. Wir haben es nicht lange ohne Hund ausgehalten! Bereits nach zwei Tagen fuhren wir ohne große Überlegungen Richtung Bayern und holten uns, es waren zu Ende der Zuchtperiode nur noch ganz wenige Welpen zu haben, buchstäblich den letzten übrig gebliebenen Rüden eines A-Wurfs. Und wir hatten großes Glück. Der Rüde war zwar zierlich und bedurfte besonderer Zuwendung. »Apollo vom Senftenberg« hat sich dann aber zu einem der besten Jagdhunde entwickelt, die ich je besessen habe. Und zudem wurde er auch noch eine Schönheit.

So kann das Schicksal manchmal spielen - und es kann gut gehen.

INFORMATIONEN SAMMELN

Die Regel sollte aber so ein übereilter Welpenkauf nicht sein. Besser ist auf jeden Fall, wenn man sich vorher informiert, damit man nachher nicht zu sagen braucht »Ach hätte ich doch!«. Um es aber gleich vorweg zu sagen: Bei aller Mühe, die man sich gibt, gehört auch ein Quäntchen Glück dazu, um einen guten Hund zu bekommen. Dabei gehe ich bei den folgenden Überlegungen, wie überhaupt in meinem ganzen Buch, davon aus, dass der Weimaranerbesitzer echt daran interessiert ist, mit seinem Rudelgenossen gut ein Jahrzehnt lang eng zusammenzuleben, mit ihm zu jagen oder sich doch zumindest seiner ständigen Begleitung zu erfreuen.

Für Leute, die daran interessiert sind, mit vielen Hunden etwa auf Schauen Trophäen zu erringen oder möglichst viele Welpen zu »erzeugen«, gelten diese Betrachtungen nur sehr eingeschränkt. Abgesehen von der Frage, ob derartige Hundehaltungen überhaupt art- und verhaltensgerecht sein können, was etwa bei einer Rudelhaltung durchaus möglich erscheint, gelten eben hier andere Maßstäbe, da die Mensch-Hund-Beziehungen, vor allem die so genannte Bindung, von ganz anderer Qualität sind. Einen Weimaraner-Welpen aus guter Zucht zu bekommen, ist manchmal gar nicht so einfach. In vielen Fällen muss man etwas Geduld haben.

WEIMARANER SIND KEINE KATALOGWARE

In der letzten auswertbaren Zuchtperiode (1999) fielen in Deutschland 78 Würfe mit 548 lebenden Welpen. Davon lagen in 50 Kurzhaar-Würfen 380 Welpen und in 28 Langhaar-Würfen 168 Welpen.

Aus diesen Zahlen allein ist schon zu sehen, dass der Weimaraner keine Rasse ist, bei der eine Massenvermehrung betrieben wird. Die Wurf- und Welpenzahlen sind in den letzten Jahren nur langsam angestiegen, und das wird aller Voraussicht auch so bleiben. Lediglich nach der Wiedervereinigung gab es einen kräftigeren Ruck nach oben.

Weimaraner-Züchter sind grundsätzlich Jäger und jagende Forstbeamte mit besonderer Neigung zur Hundeführung, die mehr oder weniger regelmäßig dann züchten, wenn sie eine zuchttaugliche Hündin haben. Es gibt nur wenige Züchter, die regelmäßig mit mehr als einer Hündin züchten. Züchter mit mehr als zwei oder drei Hündinnen sind schon die Ausnahme.

Sehr viele verantwortungsbewusste Hündinnenbesitzer (nur der Hündinnenbesitzer wird als Züchter bezeichnet!) planen erst dann einen Wurf, wenn sich genügend Welpeninteressenten bei ihnen gemeldet haben. Das ist vernünftig und spricht immer für den Züchter !

Bei der oft geäußerten Bitte nach Übersendung einer »Züchterliste« muss den Bewerbern deshalb immer wieder gesagt werden, dass es für Weimaraner keine Zusammenstellung von Züchtern gibt, bei denen man quasi per Katalog Welpen bestellen kann.

HILFE BEIM WEIMARANER-KLUB E.V.

Wie findet man nun aber einen guten Züchter? Zuerst wird man sich am besten in der Gegend umhören, etwa bei Jagdfreunden, beim Hundeobmann der DJV-Kreisgruppe oder beim in der Region aktiven Jagdgebrauchshundverein. Wenn man hier einen Hündinnenbesitzer findet, der auch züchtet und bei dem man auch einmal die Hündin oder sogar den vorgesehenen Deckrüden bei der Arbeit sehen kann, wäre das eine gute Grundlage für einen Welpenkauf.

Wenn man hier nicht weiterkommt, oft versuchen »liebe Freunde« einem auch einen Welpen einer anderen Rasse einzureden, empfehle ich mit den für die Region zuständigen Landesgruppenobleuten des Weimaraner-Klub e. V. Verbindung aufzunehmen. Sie wissen meistens, was züchterisch in der Region geht und sind gern vermittelnd und beratend tätig. Eine gute Möglichkeit ist auch, sich mit der Vermittlungsstelle des Weimaraner-Klub in Verbindung zu setzen.

Auch die Anzeigen im Hundeteil der Jagdzeitschriften können wertvolle Hinweise geben. Es ist durchaus nicht so, wie man oft hört, dass hier nur die Übriggebliebenen eines Wurfes angeboten werden. Viele Züchter versuchen auf verschiedenen Wegen, ihre Welpen rechtzeitig in gute Jägerhände zu vermitteln, auch in der Hoffnung, auf diesem Weg Jäger zu erreichen, die bisher noch keinen Weimaraner geführt haben.

Über den Weimaraner-Klub und die Inserate in den Jagdzeitschriften erfährt man auch gleich nähere Einzelheiten nicht nur über die Abstammung der Welpen, sondern auch der Anlagen und Leistungen, welche die Vorfahren auf jagdlichen Prüfungen und auf der Jagd nachgewiesen haben. Auch der Formwert der Vorfahren und das Ergebnis des Wesenstests sind hier verzeichnet. Die Kürzel für die einzelnen Prüfungen, Leistungszeichen u. a .sind auf der Ahnentafel selbst, in manchen Jagdzeitschriften und im Anhang der Prüfungsordnungen des JGHV erklärt.

Wenn man sich, etwa auf ein Inserat hin, die Ahnentafel bzw. eine Kopie vorlegen lässt, sollte man sich selbstverständlich vergewissern, dass es sich um eine Originalahnentafel des Weimaraner-Klub e. V. handelt. Es gibt inzwischen einige wenige Leute, die Weimaraner außerhalb des Weimaraner-Klub vermehren und dann Fantasie-Ahnentafeln selbst erstellen oder von zweifelhaften Klubs erstellen lassen. Sie fallen damit aus Profitgier den ernsthaften Züchtern der Rasse in unverantwortlicher Weise in den Rücken.

M E R K E : *Nur Ahnentafeln des Weimaraner-Klub e. V. sind national und international anerkannt und berechtigen, die Hunde auf Verbandsprüfungen des Jagdgebrauchshundverbandes zu führen oder auf VDH-Schauen auszustellen.*

Hat man einen Züchter gefunden, sollte man unbedingt rechtzeitig mit ihm Kontakt aufnehmen und ihn am besten einmal besuchen. Der weiteste Weg lohnt sich! Bei einem Besuch und einem ausführlichen Gespräch bekommt man am ehesten heraus, ob der Züchter sich in jeder

Hinsicht Mühe gibt, wesensfeste, d. h. vor allem gut geprägte und passionierte Jagdgebrauchshunde zu züchten.

BEIM ZÜCHTER LIEGT DER SCHLÜSSEL FÜR DIE QUALITÄT

Denn der Züchter legt das Fundament für die Qualität des Welpen. Nur auf diesem Fundament kann der spätere Hundeführer weiterbauen. Für das Ergebnis, den »firmen« Jagdgebrauchshund und den guten Familienhund, sind dann letztendlich beide, der Züchter und der Führer, verantwortlich. Züchter und neuer Besitzer teilen sich Verantwortung und praktische Arbeit für eine gute Welpen- und Junghundeaufzucht.

Beim Züchter also liegt der Schlüssel für die Qualität der Welpen und zwar in mehrfacher Hinsicht: Da ist einmal die **Zuchtwahl**. Auch darüber sollte man sich mit dem Züchter unterhalten. Züchten heißt in erster Linie Auswählen, Selektieren. Das heißt auf der einen Seite, dass Hunde mit Erbfehlern, z. B. Hüftgelenksdysplasie, Zahnfehlern, Epilepsie usw., erst gar nicht zur Zucht eingesetzt werden. Darüber wacht auch der Zuchtverein. Auf der anderen Seite wird der Züchter versuchen, bei der geplanten Paarung Eltern zusammenzuführen, welche versprechen, dass sie erwünschte Eigenschaften und Veranlagungen in bestmöglicher Weise vererben, und dass evtl. nicht genügend ausgeprägte Anlagen des einen Elternteils durch den anderen Partner ergänzt werden. Wenn die Eltern in diesem Fall nicht oder nicht eng verwandt sind, spricht man hier auch von *Kreuzungszucht* in weiterem Sinne.

Manche erfahrene Züchter bedienen sich auch der so genannten *Linienzucht*. Hierbei betreibt der Züchter vor allem bei den mütterlichen Vorfahren Verwandtschaftszucht. Bei dieser Methode erhofft sich der Züchter, dass die Welpen seiner Zucht sowohl nach Exterieur als auch Veranlagung relativ gleichmäßig ausfallen, er versucht also quasi standardisierte Welpen zu züchten. Eigenheiten seiner Linie, seien es besondere Wesenszüge oder auch körperliche Merkmale, nimmt er dabei gerne in Kauf, selbst dann, wenn man diese in einigen Fällen streng genommen als kleine Fehler bezeichnen könnte.

WELPENAUFZUCHT

Ganz entscheidende Bedeutung für den weiteren Lebensweg des Junghundes kommt dem Umgang des Züchters mit seinen Hunden und der Aufzucht der Welpen zu. Lesen Sie hierzu unbe-

Frischlingsstreifen bei Kurzhaar-Weimaraner-Welpen.
Foto: Dr. Petri

Lernen beim Spiel. *Foto: W. Möllenberg*

dingt gute Bücher über die Jugendentwicklung des Welpen und Junghundes etwa von TRUMLER, sowie auch von WEIDT und BERLOWITZ.

Was hier in den so genannten »sensiblen Phasen« (Prägungsphase usw.) versäumt wird, ist später nicht mehr gutzumachen. »Was Hänschen nicht lernt, lernt Hans nimmermehr!«

Ich selbst hatte hierzu vor Jahren ein zwar eindrucksvolles aber auch stark belastendes Erlebnis. Zwei Freunde, hundeerfahrene Jäger und Hundeführer, aber mit wenig Züchtererfahrung, kauften auf ein Inserat hin zwei halbjährige Deutsch-Langhaar Junghunde, die sie für Freunde jagdlich führen wollten. Die Abstammung der Hunde, einschließlich Leistungsnachweise der Eltern, waren in Ordnung. Die stolzen Besitzer der wunderschönen braunen Junghunde waren voll des Lobs über die Herkunft der Welpen. Sie seien, so erzählten sie, bei einem Landwirt tief im Schwäbischen unter »paradiesischen« Verhältnissen aufgewachsen. Nur zu bald aber stellte sich heraus, dass die Junghunde äußerst scheu gegenüber Menschen waren. Was fast noch schwerer wog war, dass sie extrem geräuschempfindlich waren. Schon das Zuschlagen einer Autotür versetzte sie in Angst und Schrecken.

Wie konnte das passieren? Die Nachforschungen ergaben kurz und knapp, dass die Welpen in einem einsam gelegenen Obstgarten hinter dem Stall zusammen mit Kühen, Schweinen und

Hühnern aufgewachsen waren. Zu Menschen, fremden zumal, hatten sie kaum Kontakt, zu fremden Hunden überhaupt nicht. Die Frau des Landwirts fütterte sie zwar regelmäßig, konnte sich aber wegen Zeitmangels kaum um die Welpen kümmern, geschweige denn mit ihnen spielen, ähnlich der Züchter selbst. Fremde Geräusche, außer vielleicht weit entfernten Traktorenlärm, hatten sie nicht kennen gelernt. Trotz aller Bemühungen der neuen Besitzer verloren die Hunde ihre Scheu und Ängstlichkeit nicht. Sie waren guten Gewissens nicht einmal als Begleithunde weiterzuvermitteln und mussten letztendlich eingeschläfert werden.

Dieses Beispiel zeigt eindringlich, wie wichtig gerade diese so genannte Prägungsphase für das weitere Leben des Welpen ist. In dieser Zeit erhält der Welpe während ganz weniger Wochen (ca. 4. bis 7. Woche) die notwendige Prägung auf alles, was ihn umgibt und was er in seinem späteren Leben kennen muss. In dieser Zeit prägt sich ihm für seine Lebenszeit ein, wer Artgenosse ist. Wenn von ihm der Mensch als Artgenosse erkannt werden soll, dann muss der Welpe täglich viele und intensive Kontakte, auch Berührungskontakte mit diesem neuen Artgenossen haben.

Es genügt auf gar keinen Fall, wenn der Welpe einmal am Tag mit Menschen Berührungskontakt hat, geschweige denn, dass er einmal am Tag Menschen nur sieht!

Selbstverständlich sind auch intensive Kontakte mit seinen richtigen Artgenossen für den Welpen äußerst wichtig. Die Kontakte zur Mutter und den Geschwistern sind meiner Meinung nach nicht ausreichend. Die besten Würfe hatte ich, als mein Rauhaardackel-Rüde »Puck vom Einkornwald« als Erzieher fungierte. Auch andere fremde Hunde, am besten Rüden, sind geeignet, also auch Nachbars »Lumpi«. Die Mutterhündin muss diese Hunde selbstverständlich mögen.

Aber auch seine übrige Umwelt, die ihn erwartet, muss der Welpe unbedingt kennen lernen: Geräusche, Gerüche, Wiese, Wald und Feld, Beton, andere Haustiere usw. Hierzu ist es auch notwendig, die Hundchen ins Auto zu packen und Ausflüge ins Revier zu machen. Viele Züchter tun noch ein Übriges und legen den Welpen z. B. so genannte Futterschleppen oder bringen sie an kleine Wasserflächen. Der Fantasie sind auch hier keine Grenzen gesetzt. Nur überfordern darf man die Welpen in diesem Alter nicht. Sie tun alles nur freiwillig und nur so lange bis sie müde sind.

Vorbildlich untergebrachter Langhaar-Wurf. Foto: Dr. Schmidt

Betriebsausflug. *Foto: Paivi Schmidt*

Der Welpeninteressent wird gut daran tun, sich dies alles anzusehen oder sich zeigen zu lassen. Allerdings hat eine Welpenbesichtigung vor der fünften Woche keinen großen Sinn. In diesem Alter sind sie so weit, dass man ihr Verhalten, vor allem auch beim Spiel und bei der Fütterung, beobachten kann. Bei der Begutachtung der Hündin muss der unerfahrene Interessent allerdings Abstriche machen: Eine gut säugende Hündin ist nicht immer gerade eine Augenweide.

Bezüglich der Beurteilung der Zwingeranlagen sollte man nicht von allzu menschlichen Maßstäben ausgehen. Ein Komfort-Zwinger mit Parkettboden und automatischer Rotlichtschaltung ist noch kein Qualitätsmerkmal für einen guten Züchter. Richtige Abenteuerspielplätze mit Höhlen, zerwühlten Blumenbeeten und zerzaustem Rasen sind mir da viel lieber! Die Welpen brauchen ab dem genannten Alter unbedingt Rasen oder gewachsenen Boden zum toben und spielen. Und nicht zuletzt, um sich hier zu lösen. Hier bereits wird die Grundlage für eine spätere Stubenreinheit gelegt.

Sehen Sie sich das alles genau an. Die gute Züchterfamilie erkennen Sie daran, wie sie mit ihren eigenen Hunden und den Welpen umgeht und wie sich diese der Familie gegenüber verhalten. Weder erwachsene Hunde noch Welpen dürfen Scheu zeigen, sondern müssen den Besitzern gegenüber freundlich und vertrauensvoll sein. Ihnen selbst gegenüber müssen sich die Welpen zutraulich zeigen. Auch die Hündin und die anderen erwachsenen Hunde sollten nach anfänglichem reservierten Verhalten sich schnell beruhigen und Zutrauen zu Ihnen fassen.

WELPENAUSWAHL

Der gute Züchter wird sicher gerne gestatten, dass der Welpeninteressent sich den Wurf ab der fünften Lebenswoche ein- bis dreimal ansieht. Man muss aber auch sehen, dass dies für den Züchter und dessen Familie eine gewisse Belastung ist. Gerade das Aussuchen eines Welpen in einem sehr frühen Stadium und das Markieren eines oder mehrerer Welpen kann einem Züchter schon stark an die Nerven gehen. Man übe deshalb hier Zurückhaltung!

Die Frage ob Rüde oder Hündin ist zu diesem Zeitpunkt ja meist schon entschieden. Ich darf an dieser Stelle nochmals darauf hinweisen, dass die Geschlechtsunterschiede beim Weimaraner, was das Wesen anbelangt, sehr groß sein können. Einem Anfänger in der Hundeführung würde ich doch eher zu einer Hündin raten. Nicht jeder nämlich kommt mit einem selbstbewussten, bereits bei den ersten Apportierübungen knurrenden und drohenden und ewig pinkelnden Rüden zurecht! Auf der anderen Seite kann ein harter Rüde für den wirklich harten Jagdeinsatz in vielen Fällen mehr bringen als eine doch meist weichere und sensiblere Hündin. Allerdings gilt die für Pferdehaltung aufgestellte Theorie, dass sich im Mensch-Tier-Verhältnis Geschlechtergegensätze besser bewähren, nach meinen Beobachtungen für Mensch-Hunde-Partnerschaften nicht.

Wenn Sie, lieber Weimaraner-Liebhaber, sich noch nicht klar sind, ob Rüde oder Hündin, dann gehen Sie doch einfach zum Züchter und suchen den Hund aus, der Ihnen gefällt. Das ist dann auch der Richtige, egal ob Rüde oder Hündin! Nehmen Sie sich beim Züchter Zeit zum Beobachten. Nicht jeder Welpe, der gerade schläft, ist eine Schlafmütze, sie müssen nur warten, bis er aufwacht. Ich halte nicht viel davon, wenn sich die ganze Familie oder gar noch Freunde an der Beobachtung beteiligen. Am besten kann man Tiere beobachten, wenn man allein mit ihnen ist.

Nun zu den Fehlern und Mängeln, die man bereits beim Welpen feststellen kann. Da ist in erster Linie einmal das Wesen: Bei Welpen, die bei jeder Annäherung von Fremden sich zurückziehen oder sich längere Zeit von lauten Geräuschen beeinflussen lassen, etwa beim Fallenlassen einer Blechschüssel, ist Vorsicht am Platz. Zeigen alle Welpen diese Symptome, muss nachgefragt werden - siehe oben!

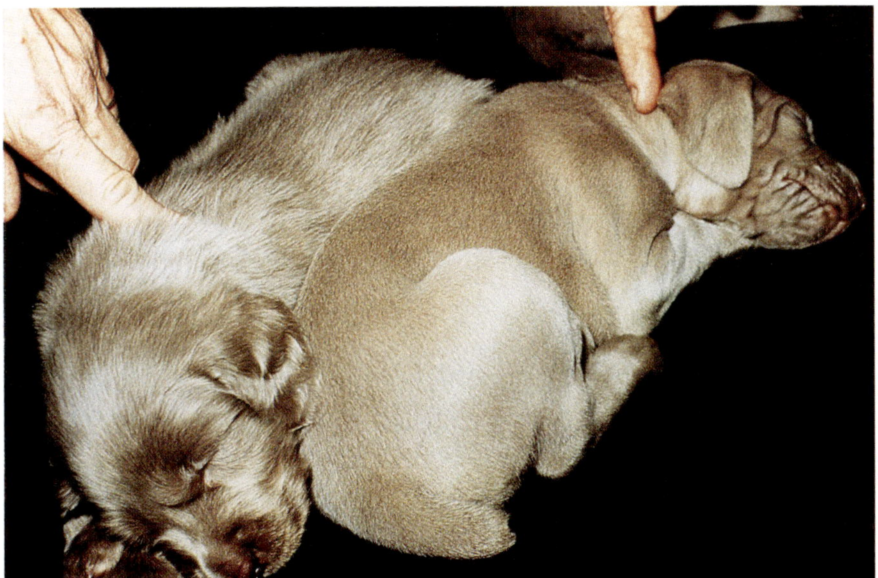

Langhaar- und Kurzhaar-Welpe. Foto: Gerhard Eiben

Da beim Weimaraner in Kurzhaar-Würfen ab und zu auch einmal langhaarige oder stockhaarige Welpen fallen können, sehe man sich besonders stark behaarte Welpen genauer an. Im Zweifelsfall sollten Sie einen Fachmann zuziehen, der bereits Welpen beider Haarvarianten gesehen hat Es ist zwar kein Unglück, wenn man statt eines kurzhaarigen Welpen einen langhaarigen bekommen würde. Falls dieser aber kupiert wäre, würde das nicht gut aussehen.

Apropos Kupieren: Da die meisten Kurzhaar-Weimaraner schon im Alter von wenigen Tagen kupiert werden, müssen Sie dem Züchter unbedingt rechtzeitig Bescheid geben, wenn Sie einen unkupierten Welpen wollen. In diesem Fall wird die Auswahl natürlich eingeschränkt sein.

Was weiter in einem Wurf auffallen kann ist die unterschiedliche Größe der Welpen. Reihenuntersuchungen haben gezeigt, dass deutliche Gewichtsunterschiede bei der Geburt auch bei der weiteren Gewichtsentwicklung der Tiere bestehen bleiben: Das heißt z. B., dass der bei Geburt deutlich schwerste Welpe auch in seiner Entwicklung vielleicht zwar nicht immer der stärkste, so doch aber einer der stärksten bleibt und auch umgekehrt bei schwachen Welpen.

Ganz kleine, zurückgebliebene Welpen, die auch noch von Hand zugefüttert werden, haben nach meiner Beobachtung keine Chance sich zu einem vollwertigen Hund zu entwickeln. Sie sollten derartige Welpen auch einmal fest in die Hand nehmen. Gesunde Welpen fühlen sich in dieser Situation hart und gespannt an und winden sich wie eine Schlange. Schlappe Welpen sind nicht gesund oder doch zumindest vorübergehend geschädigt. Man spricht hier auch vom Biotonus. Für wenige Tage alte Welpen wurde zur Messung des Biotonus sogar ein Test entwickelt (TRUMLER).

Wie der Welpe später als erwachsener Hund aussehen wird, kann keiner ganz genau sagen. Erfahrene Züchter, vor allem in den USA, haben es aber bei diesen Vorhersagen zu beachtlicher Meisterschaft gebracht. Einen gewissen Aufschluss über das zu erwartende Größenwachstum kann die Knochenstärke geben. Starke Vorderfußwurzelgelenke deuten z. B. auf ein Potenzial für kräftiges Knochenwachstum hin. Auch verschiedene Typen lassen sich, besonders bei nicht gleichmäßigen Würfen, bereits erkennen. Welpen mit stark faltigem Gesicht und Runzeln auf der Nase und zudem loser, dicker Haut, die aussehen, als ob sie sich einen um ein paar Nummern zu großen Anzug zugelegt hätten, versprechen groß und vom Typ her mehr schweißhundähnlich zu werden. Welpen mit eng anliegender etwas dünnerer Haut, die als Welpe schon ein verkleinertes Abbild eines erwachsenen Hundes sind, lassen eher einen eleganten Feldhundtyp erwarten.

ERKENNBARE FEHLER

Die Farbe der Weimaraner-Welpen ist meist ein ausgesprochen lichtes Grau. Meist zeigen Kurzhaar-Welpen in den ersten Tagen auch so genannte Frischlingsstreifen. Diese Farbe bleibt in dieser Nuancierung beim erwachsenen Hund aber nicht erhalten. Sie wird in der Regel dunkler. Diese Beobachtung kann man auch bei grau-braunen Wildtieren machen. Die Welpen des Fischotters sind ausgesprochen lichtgrau, ähnlich den Weimaraner-Welpen.

Fehlfarben können auch bereits beim Welpen schon erkannt werden: Brauner oder gelber Brand, sehr große weiße Abzeichen oder insgesamt gelbe oder braune Färbung der Decke. Derartig gefärbte Welpen dürfen später nicht zur Zucht verwendet werden. Sie wären deshalb ideal, um sie als Begleithund zu vermitteln. Aber Achtung: Wenn vollkommen schwarz gefärbte Welpen im Wurf liegen, ist dies, wie bereits ausgeführt, ein Zeichen dafür, dass es sich nicht um reinrassige Weimaraner handelt.

Zahnfehler sind beim Welpen kaum zu erkennen. Ein geringgradiger Rückbiss ist beim Weimaranerwelpen normal. Sollten aber hier Abweichungen von mehr als Streichholzstärke vorliegen, ist Vorsicht geboten.

Beim Rüdenwelpen müssen im Alter von 8 Wochen bereits beide Hoden sichtbar oder zumindest fühlbar sein. Bei Hündinnen sind asymmetrisch angeordnete Zitzen ein unbedeutender Schönheitsfehler ohne jegliche Bedeutung.

An Missbildungen können beim Welpen vorkommen: *Knickrute*, die vielleicht in Zukunft mehr Bedeutung bekommen wird, da in zunehmendem Maße nicht mehr kupiert wird. Weiter kommen vor Missbildungen des Auges oder der Augenlider (z. B. Ektropium) und des Verdauungsapparates. Hierbei kann etwa beim Saugakt das Austreten der Milch aus der Nase beobachtet werden, was in keinem Fall als normal zu beurteilen ist.

Nabelbrüche sind zwar keine eigentlichen Missbildungen. Sie verlangen aber trotzdem unsere Aufmerksamkeit. Derartige Brüche sind relativ weit verbreitet und deuten auf eine gewisse Bindegewebsschwäche hin. Größere Nabelbrüche (etwa ab Erbsengröße) sollten bereits im Welpenalter operiert werden.

Nach meinen Beobachtungen lecken und zerren gerade Erstgebärende oft sehr stark an der Nabelschnur des Neugeborenen. Vielleicht liegt auch hierin mit eine Ursache für das Entstehen von Nabelbrüchen. Vorsichthalber sollte man bei derartigen sensiblen Hündinnen versuchen, bei der Geburt anwesend zu sein und die Nabelschnur abzuschneiden (ca. 3 cm stehen lassen). So sensible Hündinnen schätzen es ohnehin, wenn ihre Hauptbezugsperson bei der Geburt anwesend ist.

Dicke, geblähte Bäuche, besonders nach dem Fressen, sind zwar keine Missbildungen. Sie deuten in der Regel auf Wurmbefall hin. Deshalb gehört die mehrmalige Entwurmung der Welpen ab einem Alter von ca. 14 Tagen ebenso wie die Durchführung von Schutzimpfungen (ab der 7. Lebenswoche) zu den selbstverständlichen Sorgfaltspflichten eines Züchters.

ABGABEALTER

Bleibt noch, sich Gedanken darüber zu machen, in welchem Alter der Welpe in sein neues Zuhause übersiedeln soll. Nach inzwischen übereinstimmender Auffassung aller Experten ist *der richtige Zeitpunkt Mitte bis Ende der 8. Lebenswoche.* Ein paar Tage hin oder her machen nichts aus. In diesem Alter hört die Hündin auf, die Welpen zu säugen. Die Welpen sind (hoffentlich) auf ihre gesamte Umwelt geprägt und haben den Menschen als Rudelgenossen kennen gelernt. Bei der nun anbrechenden *Sozialisierungsphase* muss der Welpe Sozialkontakte in seiner neuen Umgebung aufbauen. Sozialkontakte vor allem zu seinem Führer und zu dessen Familie. Es muss sich das entwickeln, was man heute als Bindung bezeichnet. Das Eingewöhnen wird von Woche zu Woche schwieriger, und Welpen im Alter von 10 Wochen fügen sich schwer in die neuen Lebensverhältnisse ein, weil sie bereits Bindungen zum Züchter eingegangen sind. Allerdings ist auch die Übernahme älterer Hunde beim Weimaraner in vielen Fällen noch möglich. Man braucht aber viel Einfühlungsvermögen. Und vor allem gehen einem unvergessliche und aufregende erlebnissreiche Tage und Wochen mit dem Welpen verloren.

WURFDATUM

Von gewisser Bedeutung ist auch das Wurfdatum. Der biologisch »richtige« Termin ist eindeutig der Spätwinter: Auch die Wölfin, die ja nur einmal im Jahr in Hitze kommt, wölft im Februar/März. Die Welpen wachsen dann mit zunehmender Tageslänge ins Frühjahr hinein und können sich so optimal entwickeln.

Da aber manche Weimaraner-Hündinnen ungünstig heiß werden, und das jedes Jahr, fallen auch Herbstwürfe. Der Vorteil bei diesen Würfen ist, dass die Hunde zu den Prüfungsterminen im Frühjahr und Herbst etwas älter und reifer sind. Mit solchen Hunden kann man dann im Herbst des übernächsten Jahres, also wenn sie rund 2 Jahre alt sind, auch schon recht gut jagen.

Nicht zuletzt durch die Bestimmungen des JGHV, welcher in der VZPO als Stichtag den 1. Oktober festlegt, beginnt auch die Zuchtperiode beim Weimaraner-Klub am 1. Oktober. Sie sollte spätestens Mitte Mai enden, was der Klub auch so empfiehlt. Ausgesprochene Sommerwürfe sind aus den genannten Gründen als ungünstig zu beurteilen und sollten vermieden werden.

WELPENPREIS

Manche Leute meinen zwar, dass man über Geld nicht rede, man habe es einfach. Trotzdem oder gerade deswegen noch ein Wort zu diesem Thema, nämlich zum Welpenpreis. Weimaraner-Welpen waren wegen der Seltenheit der Rasse schon immer etwas teurer als Welpen anderer vergleichbarer Vorstehhunderassen. Der »Weimaraner-Vater« Robert HERBER hat dazu einmal gesagt: »Ein Pfirsich ist teurer als eine Pflaume«. Auf der anderen Seite gibt es aber eigentlich keinen vernünftigen Grund, warum Weimaraner-Welpen wesentlich teurer sein sollen als z. B. Welpen der Rasse Deutsch-Drahthaar oder Kleine-Münsterländer. Wie kann ich einem Jäger dazu raten, einen Weimaraner-Welpen zu kaufen, wenn der Welpe das Doppelte kostet wie ein DD-Welpe aus bester Zucht ?

Der Weimaraner-Klub hat deshalb die Züchter seit jeher zur Mäßigung bei den Welpenpreisen aufgerufen. Derzeit (Jahr 2000) empfiehlt der Klub Welpenpreise zwischen 800,-- DM und 1000,-- DM, je nach Abstammung und erbrachten Leistungnachweisen der Verwandten. Bitte weisen Sie als Interessent bei höheren Preisforderungen auf diese Tatsache hin!

Kapitel 7

EIN WELPE KOMMT INS HAUS. MUSS ICH IHN GLEICH ERZIEHEN?

Es sind schon aufregende Wochen, die Zeit vor und nach dem Einzug eines Welpen in die Familie! Ich kann mich noch fast an jede Einzelheit erinnern, als wir, jung verheiratet, vor rund 40 Jahren unseren ersten Weimaraner-Welpen »Bessie vom Bärenfang« aussuchten und heimholten. Da wir von da an immer eine Tochter zurückbehielten, riss die Reihe erst ab, als unsere letzte Hündin überraschend an einer Gebärmutterentzündung einging. Damals, vor sieben Jahren, holten wir uns dann den ersten Weimaraner-Rüden aus Bayern. Rüden-Erfahrung hatten wir aber bereits durch unseren hochpassionierten Rauhaardackel-Rüden »Puck vom Einkornwald«.

Schon Wochen vor Ankunft des Welpen hatten wir per Katalog, Pet-shops gab es damals noch nicht, Leine, Halsband und Hundekorb schicken lassen. Das Halsband war dann natürlich viel zu groß, und in dem nach Weimaraner-Maßen bestellten Korb fand man das kleine Hundchen kaum, wenn es sich in die Decke verkroch. Nach einem halben Jahr sah das dann alles schon ganz anders aus. Man sollte zwar bei der Anschaffung, Erziehung und Ausbildung gerade auch des ersten Hundes nicht allzu große Angst davor haben, Fehler zu machen, man macht sie anfangs ohnehin. Der gesunde und wesensfeste Weimaraner wird sie, wenn man nicht gerade alles falsch macht, verkraften. Es hat aber noch nie geschadet, wenn man ein geläufiges und viel gebrauchtes Sprichwort umdreht und sich sagt

STUDIEREN STEHT VOR PROBIEREN!

Da sich der Welpe bei seinem Einzug noch innerhalb der sensiblen Phasen befindet, mit acht Wochen beginnt bereits die Sozialisierungsphase, und da in diesen sensiblen Phasen die Grundlage für seine gesamte weitere Entwicklung gelegt wird, sollte man sich schon gründlich mit der inzwischen gut erforschten Jugendentwicklung des Hundes befassen. Nach wie vor unübertroffen sind nach meiner Überzeugung, vor allem auch wegen ihrer leicht verständlichen Sprache, die Bücher von TRUMLER. Die Beiträge von WEIDT und BERLOWITZ sind zwar inhaltlich sicher ebenfalls beachtenswert, aber so schwer lesbar, dass die Gefahr besteht, dass der Durchschnitts-Hundeführer die Veröffentlichungen aus der Hand legt, bevor er begriffen hat, um was es eigentlich geht.

Neben dem Studium der Fachliteratur sollte man aber auch einige Fragen klären, bevor der Welpe oder auch der etwas ältere Hund tatsächlich ins Haus kommt. Ich will, da für alle Hunderassen die Dinge grundsätzlich ähnlich liegen, mich im Folgenden auf Hinweise beschränken, die speziell für Vorstehhunde, also auch den Weimaraner, von Bedeutung sind.

VON DER PRÄGUNG ZUR BINDUNG

Hoffen wir, dass der Welpe beim gewissenhaften Züchter in der Prägungsphase gut auf seine bisherige Umwelt geprägt wurde und vor allem auch den Menschen als Artgenossen zu erkennen gelernt hat. Wenn auch die Wissenschaft sagt, diese Prägungsphase sei mit acht Wochen zu Ende, so kann ich das nach meiner Erfahrung nicht ganz so eng sehen. Auch nach dieser Zeit kann der Welpe in seiner neuen Umgebung noch auf zwar nicht grundsätzlich andere, wohl aber doch

Zwei gute Freunde! Trotzdem sollte man die beiden nie ohne Aufsicht lassen. *Foto: Dr. Petri*

anders geartete Umweltbedingungen geprägt werden. Es ist aber schon richtig, dass der Welpe sich in diesem Alter bereits in der Sozialisierungsphase befindet, die bis ungefähr zur zwölften Lebenswoche dauert. Hat der Welpe bisher vor allem den Menschen ganz allgemein, also nicht überwiegend einzelne Personen, als Artgenossen zu erkennen gelernt, so baut er jetzt in seiner neuen Umgebung eine persönliche Beziehung zu »seinem« Rudelführer und zu den Personen auf, die sich laufend mit ihm beschäftigen. Diese Bindung entsteht durch gemeinsames Tun, vor allem durch gemeinsames Spiel.

Wenn der Welpe in einen Ein-Personen-Haushalt kommt, ist der Aufbau dieser persönlichen Bindung einfach, wenn sich der Besitzer nur genügend um ihn kümmert. In der Familie kann das schon etwas schwieriger sein, da der Hund hier Bindungen zu mehreren Personen aufbauen muss. Hier muss also rechtzeitig in der Familie abgesprochen werden, wer welche Aufgaben bei der Hundebetreuung übernimmt. Das wird zwar später in der Rangordnungsphase von noch größerer Bedeutung werden, wenn dann die Rangordnung innerhalb der Familie festgelegt wird. Aber diese Phase beginnt ja auch bereits schon ab der 13. Lebenswoche. Ganz gut ist es, wenn der Partner ebenfalls hundepassioniert ist und man mit dem Junghund öfter zusammen ins Revier geht oder gemeinsame Spaziergänge unternimmt. Nicht ganz so einfach ist es mit halbwüchsigen Kindern. Zwar soll man den Kindern den Spaß am jungen Hund nicht nehmen, aber sie sollten nur unter Aufsicht mit dem Hund spielen. Kinder neigen dazu, dem Hund weh zu tun oder ihn gar zu quälen, und das lässt sich dann ab einem bestimmten Alter kein Hund mehr gerne gefallen, und er schnappt zu. Es ist für den Welpen gut, wenn er auch mit fremden Kindern herumtollen kann. Umgekehrt tut das den Nachbarskindern auch gut. Aber bitte nur unter Aufsicht!

Erst recht gilt für Babys und Kleinkinder: Sie dürfen auf keinen Fall mit dem Hund ohne Aufsicht allein gelassen werden. In unserer Familie waren zuerst Hunde da, dann kamen die

Kinder. Umgekehrt geht es zwar noch einfacher, aber man darf nicht leichtsinnig werden. Bei uns ist wenig passiert, ich betone »wenig«. Aber ein paar Schrammen gab es schon.

Nun gibt es Unterschiede, was die Qualität der angestrebten Bindung etwa bei einer Schoßhunderasse auf der einen Seite und einer Jagdhunderasse auf der anderen Seite anbelangt. Bei einem Yorkshire-Terrier z. B. kann eine sehr enge Bindung zwar durchaus angestrebt werden, mit der Folge, dass das Hundchen nicht allein bleibt, oder schon zu winseln anfängt, wenn sein Frauchen das gemeinsame Bett verlässt. Das wäre natürlich für einen Jagdhund nicht akzeptabel.

Für den Weimaraner muss eine *sichere, aber nicht zu enge Bindung* angestrebt werden. Der Welpe darf deshalb auf keinen Fall überbehütet werden. Ziel der Bindung des Jagdhundes muss sein, dass der junge Hund seinem älteren und klügeren Rudelführer freundschaftlich zugetan ist und sich ihm willig unterordnet, so wie das unsere Kinder auch tun sollten, dass er aber dennoch die innere Sicherheit und Freiheit behält, die er braucht, um auf der Jagd auch selbstständig und mit Jagdverstand arbeiten zu können. Hier das richtige Maß zu finden ist eine der Fähigkeiten, die einen talentierten Hundeführer auszeichnet.

SOZIALISIERUNG UND BURGFRIEDEN

Vor Jahren war es für manche Jäger noch »in«, einen möglichst rabiaten Weimaraner an der Leine zu haben. »Prüfungen oder Jagden ohne Rauferei oder Deckakt das ist nichts, da fehlt etwas« war ein viel gehörter Spruch bei altgedienten Hundeführern, wobei das selbstverständlich auch nicht so ganz erst gemeint war. Diese Zeiten sind heute vorbei.

Jäger und andere Hundeführer brauchen, auch wenn sie auf dem Land leben, einen sozial verträglichen Hund. Andernfalls läuft man Gefahr, in die »Kampfhund-Ecke« gestellt zu werden. Deshalb ist es ganz wichtig, dass der Welpe schon ganz früh mit anderen Hunden, mit ihm fremden Menschen, vor allem auch mit anderen Kindern in Berührung gebracht wird und sich so z. B. an Kindergeschrei oder an mit den Armen rudernde Inline-Skater gewöhnt. Ob man nun an besonders organisierten *Welpenspieltagen* teilnimmt oder diese Spiele mit anderen Junghunden selber

Burgfrieden. Foto: Möhle

organisiert, ergibt sich aus den persönlichen Lebensverhältnissen. Solche Welpenspieltage, das Wort *Prägungsspieltage* halte ich für nicht korrekt, da die Prägungsphase in diesem Alter schon vorüber ist, halte ich auf jeden Fall für empfehlenswert; dort kann auch schon der Grundstein für die spätere Teilnahme an einem *Hundeführerlehrgang* gelegt werden.

Ein besonderes Problem können die in tierliebenden Haushalten oft von den Kindern gehaltenen anderen Haustiere darstellen. Hier gilt es, dem Welpen gleich von Anfang an und konsequent klarzumachen, dass diese Mitbewohner für ihn tabu sind, und dass er mit diesen in auch sonst in der Natur vorkommendem *»Burgfrieden«* leben muss. Das dürfte bei unseren sehr gelehrigen Weimaranern keine unüberwindlichen Schwierigkeiten machen, was aber bei anderen Hunderassen durchaus nicht selbstverständlich ist. So hatte während der Zeit, als der Rauhaar-Dackel-Rüde »Puck vom Einkornwald« unser Rudel komplettierte, kein Haustier unserer Kinder, waren es nun Meerschweinchen, Wüstenrennmäuse oder Jungkatzen je eine Chance, längere Zeit zu überleben. Der Rüde entwickelte hier großen Erfindungsgeist, um in einem unbeaufsichtigten Moment an die bestens abgesicherten Mitbewohner heranzukommen. Züchter dieses rabiat scharfen Rüden war übrigens der langjährige und verdiente Weimaraner-Züchter (Zw. »vom Einkorn«) Karl Hanselmann, seines Zeichens Revierförster und Wirt auf dem Einkorn bei Schwäbisch-Hall. Die Kinder haben sehr darunter gelitten. Man muss sich deshalb bei der Anschaffung weiterer Tiere in einem Jägerhaushalt die Sache vorher genau überlegen.

ERZIEHUNG ZUM HAUSGENOSSEN

Man darf sich deshalb nicht scheuen, schon gleich von Anfang an dem Welpen klar zu machen, was er nicht darf. Bereits hier ist konsequentes Verhalten des Rudelführers unabdingbar, wie es später bei der Abrichtung noch in viel stärkerem Maße erforderlich ist. TRUMLER spricht hier von *Disziplinieren und Tabuisieren*. Der menschliche Rudelführer muss hier die Rolle des Vaterrüden im Wolfs- oder Wildhund-Rudel übernehmen.

Das heißt in der Praxis, dass der Welpe bereits von Anfang an lernen muss, dass bestimmte Einrichtungsgegenstände wie Stuhlbeine oder Teppichfransen für ihn tabu sind, oder dass er für uns unerwünschte Tätigkeiten wie Löcher graben im Gemüsebeet zu unterlassen hat.

Um dem Welpen diese Tabus klar zu machen oder ihm bestimmte Tätigkeiten zu verleiden, wird er zeitgleich zu seinen unerwünschten Tätigkeiten mit scharfem »Anpfiff« davon abzuhalten versucht. Dabei ist der scharfe Tonfall ungleich viel wichtiger als das eigentlich gesprochene Wort. Ob Sie also *PFUI, AUS* oder *NEIN* brüllen ist Wurst, nur sollten Sie zweckmäßigerweise immer das gleiche Wort verwenden. Und nochmals: Tabuisieren und Disziplinieren sollte nur der Rudelführer oder eine zweite Bezugsperson, möglichst also nicht jedes Ihrer hoffentlich zahlreichen Kinder. Dieses Disziplinieren des Welpen darf aber auf gar keinen Fall in ein dauerndes Herumexerzieren ausarten. Was der Welpe gerade während seiner Eingewöhnungszeit vor allem anderen braucht ist Spielen und nicht zu vergessen viel Schlaf!

LERNEN BEIM SPIEL

Während meiner beruflichen Tätigkeit als Leiter eines großstädtischen Veterinäramts musste ich regelmäßig Diskussionen mit Tierschützern führen, wenn es um die Art der artgemäßen Unterbringung von Hunden ging. Besonders heftigen Angriffen der Tierschützer waren dabei Hundehaltungen auf Schrottplätzen und ähnlichen Grundstücken ausgesetzt, die uns Menschen als unordentlich und unaufgeräumt erscheinen. Ich habe den Leuten zu erklären versucht, dass Hunde, selbstverständlich wenn auch die übrigen Voraussetzungen stimmen, gar nicht artgemäßer aufwachsen können, als auf einem derartigen »Abenteuer-Spielplatz«.

Hier können sie Höhlen graben, Autopolster auseinandernehmen, balancieren, Verstecken spielen und vieles andere mehr. Wohl dem Züchter und Hundebesitzer, der seinem Welpen derartige Spielmöglichkeiten in Hof und Garten bieten kann. Man kann sich heute einen derartigen Spielplatz für Welpen auch für teures Geld aus käuflichen Plastikteilen zusammenstellen, aber so wie ich die meisten Jäger kenne, gibt es in den Höfen, Scheunen und Gärten genügend Gerümpel, um sich so einen Spielplatz selber herzurichten. Und wenn da zu Hause gar nichts geht, muss man eben mit dem Welpen Ausflüge ins Revier und zur Jagdhütte unternehmen. Das wird zusätzlich ohnehin empfehlenswert sein, um den Welpen frühzeitig an andere Umgebung und auch an das nasse Element zu gewöhnen. Derartige gemeinsame Unternehmungen fördern zudem die sichere Bindung zwischen Welpen und Hundeführer ungemein. Beim Spielen mit anderen, möglichst gleichaltrigen Hunden, mit Menschen, aber auch wenn er sich selbst beschäftigt, lernt der Welpe die für ihn zweckmäßigen Verhaltensweisen zu entwickeln, ohne dass wir ihn dazu besonders anleiten. Er lernt durch *Versuch und Irrtum.* Und diese Art des Lernens ist auch für den jungen Menschen immer noch die dauerhafteste Lern-Methode. Wenn der Welpe z. B. einen wackligen Bretterstapel besteigt, der unter Getöse unter ihm zusammenfällt, oder wenn er in ein zu enges Rohr kriecht und darin stecken bleibt, dann wird er eindrucksvoll erfahren, dass er nächstes Mal bei diesen Tätigkeiten vorsichtiger zu Werke gehen muss.

WOHNUNG UND HUND UND HUNDEWOHNUNG

Wer zum ersten Mal einen Hund ins Haus oder in die Wohnung nimmt, muss sich umstellen. Extreme Sauberkeits- und Ordnungsfanatiker müssen Abstriche machen, denn auch wenn wir den Welpen von Anfang an zu erziehen versuchen, wird er doch seine Spuren in Haus und Garten hinterlassen. Dem wirklichen Hundefreund wird aber die Freude an dem neuen Mitbewohner die paar abgefressenen Teppichfransen oder das angenagte Tischbein bei weitem aufwiegen.

Der Hundebesitzer in spe sollte sich aber auch schon rechtzeitig, bevor der Welpe ins Haus kommt, mit der Frage beschäftigen, wo der neue Mitbewohner seinen Platz innerhalb des Anwesens bekommen soll. Denn nur zu sagen, der Hund lebt bei uns im Haus, ist nicht genug. Ich möchte gleich vorausschicken, dass die Unterbringung eines Weimaraners außerhalb des häuslichen Anwesens, etwa in einem Schrebergarten oder auf einem Betriebsgelände, nicht tolerierbar ist. Solche Unterbringung ist allenfalls stundenweise zu vertreten. Ja selbst die überwiegende Zwingerhaltung auf dem Wohngrundstück und das nur gelegentliche Mitnehmen des Hundes auf Spaziergänge oder auf Jagdausflüge, ist für einen Weimaraner eine untragbare Haltungsform. Auf der anderen Seite ist aber auch die Haltung eines Weimaraners nur in der Großstadtwohnung problematisch. Sie ist zwar denkbar, aber doch mit erheblichem Aufwand verbunden. Denn in diesem Fall muss der Hund in regelmäßigen Abständen immer wieder ins Freie geführt werden und zudem mindestens einmal am Tag freien und ungehemmten Auslauf erhalten.

Die ideale Haltung für einen Jagdhund, also auch für einen Weimaraner, ist und bleibt die kombinierte Haltung in Haus und Zwinger, wobei ich bewusst die Haltung im Haus an erste Stelle gesetzt habe. Dabei ist es für den Hund am besten, wenn ihm jederzeit die freie Wahl gelassen wird, ob er sich im Garten oder Hof, im Zwinger oder im Haus aufhalten will, was selbstverständlich nicht bedeutet, dass er seinen Aufenthaltsort von Minute zu Minute wechseln und dabei möglichst viel Schmutz ins Haus tragen darf.

HUNDEPLÄTZE IM HAUS

Auch in der Wohnung oder im Haus sollte man sich rechtzeitig umsehen, um die verschiedenen in Frage kommenden Plätze auf Welpen- bzw. Hundetauglichkeit hin zu überprüfen. Auch im

Haus muss der Weimaraner einen Hauptwohnplatz zugewiesen bekommen, wohin er sich zurückziehen kann, wenn er schlafen oder in Ruhe gelassen werden will. Das ist dann auch sein Platz, wohin er sich zurückzieht, wenn wir ihn für wenige Stunden im Haus zurücklassen. Ob dort auch sein Fressplatz ist, entscheiden die örtlichen Gegebenheiten.

Dieses Heim 1. Ordnung, wie die Kynologen sagen, muss verschiedene Forderungen erfüllen: Auf diesem Platz muss der Hund vor allem Ruhe haben. Auch der Rudelführer sollte ihn dort nicht stören, geschweige denn andere Hausgenossen oder gar Fremde. Deshalb muss der Platz möglichst viele Eigenschaften einer *Höhle* aufweisen. Er sollte also von zwei bis drei Seiten durch eine Wand o. ä. umgeben sein, so dass der Hund Rückenfreiheit hat. Gerade aber auch für den Welpen ist es auf der anderen Seite wichtig, dass dieser Platz nicht zu weit vom allgemeinen Familienleben entfernt ist. Der Welpe braucht Kontakt zum Rudel, er braucht »Nestwärme«. Dieses sehr starke Kontaktbedürfnis nimmt zwar etwa im Alter von einem halben Jahr deutlich ab, aber auch der erwachsene Weimaraner ist möglichst immer »nah dran«. Abgelegene Räume wie Kellerräume u. ä. scheiden also als Hauptwohnplatz für unseren Hund aus.

Unser »Apollo vom Senftenberg« hat sich seinen Platz selbst ausgesucht. Es ist der Garderobenraum im Flur, von wo aus er das ganze Erdgeschoss beobachten kann. Ungeschickt ist der Platz nur dann, wenn Besuch kommt. Aber der höfliche Hausherr nimmt den Damen und Herren sowieso die Garderobe ab, so dass diese den Raum nicht betreten müssen!

Neben diesem Hauptwohnplatz wird sich der Welpe innerhalb der Wohnung zwei bis drei weitere Liegeplätze selbst aussuchen. Das sind dann meist auch Stellen, wo etwas los ist, vor allem wo er auch die Umgebung des Hauses beobachten kann. Beliebt sind da besonders »Fensterplätze«. Oft bevorzugen die Hunde tagsüber die Küche und nachts das Schlafzimmer oder den Schlafzimmervorplatz. Wenn die vom Hund selbst ausgesuchten Plätze für die Familie akzeptabel sind, sollte man ihn gewähren lassen.

Der Hauptwohnplatz ist sozusagen der Zwinger im Haus. Er sollte eine feste Liegestatt haben. Gut sind nach wie vor die aus Weide geflochtenen Hundekörbe. Der Hund mag es nämlich, wenn er sich mit dem Rücken anlehnen kann. Der Korb sollte gerade so groß sein, dass der Hund in Seitenlage ausgestreckt liegen kann, wobei er gern den Kopf auf den Korbrand legt. Das sind für

Sein Lieblingsplatz.

den ausgewachsenen Weimaraner Körbe von 80 bis 100 cm Länge und entsprechender Breite. Selbstverständlich kann man sich so einen Liegeplatz auch selbst basteln oder sogar eine Zimmerhütte mit abnehmbarem Decke aufstellen; ich halte aber Letzeres für unnötig.

Ich konnte im Laufe der Jahre immer wieder beobachten, dass Hunde nicht gerne in Körben o. ä. liegen, die direkt auf dem Boden stehen. Vielleicht steigen sie deshalb auch so gerne auf Sessel oder Sofas. Ich vermute, dass der Grund darin zu suchen ist, dass in Bodennähe oft Zugluft herrscht. Ich empfehle daher ein Gestell von ca. 20 bis 30 cm Höhe zu bauen und den Korb darauf zu stellen; notfalls tut es auch eine Euro-Palette.

BETTGESCHICHTEN

Im Jahr 1990 trafen sich erstmals Weimaranerfreunde aus Ost und West auf der Wasserburg Heldrungen im Unstruttal, die damals noch als Jugendherberge diente. Wie in derartigen Einrichtungen so üblich, waren wir, getrennt nach Männlein und Weiblein, in Zimmern mit mehreren zweistöckigen Betten untergebracht. Da die Anreise über holprige Landstraßen damals noch ziemlich beschwerlich und ermüdend war, wollte ich relativ früh schlafen gehen. Wohl wegen meines Gewichts war mir eines der unteren Betten zugeteilt worden. Als ich in den Schlafraum kam, lag auf meiner Schlafstätte lang gestreckt ein kapitaler Weimaraner-Rüde. Ich traute mich nicht, ihn aus dem Bett zu scheuchen und ging deshalb zurück in den Rittersaal, wo noch eine beachtliche Zahl von neuen und alten Freunden tagte. Auf die Frage, wem denn der Hund in meinem Bett gehöre, meldete sich Willi Voß, ein altes Mitglied aus Mecklenburg-Vorpommern (er wurde später zum Ehrenmitglied ernannt). Zu meiner Enttäuschung machte dieser aber keine Anstalten, mit mir nach oben zu gehen, sondern er gab mir lediglich den Rat, ich solle mich einfach zu dem Hund ins Bett legen, und dabei langsam und vorsichtig die Beine unter den Hund schieben. Ich tat das dann auch ohne Schaden zu nehmen und schlief sofort ein. Am nächsten Morgen erwachte ich durch ein klirrendes Geräusch. Es war mein Beischläfer, der jetzt vor dem Bett lag und sich heftig am Hals kratzte, wobei die Halskette klirrte. Bei näherem Umsehen stellte ich fest, dass sogar aus den Betten der oberen Etagen mehrere Weimaranerköpfe neugierig über die Kante blickten. Auf meine wohl etwas spitzen Fragen hin bekam ich, wiederum von Willi Voß, die Antwort, das würden die Jäger in seiner Gegend immer so machen, wenn sie zur Jagd gingen. Die Jagdausflüge würden ja meist mehrere Tage dauern und in den Jagdhütten wäre das die beste Unterbringung für Mensch und Hund. Bei dem Rüden hat es sich übrigens um »Eddi vom Suenthal« gehandelt, der als Deckrüde in der Weimaraner-Zucht einige Bedeutung erlangt hat.

Ich selbst bin zwar kein Freund davon, dass meine Weimaraner im Bett schlafen. Ich kann mir angenehmere Bettgenossen vorstellen. Aber: Zerfleischen Sie sich bitte nicht in Selbstvorwürfen, wenn Ihr Weimaraner das tut. Sie brauchen es ja nicht jedermann zu erzählen!

HUNDEWOHNUNG IN HOF UND GARTEN

Wenn man von dieser Haltung spricht, denkt man unwillkürlich zuerst an die Zwingerhaltung oder kurz gesagt an den Zwinger. Dieser Begriff ist doppeldeutig, denn er bezeichnet einmal eine Einrichtung zur Haltung von Hunden außerhalb des Hauses, zum anderen aber auch eine Zuchtstätte für Hunde. Beide Bedeutungen sind insofern identisch, als eine Zucht von Jagdhunden eine solche Anlage erfordert. Jede andere Zucht und Aufzucht von Weimaranern, etwa allein in der Wohnung, in Stallgebäuden ohne Auslauf auf gewachsenem Boden oder ähnliche Haltungsformen, sind als nicht hundegerecht abzulehnen. Allerdings ist die bloße Haltung eines erwachsenen Weimaraners im Haus mit Auslauf in Hof oder Garten unter den bereits geschilderten Bedingungen durchaus möglich.

Bevor ich auf einige Einzelheiten der Zwingerhaltung eingehe, möchte ich aber noch einmal ausdrücklich betonen, dass ein wie auch immer gearteter Zwinger nur dazu dienen kann, dem Hund eine persönliche Wohnstätte außerhalb des Hauses zu bieten, wohin er sich zum Fressen, Schlafen und Ruhen zurückziehen kann, und wo er auch stundenweise bleiben kann, wenn niemand zu Hause ist. Jede andere Zwingerhaltung, insbesondere das stunden- oder gar tagelange Einsperren des Hundes ohne Kontakt zum Führer oder zur Familie, ist als nicht hundegerecht abzulehnen. Derartige Haltungsformen führen früher oder später zu teils irreparablen Verhaltensänderungen, ja sogar zu Verhaltensstörungen. Es ist auch eindeutig nachzuweisen, dass derartig gehaltene Hunde in ihren Intelligenzleistungen weit hinter den jagdhundegerecht gehaltenen Hunde zurückbleiben. Gerade auch so gehaltene Weimaraner sind dumm und unführig und auf der Jagd nur eingeschränkt zu gebrauchen.

Dagegen hat die kombinierte Haltung unserer Weimaraner sowohl im Haus als auch im Freien erhebliche Vorteile, sowohl für den Hund als auch für den Hundehalter. Im Freien gewöhnen sich die Hunde an Klimaschwankungen, ihre Widerstandskraft und ihr Immunsystem werden gestärkt, kurz sie werden für rauen Jagdbetrieb vorbereitet, also abgehärtet. Das gilt auch schon für unsere ganz jungen Welpen.

Der klassische Hundezwinger ist eine Einfriedung, welche teilweise überdacht ist und in welcher eine Hundehütte steht. Aber auch andere Hundewohnungen im Freien sind möglich, wobei der Fantasie hier fast keine Grenzen gesetzt sind. So gibt es richtige Hundehäuser mit Auslauf, umgebaute Stallungen oder Garagen mit Auslauf und viele andere Kombinationen.

Die Hundehaltung im Freien ist durch die *»Verordnung über die Haltung von Hunden im Freien«* gesetzlich geregelt. Diese Verordnung enthält wohlgemerkt nur Mindestbedingungen, die eingehalten werden müssen, die aber nicht das Optimum einer Hundehaltung darstellen. Deshalb hat auch der Weimaraner-Klub e. V. *»Mindestforderungen an die Haltung von Hunden in Zwingern bzw. Zuchtstätten für den Weimaraner-Vorstehhund«* festgelegt, die über die o. a. Forderungen hinausgehen und eher den Forderungen nach einer optimalen Zwingerhaltung nahe kommen. Die Richtlinien sind für die Mitglieder des Klubs, insbesondere aber auch für die Züchter verbindlich. Deren Einhaltung kann durch die Vorstandsmitglieder des Weimaraner-Klub überprüft werden. Ein Abdruck ist über die Landesgruppenvorsitzenden zu beziehen.

Ich kann es mir deshalb ersparen, auf alle dort festgelegten Einzelheiten einzugehen. Ich will im Folgenden nur auf einige Dinge hinweisen, die mir besonders wichtig erscheinen oder die für den einen oder anderen Leser vielleicht neu sind.

Zuerst zur Lage des Zwingers oder des Wohnplatzes im Freien. Leider werden diese oft in der hintersten Ecke des Grundstücks gebaut. Das ist falsch, den auch im Zwinger will der Hund mitbekommen, was in seinem Revier passiert. Deswegen sollte man die Zwingeranlage zwar nicht gerade an der Straßenfront des Grundstücks bauen, aber doch an einem Platz, wo der Hund nahe bei seinem Rudel ist, und wo er beobachten kann, was in seiner Umgebung vorgeht.

Zum Zwinger selbst folgende Anregungen, die ich teilweise von unserem sehr hundeerfahrenen Mitglied Lothar Grundner erhalten habe. Das Hundehaus, aber auch die Hundehütte, sollte mit einem Fenster aus Isolierglas versehen werden, durch welches der Hund von seinem Liegeplatz aus beobachten kann, was draußen passiert. So kann man verhindern, dass er dauernd nach draußen rennt, um zu sehen, was sich tut. Da Hunde sehr gern erhöht liegen und dazu das Dach der Hundehütte bevorzugen, sollte dieses so gestaltet werden, dass es sich als Liegeplatz eignet, also vor allem nicht zu steil ist. Für den älteren Hund kann man sogar einen bequemen Aufstieg anbringen. Der Liegeplatz innerhalb der Hütte oder innerhalb des Hundehauses sollte nicht zu groß sein, damit das Tier den Raum in der kälteren Jahreszeit durch seine eigene Körperwärme temperieren kann. Es reicht, wenn der Hund ausgestreckt liegen und aufrecht stehen kann. Dadurch erübrigt sich eine zusätzliche Heizung der Hundehütte, vorausgesetzt sie ist gut isoliert. Im Sommer hat man eher das Problem, dass es in der Hütte zu warm wird. Es ist deshalb vorteilhaft, wenn man die Hütte je nach Jahreszeit umrüsten kann, etwa durch Entfernen der Windschutzwand im Sommer. Auch eine Gittertür vor dem Eingang zur Hütte kann vorteilhaft sein, um den Hund für kurze Zeit einsperren zu können.

Der Auslauf sollte teilweise überdacht sein und nicht nur Schutz vor Regen, sondern auch vor starker Sonneneinstrahlung bieten. Es hat sich bewährt, den Boden innerhalb des Zwingers teilweise zu befestigen. Dazu eignet sich isolierter Beton oder auch Gussasphalt. Dieser befestigte Zwingerbereich sollte ein gutes Gefälle zu einer Entwässerung hin haben. Den übrigen Zwingerboden baut man am besten als Kiesbett aus, in dem man mehrere Schichten Kies ausbringt und zwar groben Kies unten und Kies der feinsten Körnung(0,5 cm) oben. Man kann sich auch überlegen, ob man den Hund zwingerrein machen will. In diesem Fall sollte man innerhalb des Zwingers noch einen Sandplatz herrichten und für Rüden zusätzlich noch einen Baumstamm einsetzen. Falls man das nicht möchte, kann man sich auch außerhalb des Zwingers im Garten oder Hof einen solchen Platz zum Lösen und Nässen einrichten.

ANBINDEHALTUNG

Die erwähnte Hundehaltungsverordnung des Bundes lässt zwar eine Anbindehaltung grundsätzlich zu, wenn sie in Form einer Laufvorrichtung gestaltet ist. Eine derartige Haltung als Dauereinrichtung ist aber für den Weimaraner abzulehnen. Da wir aus verschiedenen Gründen in unserem Garten keinen Zwinger bauen können, praktizieren wir seit geraumer Zeit eine Art Anbindehaltung wie folgt: Eine 6 Meter lange Rollleine (Flexi-Leine) wird einfach mit dem Handgriff an der vorhandenen, ebenfalls 6 m langen starken Wäscheleine aufgehängt. So entsteht eine Laufvorrichtung, die den Vorteil hat, dass sich die Leine nicht verwickeln kann. Hier kann unser Apollo kurzzeitig angebunden werden, wenn wir etwa im Garten arbeiten und er uns durch seine ausgeprägte »Arbeitswut« lästig wird.

ZWINGER UND AUTO GEWÖHNT

So liest man es des Öfteren in Annoncen von Jagdzeitschriften. Und tatsächlich muss man den Welpen schon gleich zu Anfang an alle seine Hundeplätze gewöhnen. Das ist natürlich bei den Plätzen im Haus am einfachsten. Aber der Welpe wird sich auch an seinen Wohnplatz im Zwinger gewöhnen, wenn wir ihm das nur schmackhaft im wahrsten Sinne des Wortes machen. Das heißt, er wird im Zwinger gefüttert, wir spielen dort auch mit ihm und lassen ihn dann anfangs nur kurze Zeit allein, wenn er müde ist. Ganz verkehrt wäre es, wenn wir ihn schon nach dem ersten Laut wieder aus dem Zwinger lassen würden, denn dann würde er verknüpfen: »Lautgeben oder Winseln öffnet die Zwingertür«.

Auch das Auto ist heutzutage ein wichtiger Platz für den Jagdhund. Ich kenne keinen Weimaraner, der nicht begeistert Auto fahren würde, denn er weiß, jetzt geht es ins Revier oder zu sonstigen Ausflügen. Der Weimaraner gehört bei Autofahrten auf jeden Fall ins Auto. PKW-Anhänger eignen sich vielleicht für den Transport von Schweinen aber nicht für den Weimaraner; der will auch bei Autofahrten möglichst nah bei seinem Rudel sein! Ich bin auch kein Freund von »Löwenkäfigen«, die wirken zumindest auf Außenstehende abstoßend.

Der Hund betrachtet auch seinen Platz im Auto als seinen Wohnplatz und verteidigt ihn. Das kann gerade auch wieder beim Weimaraner sehr unschöne Formen annehmen. Manche Weimaranerbesitzer sind zwar stolz auf ihren »scharfen« Hund, wenn dieser auch schon bei Annäherung

*Unterbringung im Auto: Besser **nicht** im Käfig!* *Foto: Dr. Petri*

von Fremden oder Hunden in weiter Entfernung zu toben anfängt. Aber das, was viele Weimaraner da vollführen, hat mit Schärfe nicht viel zu tun, sondern ist eher eine Untugend. Jeder Hundekenner wird einen derartig tobenden Hund bald entlarven, wenn er plötzlich die Tür aufreißt und den Hund ins Freie lässt. Im Auto wie auch im Zwinger muss der Welpe ähnlich wie im Haus deshalb auch rechtzeitig diszipliniert, d. h. scharf zurechtgewiesen oder am Nackenfell geschüttelt werden, wenn er sich ungebärdig verhält. Im Zwinger hilft notfalls auch das Schleudern kleiner Steinchen mit der Zwille in Richtung Zwinger. Auch das Werfen eines kleinen, klirrenden Kettchens (so genannte Wurfkette) wirkt oft Wunder. Später reicht dann das Klirren mit der Kette, um den Hund zu disziplinieren. Heute wird dies als »Klick- Methode« verkauft. Der Hund sollte diese »Strafe« aber keinesfalls mit dem Führer in Verbindung bringen. Wie bei der gesamten Jagdhundeabrichtung sollten alle Zurechtweisungen vom Hund nicht mit dem Führer in Verbindung gebracht werde, sondern sie sollten »wie aus heiterem Himmel« kommen.

STUBEN- UND ZWINGERREINHEIT

Dass unser kleiner Welpe stubenrein sein oder es doch bald werden sollte, darüber besteht wohl kein Zweifel. Ob man den Welpen auch zur Zwingerreinheit erziehen sollte, muss man sich überlegen. Ich kenne nämlich Hunde, die eher platzen würden, als sich im Zwinger zu lösen. Das kann für den Hund zur Qual werden. Ich halte es deshalb für besser zu versuchen, den Welpen an einen Kotplatz innerhalb des Zwingers zu gewöhnen.

Bezüglich der Stubenreinheit können Sie bei Ihrem Welpen Glück haben, wenn der Züchter alles richtig gemacht hat. Denn eigentlich sind die Welpen von Natur aus stubenrein, wenn sie ab der dritten Lebenswoche das Wurflager verlassen. Allerdings muss der Züchter dafür sorgen, dass die Welpen das auch können. Er muss also etwa durch ein nicht zu steiles Brett vor der Hütte dafür sorgen, dass die noch unbeholfenen Welpen den vor der Hütte gelegenen Kotplatz erreichen können. Es kann aber auch passieren, dass bereits saubere Welpen wieder unsauber werden, nämlich dann, wenn man ihnen keine Gelegenheit gibt, sich draußen zu lösen oder zu nässen. Der Welpe *»muss«* nämlich sehr oft am Tag. Und wenn er dann erst einmal über längere Zeit auf den Teppich gemacht hat, meint er, das sei seine Toilette. Sorgen Sie also bitte dafür, dass der Welpe nach Belieben seinen Wohnplatz verlassen und sich im Garten oder Hof lösen kann. Wenn dies nicht geht, müssen Sie den Welpen sehr genau beobachten. Wenn er sein Lager verlässt oder unruhig wird, greifen Sie ihn bitte nicht überfallartig, sondern tragen Sie ihn mit freundlichen Worten zu seinem Kotplatz und singen Sie ihm eine »Liedchen« (Löööösen o. ä.).

Ein etwas heikles Kapitel ist das häufige Nässen der Rüden, das wohl eher als Markieren zu deuten ist. Ich habe zu wenig Erfahrung mit Rüden, um hier ein Patentrezept anbieten zu können. Sicherlich finden wir Ansatzpunkte im Verhalten der Wölfe im Rudelverband. Innerhalb des Rudels darf nämlich nur der Leitrüde markieren. Bei unseren Hundeführerlehrgängen achten wir darauf, dass die Rüden während der Arbeit in der Gruppe nicht markieren. Wenn sie es versuchen, sollte der Führer durch Leinenruck und *PFUI* versuchen, das zu unterbinden. Wenn die Hunde nach den Übungen aufgelockert werden, gilt das Tabu selbstverständlich nicht mehr. Allerdings haben mir auch andere erfahrene Führer und Abrichter bestätigt, dass man manchen Rüden dieses häufige und damit für uns lästige Markieren nicht dauerhaft abgewöhnen kann. Ich habe den Eindruck, dass dominante Rüden besonders stark dazu neigen. Dieses Rüdenverhalten wird übrigens als häufigster Grund dafür angeführt, dass manche Hundeführer nur Hündinnen führen.

Im Garten und Hof gewöhnt man den Welpen schon gleich zu Anfang an den Platz, auf dem er sich lösen und wo er nässen darf. Sobald der Jungrüde anfängt, das Bein zu heben, ist besondere Aufmerksamkeit geboten. Man sollte ihm spätestens zu diesem Zeitpunkt einen »Stammbaum« setzen und ihn disziplinieren, wenn er versucht überall auf dem Grundstück zu markieren. Manche besorgten Anrufer haben schon angefragt, wann denn der Rüde endlich das Bein hebe. Die Anwort ist: das ist ganz unterschiedlich, manche tun das schon mit 7 Monaten andere erst mit einem Jahr. Nur: gelernt haben's bis jetzt alle!

ERZIEHUNG DES WELPEN ZUM JAGDHUND

Der Weimaranerfreund, der einen Welpen ins Haus nimmt, hat den unschätzbaren Vorteil, dass er diesen bereits im frühen Alter, in dem der Hund noch spielerisch lernt, schon auf seine jagdlichen Aufgaben vorbereiten kann. Bei dieser *Frühsterziehung des Welpen* werden beim Spiel einerseits seine jagdlichen Anlagen gefördert, auf der anderen Seite lernt er bereits in diesem zarten Alter erwünschte Verhaltensweisen mit von uns gesprochenen oder signalisierten Sicht- und Hörzeichen zu verknüpfen. Diese jetzt schon zielgerichteten Spiele und Übungen fördern nicht nur das Zusammengehörigkeitsgefühl zwischen Hund und Führer, sondern auch Intelligenz und jagdliche Anlagen. Diese Frühsterziehung der Welpen wird leider von vielen Hundebesitzern mit Herumdressieren und Abrichten verwechselt, wobei der Junghund durch Missverständnisse bei der Verständigung verdorben werden kann. Das ist auch der Grund, weswegen viele Profis und Halbprofis es vorziehen, zur Abrichtung einen »rohen«, d. h. unverdorbenen Hund zu bekommen.

Besonders wichtig für den späteren Jagdgebrauch ist gerade beim Weimaraner-Welpen die Gewöhnung ans Wasser. Es ist wie bei Menschenbabys auch: Je früher der Welpe ans oder ins Wasser kommt, desto angstfreier ist die Gewöhnung an das nasse Element. Wenn sich Gelegenheit

Ganz wichtig: Frühsterziehung am Wasser! Foto: W. Möllenberg

bietet, sollte man auf dem Grundstück einen kleinen Teich mit flachen Ufern anlegen. Oder man macht eben mit dem Welpen regelmäßig Ausflüge ans Wasser. Auf keinen Fall darf aber der kleine Kerl am Wasser erschreckt werden, etwa durch Hineinfallen ins tiefe Wasser an einem steilen Ufer oder gar durch Hineinwerfen. Weitere Möglichkeiten der Frühsterziehung finden sich in der kynologischen Literatur in großer Zahl (SIVEKE u. a.). Genannt sei hier nur das Legen von Futterschleppen.

Mit der Reizangel am Wasser. Foto: Dr. Petri

Eines der wichtigsten Instrumente bei diesen spielerischen Erziehungsmaßnahmen ist die so genannte Reizangel. Diese kann schon ganz früh, etwa zum Fördern der Vorstehanlage und dann auch später bei der Gehorsams-Abrichtung, eingesetzt werden. Wir tun uns aber auch bei der späteren Abrichtung viel leichter, wenn der Welpe bereits lernt, Hör- und Sichtzeichen mit bestimmten Verhaltensweisen zu verknüpfen. Rufen wir jedes Mal *HIER* oder den Namen des Welpen, wenn er freiwillig und freudig auf uns zukommt, dann brauchen wir später die Feldleine nicht, um ihm verständlich zu machen, was *HIER* für ihn bedeutet. Oder: Reden wir dem Welpen jedes Mal etwa mit beruhigendem *HÜÜÜÜT* zu, wenn er an der Reizangel Vorstehmanieren zeigt, dann werden wir später im Paarhühnerfeld relativ leichtes Spiel haben, den Hund zu vorsichtig-tastendem Verhalten vor Wildwitterung anzuhalten, wenn dieser beruhigende Zuspruch ertönt.

Zwar versteht der Hund den Sinn des gesprochenen Menschenworts nicht, sondern reagiert eigentlich nur auf die Töne und den Tonfall. Damit der Hund richtig verknüpfen lernt, müssen diese aber bei bestimmten Situationen immer gleichlautend sein, so dass wir dann eben doch am besten Worte aus dem menschlichen Sprachschatz verwenden und sie dann allmählich auch durch andere Hörzeichen (Pfeifsignale) und Sichtzeichen ergänzen oder ersetzen. Beim Lob allerdings entscheidet fast allein der Tonfall und die Körpersprache des Menschen (Freudentanz!). Hier müssen und dürfen wir uns keinen Zwang antun und können alle denkbaren Kosenamen und Liebesbezeigungen verwenden. In diesem Sinn können auch die überlieferten uralten Waidsprüche verstanden werden, mit denen der Schweißhundeführer seinem Hund bei der Arbeit »zusprach«.

Zum Ende dieses Kapitels habe ich Beispiele möglicher Arten des Zuspruchs und der Sicht- und Hörzeichen zusammengestellt, die in aufsteigender Reihenfolge dann bei der Abrichtung mehr und mehr zum »Kommando« werden.

Vorstehübungen mit der Reizangel. *Foto: Dr. Schmidt*

Mögliche Arten des Zuspruchs. Mögliche Sicht- und Hörzeichen. Aufsteigend geordnet für Hunde zunehmenden Alters.

Ziel	**Sichtzeichen**	**Hörzeichen**	**Tonfall**	**Körperliche Einwirkung**
Allgemeines Lob	»Freudentanz«	»sooo brav«	freundlich	abliebeln
Hereinkommen	Schlagen auf die Schenkel	Name rufen, »Hierher« oder Doppelpfiff	freundlich bis scharf	evtl. Feldleine
Verleiden	Drohende Haltung	»Pfui, Nein oder Aus«	scharf	Zuerst Hochheben dann evtl. Schütteln am Nackenfell. Drohen mit der Gerte u. a.
Sitzen	Erhobener Zeigefinger	»Sitz«	scharf	Druck die auf Kruppe
Lösen		»löööösen«	Singsang, freundlich	
Nässen		»rabbbele« (süddeutsch!)	Singsang, freundlich	
Gebiss untersuchen	Über den Fang greifen	»Zähne zeigen«	freundlich	Lefzendruck
Lautgeben	Pendeln des Zeigefingers	»Gib Laut«	freundlich bis scharf	Leichtes Rucken an der Leine
Auf den Hundeplatz gehen	Zeigen in die Richtung	»Hundeplatz« »Haus« o. ä.	mäßig, scharf	
Zur Suche schicken, allgemein (auch Wasser u. Stöbern)	Anzeigen der Richtung mit ausgestrecktem Arm	»Such Voran«	Rollendes »Rrrr«	
Vorstehen	Arm schräg vorhalten	»Hüüüüüt«	gedehnt	evtl. Festhalten der Leine
Aufmerken, allgemein	Rasseln mit dem Schlüsselbund o. ä. /so genannte Klickmethode	Namen rufen		
Wenden im Feld	Nach Pfiff: Zeigen in die Richtung	Langgezogener Pfiff		

Ziel	Sichtzeichen	Hörzeichen	Tonfall	Körperliche Einwirkung
Bei Fuß gehen	Klopfen an den linken Oberschenkel	»Fuß«	scharf	Rucken an der Leine. Gerte hinter dem Rücken.
Suchen der Spur, Fährte oder Schleppe	Zeigen in die Richtung oder auf den Anschuss	»Such verloren« bzw. »Such verwundt«	freundlich bis fordernd	Hinführen an der Halsung o. ä.
Springen z. B. über Hindernis oder ins Auto	Deuten mit Arm und Zeigefinger	»Hopp«	scharf	evtl. drohende Haltung
Halt, Down	Senkrechtes Hochheben des Arms	»Halt« oder Trillerpfiff	scharf	Niederdrücken u. a.
Ablegen	Zeigen auf die Stelle	»Halt und Bleiben« oder im Haus »Dableiben«	freundlich bis scharf	
Bringen	Zeigen auf den Bringgegenstand.	»Apport«	scharf	Verschiedene Stufen von Zwang
Ausgeben	Hand unter den Fang halten	»Aaauuus«	gedehnt	Lefzendruck

Welpen dürfen Raubwild immer »zausen«. Bei Nutzwild Vorsicht!
Foto: Nina Hiller

Kapitel 8

KANN ICH AUCH EINEN ÄLTEREN WEIMARANER ÜBERNEHMEN?

Als junger Weimaranerbesitzer habe ich mich anfangs immer geärgert, wenn unsere Hündinnen, sonst recht wachsam und reserviert, sofort jeden, auch sonst noch so unangenehmen Neuankömmling freundlich begrüßten, wenn er nur »jagerisch« bekleidet war. Und wenn dann einer noch ein Gewehr geschultert hatte, war jegliche Reserviertheit verschwunden. Auch mein derzeitig ständiger Begleiter »Apollo« ist in dieser Beziehung ausgesprochen »knitz« (süddeutsch: bedeutet etwa »auf liebenswerte Weise raffiniert«).

Auf unseren kleinen herbstlichen Streifen jagt er zwar anfangs schön vor mir. Sobald er aber merkt, dass auf der anderen Seite mehr Wild geschossen wird, und das ist meist bei unserem Förster der Fall, ist es mit seiner Bindung an mich vorbei, und er ist eher auf der anderen Seite zu finden.

GEFOLGSCHAFTSTREUE?

Vom Weimaraner sollte man also, was die Gefolgschaftstreue anbelangt, wie sie LORENZ beschrieben hat, nicht allzu viel erwarten, er ist kein typischer Ein-Mann-Hund. Konrad Lorenz hat ja vor Jahren die Theorie aufgestellt, dass alle lupus-, also wolfsblütigen Hunde, äußerlich kenntlich an den Stehohren, diese *Herrentreue* zeigen. Dagegen meinte er, dass die Goldschakal-Abkömmlinge, gekennzeichnet durch Hängerohren, diese bedingungslose Gefolgschaftstreue nicht besitzen. Lorenz ist dann zwar später von dieser Abstammungshypopthese wieder abgerückt und hat eingesehen, dass der Haushund nur vom Wolf mit seinen verschiedenen Unterarten und nicht vom Goldschakal abstammt. Aber diese Hypothese der Unterscheidung zwischen stehohrigen und schlappohrigen Hunden hat doch nach wie vor etwas Faszinierendes und stimmt mit den vielen Erfahrungen, die ich mit den verschiedensten Hunderassen gemacht habe, sehr gut überein. Man vergleiche nur einmal den Charakter einer stehohrigen Jagdhunderasse wie dem Laika mit dem eines schlappohrigen Vorstehhundes!

ANPASSUNGSFÄHIGKEIT DES WEIMARANERS

Was mich früher bei unseren »Schlappohren« etwas enttäuscht hat, sehe ich heute als großen Vorteil an. Die Flexibilität des Weimaraners macht es meist, ohne dass der Hund allzu sehr leidet, möglich, ihn z. B. bei Reisen auch einmal einem Jagdfreund zu geben, den der Hund gut kennt und mit dem er vielleicht schon zusammen gejagt hat. Oder: Bei den heute üblichen Bewegungsjagden kann der Weimaraner auch einmal einem bekannten Treiber oder Durchgehschützen mitgegeben werden, wenn das nur vorher ausreichend geübt wurde. Der Weimaraner jagt bei derartigen Jagden meist lieber mit dem Hundeführer als mit einer ihm nicht bekannten Meute.

Vor allem aber hat diese Anpassungsfähigkeit schon vielen Weimaranern das Leben gerettet, weil sie eben auch als ausgewachsene Hunde oft noch ohne allzugroße Probleme weitervermittelt werden können. Das ist zwar oft eine Notlösung, aber es geht, wie unsere Erfahrungen in langen Jahren der Vermittlungstätigkeit gezeigt haben, überraschend oft gut, vor allem bei Hündinnen.

Allerdings sollte der Hund während seiner Jugendentwicklung nicht zu stark vernachlässigt

Jung und Alt. *Foto: Steffie Krieger*

worden sein. Unsere Weimaraner nehmen es auch hier mit den von der wissenschaftlichen Kynologie vorgegebenen »sensiblen Phasen« nicht so genau, wenn sie nur später sehr viel Zuwendung, Übung und Arbeit erhalten.

Ich kann also jedem, der aus einer bestimmten Situation heraus einen älteren Weimaraner übernehmen will, nur raten, es zu versuchen.

ÄLTERE WEIMARANER FÜR NICHTJÄGER

Es gibt Junghunde, die für den jadlichen Einsatz nicht geeignet sind, oder deren jagdliche Abrichtung sich nicht lohnt, sei es, dass es ihnen an Jagdpassion mangelt, dass sie nicht ins Wasser gehen oder vielleicht geringgradig schussempfindlich sind.

Oder es sind da ältere Weimaraner, die nie jagdlich geführt wurden und deshalb ihre Passion erst gar nicht voll entwickelt haben. Diese Hunde können aber ausgesprochen gute und liebe Begleit- und Familienhunde sein oder werden. Sie sind dazu prädestiniert, an nichtjagende Interessenten weitervermittelt zu werden.

ÄLTERE WEIMARANER FÜR DEN JAGDLICHEN EINSATZ

Etwas schwieriger kann es da schon bei der Übernahme von älteren Weimaranern für den Jagdeinsatz werden. Am häufigsten werden Welpen und Junghunde angeboten, für die im optimalen Abgabealter von 8 Wochen noch keine akzeptablen Abnehmer gefunden wurden. Als Interessent würde ich mir in diesem Fall, wie in Kapitel 6 beschrieben, den Züchter und die Aufzuchtbedingungen genau ansehen. Wenn alles in Ordnung erscheint, also die Welpen oder Junghunde gut geprägt und sozialisiert sind und zudem auch schon erste Erfahrungen im Revier gesammelt haben, vor allem auch schon ins Wasser gehen, würde ich Hunde bis zum Alter von 6 bis 8 Monaten (je nach Geburtstermin) übernehmen. Allerdings würde ich für diese Tiere nicht viel mehr als einen Welpenpreis bezahlen. Bei der guten Anpassungsfähigkeit des Weimaraners lässt sich mit viel Zuwendung auch noch eine sichere Bindung zum neuem Besitzer erreichen.

Noch später rohe, das heißt vor allem jagdlich noch vollkommen unbeleckte Hunde, die vielleicht noch nicht einmal schwimmen können, zu übernehmen ist ein Risiko. Aber auch das kann, wie wir erlebt haben, immer noch gut gehen.

HZP UND VGP/VPS-HUNDE

Vor Jahren war es noch mehr als heutzutage üblich, dass sich Abrichter selbst Welpen kauften, diese aufzogen, abrichteten, auf Prüfungen führten, um sie dann an kapitalkräftige Jäger zu verkaufen. Ich will nicht in Abrede stellen, dass es neben Stümpern auch gute und sehr gute Jagdhundeausbilder gibt. Diese Abrichter kommen aber in der Regel mit so genannten harten Hunden besser zurecht als mit weichen. Die rassetypischen Eigenschaften des Weimaraners, seine Anhänglichkeit und leichte Abrichtbarkeit bringen es mit sich, dass professionelle Abrichter mit Hunden dieser Rasse, besonders aber auch mit Weimaraner-Hündinnen, weniger gut zurechtkommen, besonders dann, wenn sie überzeugte Anhänger einer falsch verstandenen Parforce-Dressur sind.

Ich betrachte diese Beobachtung durchaus nicht als Nachteil für die Rasse, denn der Weimaraner braucht die oft harte Schule des Berufsabrichters nur in wenigen Fällen. Ich habe deshalb immer die Meinung vertreten, dass *der* Jäger klug handelt, der sich einen Weimaraner-Welpen kauft, ihn optimal aufzieht und erzieht und später für seine speziellen jagdlichen Verhältnisse abrichtet. Die oft gebrauchte Ausrede, man habe hierfür keine Zeit, kann ich für einen regelmäßig jagenden Jäger, z. B. einen Jagdpächter, nicht gelten lassen. Denn der Jäger, der die für die Hundeausbildung notwendigen paar Minuten am Tag nicht aufbringen kann, hat auch nicht genügend Zeit für eine ordnungsgemäße Jagdausübung. Er braucht in diesem Fall auch keinen Jagdhund.

Jeder Jäger, der sich einen Weimaraner zulegen will, sollte deshalb versuchen, seinen Hund selbst auszubilden. Es ist eine auch für den Jäger selbst höchst lehrreiche und anregende Tätigkeit, wenn er z. B. durch die Nase des Hundes sehen lernt. Es ist nicht nur der Hund, der vom Jäger lernt, sondern der Jäger lernt auch vom Hund! Zumindest der Erstlingsführer sollte dabei unbedingt an einem Hundeführerlehrgang teilnehmen.

Wenn ein Weimaraner-Besitzer dann bei der Abrichtung doch nicht zurechtkommt, kann er den Hund immer noch für einige Wochen zu einem guten Abrichter bringen. Das wäre dann die zweitbeste Lösung. Ich muss aber zugeben, dass es doch auch Fälle gibt, wo es zu vertreten ist, dass ein Jäger einen abgerichteten Hund kauft. Allerdings ist Grundvoraussetzung, dass der Käufer zumindest Grundkenntnisse in der Hundeerziehung und in der Jagdhundeführung hat, ansonsten nützt ihm auch der bestens abgerichtete Hund nichts.

Vor Jahren habe ich einen jagdlich hervorragenden, aber etwas eigensinnigen Weimaraner-Rüden an einen viel beschäftigten Geschäftsmann vermittelt. Der neue Besitzer, Jagdpächter, hoch dekorierter Schütze und Waffenexperte, war bei der Vorführung im Revier begeistert und übernahm den Rüden. Ein paar Tage später, der Hund hatte sich zwischenzeitlich im Zwinger gelangweilt, wollte er den Hund ausprobieren und fuhr mit ihm ins Revier. Er schoss auch prompt vor dem gut vorstehenden Hund eine Hühner-Doublette. Anstatt aber die Rebhühner zu apportieren, legte sich der Rüde neben die Hühner und knurrte den neuen Herrn gefahrdrohend an, sobald er sich näherte. Der Hund war nicht dazu zu bewegen, die Beute herauszugeben, geschweige denn zu apportieren. Der frisch gebackene Weimaranerbesitzer war beleidigt, und der Verkäufer musste den Hund wieder zurückholen. Der Rüde wurde danach bei einem neuen, erfahrenen Jäger ein ausgezeichneter Jagdhund und ein erfolgreicher Deckrüde.

Es ist deshalb unbedingt zu empfehlen, beim Kauf eines HZP- oder VGP/VPS-Hundes sich diesen im Revier vorführen zu lassen und am besten auch ein oder zwei Tage zusammen mit Verkäufer und Hund zu jagen. Einen Kaufvertrag mit einem Rückgaberecht abzuschließen ist ebenfalls unbedingt zu empfehlen. Bei der Überprüfung der Anlagen und Leistungen des angebotenen Hundes sollte man einfach die entsprechenden Prüfungsordnungen zur Hand nehmen. So kann man am besten abhaken, was die vorgelegten Prüfungszeugnisse an Zensuren vorweisen können, oder was der Hund bei der Vorführung zeigt. Besonders bei den Arbeitsgebieten, für die der Hund im eigenen Revier eingesetzt werden soll, müssten die Zensuren mindestens »gut«, besser noch »sehr gut« lauten. Es macht keinen Sinn, einen Weimaraner zu kaufen, der im Herbst häufig auf Entenjagden geführt werden soll, wenn der Hund in den Wasserfächern nur mit »genügend« beurteilt ist. Zwar kann er's vielleicht noch lernen, aber auch nur vielleicht.

Wenn man bedenkt, wie viel Arbeit, Zeit und Aufwand doch insgesamt notwendig sind, um einen Jagdgebrauchshund auszubilden, darf man sich nicht über die Preise wundern, die für Weimaraner mit ordentlich bestandener HZP oder VGP/VPS verlangt werden. Ein HZP-Hund wird derzeit sicher nicht unter DM 2.000,--, ein VGP- Hund nicht unter DM 5.000,-- zu haben sein.

Charakterkopf (älterer Weimaraner). *Foto: Manfred Reuper*

NICHT JEDER JÄGER BRAUCHT EINEN HUND

Die vor allem vor Jahren immer wieder zu hörende Forderung »Kein Jäger ohne Hund« hat viele Jagdhunde ins Unglück gestürzt, d. h. vor allem zu jahrelanger Zwingerhaft verurteilt. Sie kann deshalb so nicht aufrecht erhalten werden!

Es gibt eben doch viele Jäger, die aus den verschiedensten Gründen keinen Hund halten können oder wollen. Oder umgekehrt: Wer nicht bereit ist, seinen vierbeinigen Jagdgehilfen und Begleiter in die Familie aufzunehmen, sich auch einmal außerhalb der Jagdausübung mit seinem Hund zu beschäftigen, oder wer nicht auf die ohne Hund viel bequemeren jährliche Urlaubsreisen verzichten will, der sollte, ja der darf sich keinen Weimaraner zulegen. Ein ganzer Jäger wird er dann allerdings nie werden! Wenn dieser Jäger sich aber mit Jagdfreunden zusammentut, die gute Hunde führen, dann ist das auch in Ordnung.

Eine letzte Kategorie von Jagdscheininhabern darf aber unter allen Umständen keinen Weimaraner bekommen!! Es sind *die* Stammtischstrategen, die angeblich nie ein Stück krankschießen und die allenfalls bereit wären, einen Hund etwa wie ein Motorrad in die Garage bzw. in den Zwinger zu stellen, wo man ihn, wenn man ihn dann doch einmal braucht, herausholen kann. Diesen Leuten muss man mit den Worten eines erfahrenen Abrichters aus dem hiesigen Raum, der sich mit diesem Ausspruch sicher manchmal selbst geschadet hat, ganz knapp aber eindeutig sagen:

Jeder Hund braucht ein A....loch, aber nicht jedes A....loch braucht einen Hund!

Kapitel 9

SOLL ICH MEINEN JUNGHUND SCHON REGELMÄSSIG INS REVIER ODER ZUR JAGD MITNEHMEN?

FREI WIE EIN VOGEL

Der junge Hund sollte sich, um nach Möglichkeit zu gedeihen, tagtäglich in vollem, ungehemmtem Laufe unter blauem Himmel bewegen können: Jeder Tag, den der Junghund zur Zeit der Entwicklung im Zwinger vertrauert, bedeutet eine Einbuße an Kraft und am späteren Vermögen der Schnelligkeit und Ausdauer. Jede Stunde, die dem jungen Hunde gestattet, frei wie der Vogel über die Flur zu fliegen, ist ein Gewinn für seine Leistungsfähigkeit.

Diese Zitat stammt aus dem ersten systematischen Werk über die Erziehung, Dressur und Führung des Gebrauchshundes, welches in erster Auflage im Jahr 1894 unter dem Titel *»Die Dressur und Führung des Gebrauchshundes«* herauskam. Der Autor ist der damals in Kehl, im Badischen Oberland ansässige Fabrikant der »Oberländer Jagdhüte« Carl *Rehfuß*, der unter dem Pseudonym OBERLÄNDER zahlreiche jagdliche und jagdkynologische Bücher und Beiträge veröffentlicht hat. Ihm wurde später zu Unrecht nachgesagt, dass er eine unsinnige und unnötig harte Abrichtungsmethode propagiert habe und das nur, weil er einige Male das Wort »Parforce-Dressur« verwendet hat. Es ist jedem Hundeführer zu empfehlen, das Oberländersche Werk, welches in Reprint zu bekommen ist, zu lesen. Der Leser wird feststellen, dass dem Autor später bitteres Unrecht getan wurde. Insbesondere sollte aber jeder Jäger und Hundeführer das oben angeführte Zitat beherzigen.

VOR LAUTER »DRESSIEREN« DIE FÖRDERUNG DER FREIEN ENTWICKLUNG DER ANLAGEN DES HUNDES UND DAS TRAINING NICHT VERGESSEN!

Gerade der Anfänger neigt dazu, zu viel an seinem Hund herumzudressieren! Haben wir bei der Welpenerziehung gesehen, dass der Welpe im Spiel tut, was ihm gerade gefällt und wir lediglich behutsam erwünschte Verhaltensweisen fördern und ganz unerwünschte verleiden, so müssen wir auch beim Junghund dieses Prinzip zunächst weiterverfolgen.

Der Weimaraner kommt mit 5 bis 6 Monaten in die so genannte *Rudelordnungsphase* (TRUMLER). In diesem Alter ist er körperlich so weit gereift, dass er bereits schon größere körperliche Leistungen erbringen kann. Das bedeutet für den Weimaraner als Vorstehhund vor allem, dass er jetzt frei im Feld, möglichst im Galopp laufen und suchen darf.

Hat der Welpe bisher hauptsächlich seine häusliche Umgebung erforscht, wobei er auch im Einwirkungsbereich des Führers bereits im Revier erste Eindrücke bekommen hat, so ist es jetzt an der Zeit, dass der Junghund selbstständig im Revier suchen lernt und dabei auch seine körperliche Leistungsfähigkeit trainiert.

FREIE UND FLÜCHTIGE SUCHE IM FELD

Für die Praxis bedeutet das: Der Weimaraner, der im Frühjahr gewölft ist, kommt im Herbst ins Feld, wenn das Getreide gemäht ist und Wiesen, Kartoffel- oder Rübenschläge für die Einübung der Suche zur Verfügung stehen. Bei Hunden aus Herbstwürfen ist es fast noch einfacher. Sie kommen im März/April in vergleichbar jungem Alter gleich ins *Paarhühnerfeld.* Zu dieser Zeit liegen ja die verpaarten Rebhühner auf den jungen Fruchtschlägen, falls im Revier überhaupt noch Hühner vorhanden sind. Aber auch ohne Hühner kann der Junghund auf diesen weiten Schlägen sehr gut in der Suche eingeübt werden. Auch Witterung von Hasen, Fasanen oder zumindest von Feldlerchen ist vorhanden.

Hunde, die etwas ungünstiger im Jahr gewölft sind, können sogar auch ganz gut auf Schneeflächen mit etwas Deckung die Suche lernen und ihre Ausdauer verbessern. In jedem Fall muss dem jungen Weimaraner im Alter von 5 bis 6 Monaten Gelegenheit geboten werden, frei und ungehemmt möglichst im Galopp zu suchen. Dabei legen wir anfangs auf die Planmäßigkeit der Suche noch nicht allzu viel Wert. Trotzdem sollte man den Hund gleich von Anfang an dazu anhalten, die vorhandene Deckung bis zum Rand abzusuchen, da sich hier erfahrungsgemäß das Wild am ehesten drückt.

Die Quersuche wird später dadurch gefördert, dass der Führer dann seine Laufrichtung ändert, wenn der Hund in andere Richtung suchen soll. Dabei wird der Junghund durch Sichtzeichen, d. h. Schwenken des Arms in die gewünschte Richtung gelenkt. Aber das ist am Anfang noch nicht so wichtig. Das Wichtigste ist, dass der Hund eine flüchtige und auch raumgreifende Suche lernt und nicht nur in der Gegend herumspaziert.

Sobald der Junghund müde ist, oder keine Lust zur Suche mehr zeigt, kommt er an die Leine oder geht, wenn er das schon gelernt hat, bei Fuß. Vermeiden Sie auch bitte unbedingt, laufend mit dem Hund zu sprechen oder zu pfeifen. Der Hund soll sich bei der Suche vornehmlich auf das vor ihm liegende Feld und dann erst auf Sie konzentrieren. Der Hund muss im Feld frei werden. Eine zu enge oder gar ängstliche Bindung an den Führer ist für die Entwicklung einer freien und weiten Suche hinderlich.

WER SUCHET, DER FINDET

Die Suche ist eine der wichtigsten Anlagen, die der Vorstehhund von seinen Ahnen mitbekommen hat. Sie muss aber auch gerade beim Weimaraner durch Übung und Lauftraining gefördert werden. Wer suchet, der findet, heißt es schon in der Bibel. Das bedeutet im Umkehrschluss für unseren Hund: Ein Weimaraner, der nicht gelernt hat, im Feld fleißig und ausdauernd zu suchen, wird das auch in anderen Fächern nicht ausreichend gut lernen, und er wird deshalb auch nichts finden!

Diese flüchtige und weite Galoppsuche ist aber auch für den erwachsenen Weimaraner das Lebenselixier! Auch er braucht, am besten täglich, eine Viertelstunde oder mehr, in der er frei und ungebunden in vollem Lauf suchen kann. Flächen hierfür finden sich wohl in jedem Revier. Für den passionierten Hundeführer und Jäger ist schon der Anblick des stilvoll suchenden Hundes »Götterlust allein«!

Suchend streift er durch die Flur
Nichts entgeht der feinen Nase
Selbst die allerkleinste Spur
Wittert er in hohem Grase.
Seht wie trefflich und wie fein
Weiß er alles auszuspähen
Seiner Arbeit zuzusehen
Ist schon Götterlust allein.

Bunsen

SCHUSSFESTIGKEIT

Auf Verbandsjugendprüfungen erlebe ich es leider immer wieder, dass junge Weimaraner sich bei der vorgeschriebenen zweimaligen Schussabgabe beeindruckt zeigen bis hin zur Schussscheu. Ich bin überzeugt davon, dass das in einigen Fällen mit Ängstlichkeit oder Nervenschwäche nichts zu tun hat, sondern dass die Hunde einfach den lauten Flintenknall überhaupt nicht kennen gelernt haben. Die Folgen sind schwerwiegend: Wenn in den Prüfungszeugnissen die Schussempfindlichkeit eingetragen wird, und dazu sind die Richter in derartigen Fällen verpflichtet, bedeutet dies für den Hund den Ausschluss von der Zucht. Deshalb sollte man bei der Suche des Junghundes im Feld immer einmal wieder einen Schuss abgeben. Selbst wenn der Züchter oder der Weimaranerbesitzer schon bei den Welpen immer mal wieder Krach gemacht hat oder mit der Schreckschusspistole geknallt hat; die Qualität eines Flintenschusses ist doch davon sehr verschieden und bringt Hunde, die ihn zum ersten Mal hören, zumindest in Erstaunen. Sie sollten zumindest bei den ersten Schüssen bei wegsuchendem Hund hinter sich in die Luft schießen, dadurch wird der Knall für den Hund nicht zu laut. Später darf sich der Hund auch an nahe bei ihm abgegebenen Schüssen nicht stören. Um es gleich hier zu erwähnen: Eine weitere Klippe für den Junghund kann die Schussabgabe im Wasser sein. Deshalb sollten Sie das auch schon rechtzeitig üben, d. h. dann, wenn der Hund sicher und passioniert schwimmt. Hierzu sollten Sie, wenn der Hund im Wasser ist, zunächst in die Luft und später erst aufs Wasser schießen, zunächst in größerer Entfernung vom schwimmenden Hund, dann auch in dessen Nähe.

Arbeit auf der Spur. *Foto: K. G. Almstedt*

HASE, HASENSPUR, HASENHETZE

Zwar sollte bereits der Welpe die Witterung von Fährten, Spuren und Geläufen kennen gelernt haben, und er hat vielleicht auch darauf schon etwas »herumgestochert«. Es kommt bei der Suche aber jetzt auch einmal der Tag, an dem vor dem suchenden Weimaraner ein Hase hoch wird. Wenn alles gut läuft, wird der Junghund den Hasen lauthals hetzen, hoffentlich nicht in Richtung einer viel befahrenen Straße. Tun Sie bitte jetzt zunächst gar nichts. Pfeifen und rufen hat sowieso keinen Erfolg. Wenn der Hund zurückkommt, sollten Sie sich gleichgültig verhalten und ihn beim Anleinen loben. Wenn der Hund nicht zu stark abgehetzt ist, können Sie in anderer Richtung mit ihm weitersuchen. Bei Junghunden, die beim ersten Hasen diesem nur erstaunt nachäugen, ist aber auch noch nicht alles verloren.

Junge Weimaraner, die allerdings im Alter von 6 bis 7 Monaten nach mehrfachen Gelegenheiten den Hasen ignorieren, d. h. ihn nicht energisch verfolgen, sind jagdlich nicht genügend passioniert und werden in der Regel keine vollwertigen Jagdhunde. Es sind die Hunde, von denen man früher schon sagte: *Man muss sie zum Jagen tragen!* Man sollte sich von ihnen trennen oder sie als lieben Familienhund halten. Besonders bei Junghunden, die nicht allzu passioniert sind und die am Führer kleben, was beim Weimaraner durchaus nicht selten ist, schadet es nichts, wenn man ihnen ab und zu einmal Gelegenheit gibt, den sichtigen Hasen zu hetzen. Bei diesen Feldsuchen wird sich auch die Gelegenheit ergeben, dass ein Hase abgeht, ohne dass ihn der Hund gesehen hat. In diesem Fall dirigieren wir den jungen Weimaraner behutsam in die Nähe der Spur und loben ihn, wenn er diese anfällt. Noch besser geht das im Wald, da der Hase dort in jedem Fall schnell außer Sicht kommt und der Hund die Nase einsetzt. *Der Junghund muss mit der Nase sehen lernen!* Oft sind deshalb Hunde, die viel im Wald geführt werden, auch die besseren Spurarbeiter. Manche gewitzten Führer lassen ihre Hunde die Spur auch in der tiefen Dämmerung arbeiten, um den Hund von Sichthetzen abzuhalten.

LAUT

Lautes Jagen ist eine überwiegend anlagebedingte Eigenschaft eines Jagdhundes. Das Lautgeben hinter sichtigem Wild (Sichtlaut) und noch besser auf der Spur oder Fährte (Spur- oder Fährtenlaut) ist eine unbedingt wünschenswerte Eigenschaft auch beim Weimaraner. Während diese Anlage zum Lautgeben bei allen Stöberhunderassen eine Grundvoraussetzung für den erfolgreichen jagdlichen Einsatz ist und bei diesen Rassen auch als Zuchtvoraussetzung gefordert wird, ist der Laut beim Weimaraner erblich noch nicht fest verankert. Dies ist züchterisch allerdings anzustreben. Man kann versuchen, die Lautfreudigkeit schon beim Welpen zu fördern, indem man mit immer gleichen Sicht- und Hörzeichen und anschließender Belohnung das Lautgeben fördert. Außerdem scheinen Sichthetzen beim Hasen den Laut positiv zu beeinflussen. Letztendlich ist aber doch der lockere Hals als erblich bedingt anzusehen.

Nach meinen Beobachtungen sind aber auch Weimaraner, die im Feld hinter dem Hasen nicht laut sind, sehr oft auf der Rehfährte laut; hinter dem sichtigen Reh sind es die meisten Weimaraner ohnehin. Der nachgewiesene Laut **(lt.)**, der auch beim Stöbern bestätigt wird, ohne dass der Richter nun genau gesehen hat, ob es sich um Spurlaut oder Sichtlaut gehandelt hat, ist übrigens eine der Zulassungsvoraussetzungen zur Verbandsschweißprüfung.

VORSTEHEN

Bei nicht wenigen Weimaranern ist das Vorstehen in der Jugend ein Problem. Das hängt einmal damit zusammen, dass insbesondere die Rebhühner, die sich am besten für die Einarbeitung des Junghundes eignen, in ihren Besätzen zum Teil stark zurückgegangen sind oder überhaupt nicht

Vorstehen vor Hühnern. *Foto: Dr. Petri*

mehr vorkommen; zum anderen arbeitet der Weimaraner im Allgemeinen gern mit tiefer Nase und stößt dann beim Ausarbeiten des Geläufs das Federwild, ohne es vorzustehen, heraus. Wenn wir beim Welpen bereits mit der Reizangel gearbeitet haben und dabei ihn bei jeglicher Vorstehpose mit einem ruhig und langsam zugesprochenen hüüüüüt (= Hüte dich) belobigt haben, dann verwenden wir diesen Zuspruch auch im Feld jedes Mal dann, wenn der Hund langsamer und tiefer wird, also eine Andeutung oder eine Vorstufe von Vorstehen zeigt. Das braucht nicht unbedingt nur bei Federwildwitterung zu sein. Viele Hunde ziehen auch die frische Hasenspur an oder stehen an Hecken mit Kaninchen- oder Vogelwitterung vor. Auch die im Schilfrand sich drückende Ente hat schon manchem Hund auf der HZP zu der nötigen Punktzahl im Fach Vorstehen verholfen. Wenn das alles nicht hilft, sollte man sich bei einem erfahrenen Abrichter Rat holen. Ich rate ab, mit ausgesetzten Wachteln oder gekäfigten Fasanen oder ähnlichen Tricks zu arbeiten. In Rebhuhnbiotopen sollte man unbedingt im Frühjahr bereits verpaarte Rebhühner aussetzen. Die sind relativ standorttreu und man kann den Hund immer wieder, notfalls an der langen Feldleine, an die Hühner bringen. Zudem besteht die Chance (eher als bei Fasanen!), dass den Rebhuhnbesätzen dadurch etwas Gutes getan wird.

DER JUNGE WEIMARANER IM WALD

Wenn der Weimaraner später auch im Wald oder auf Prüfungen mit den so genannten *Waldfächern* geführt werden soll, muss er in diesem Alter auch hier schon erste Erfahrungen sammeln. Die Arbeiten im Walde bieten dem Junghund zwar kein gleichwertiges Ausdauertraining wie die Feldsuche, welche schon aus diesem Grund unentbehrlich ist, aber auch im Wald muss der Hund lernen, selbstständig und frei zu suchen. Hierzu bietet sich vor allem Gelegenheit beim *Stöbern*. Man suche sich, so man hat, am besten kleine Dickungsflächen aus, in denen Kaninchen oder Hasen vermutet werden und fordere den Hund mit dem Zuspruch VORAN, den er ja vom Feld her schon kennt, zum selbstständigen Absuchen der Dickung auf. Wenn dem jungen Hund hier keine Erfolgserlebnisse geboten werden können, dann wird er später auch keine ausreichenden Leistungen im Stöbern bringen. Wie ich vielfach bei Prüfungen und Jagden beobachten konnte, kehren derartige Hunde nach einer kurzen »Ehrenrunde« in der Dickung zum Führer zurück, ohne dort wirklich gesucht zu haben. Auch hier wirkt sich eine zu enge Bindung (= Anhänglichkeit) an den Führer auf die Arbeit negativ aus. Es gibt Abrichter, welche auch hier gewisse Tricks anwenden, um den jungen Weimaraner in diesem ihm nicht besonders liegenden Fach zum Stöbern zu bringen: Sie legen, vor allem bei sehr bringfreudigen Hunden, jedes Mal vor den Übungen Bringwild, am besten Kanin in der Dickung aus. Auf diese Weise lernt der junge Hund auf jeden Fall die Deckung anzunehmen und abzusuchen. Das reicht auch zumindest zum Bestehen des Faches Stöbern bei der VGP.

Wie bereits erwähnt, ist es auch sehr vorteilhaft, den Junghund Hasenspuren im Wald ausarbeiten zu lassen. Dagegen sollte man vermeiden, den jungen Weimaraner gesunde Rehe hetzen zu lassen. Es gibt wohl nichts Verlockenderes für den Hund als Rehwitterung, und nur allzuleicht wird der Hund zum Rehhetzer, den dann bald nichts anderes mehr interessiert.

Dass man den Junghund nicht in Dickungen schickt, in denen Schwarzwild vermutet wird, ist wohl selbstverständlich. Ebenso selbstverständlich ist auch, dass man die Übungen, sei es im Feld, Wasser oder Wald in Zeiten durchführt, in denen kein Jungwild mehr zu erwarten ist.

KLIPPE WASSER

Wasser hat keine Balken, sagt ein altes Sprichwort. Und so empfinden das viele junge Weimaraner offensichtlich auch. Hier muss mit dem Hund immer wieder geübt und seine Passion geweckt werden. Am leichtesten geht das, wenn bereits der Welpe schwimmen gelernt hat. Später geht das viel schwieriger und man muss oft allerlei Tricks anwenden. Man muss auch unterscheiden zwischen Wasserfreudigkeit und Schwimmenkönnen. Ich habe bei Weimaranern relativ oft beobach-

Wasserpassion. *Foto: Gerhard Eiben*

tet, dass sie zwar ins Wasser gehen, aber nicht schwimmen können. Sobald sie in tieferes Wasser kommen, suchen sie mit den Hinterläufen den Grund und schlagen mit den Vorderläufen das Wasser, worauf sie Wasser in Augen und Behänge bekommen, was die Begeisterung für dieses Element auch nicht gerade fördert.

Bei diesen Hunden bleibt dann nichts anderes übrig, als sie später mit gelindem Zwang zum sicheren Schwimmen zu bringen. Um derartige unangenehme Prozeduren zu vermeiden, sollten Sie deshalb den Junghund so oft wie möglich ans Wasser bringen, auch seichte Bachläufe genügen da für den Anfang. Dort wird der Hund Teich- oder Blässhühner finden und so seine Passion für Wasserwild entdecken. Beachten Sie auch hierbei wieder die Brutzeiten der Wasservögel.

Bringfreudige Hunde kann man auch aus tiefem Wasser apportieren lassen, am besten die neuerdings käuflichen schwimmbaren Apportiersäcke (Dummy). Wenn der Junghund noch nicht im Apportieren durchgearbeitet ist, nimmt man ihm den Bringgegenstand ohne viele Kommandos einfach ab. Bitte lassen Sie den Junghund nach Möglichkeit kein Nutzwild, vor allem kein warmes Wild apportieren, bevor er in der Abrichtung im Bringen fertig ist. Andernfalls wird er das Wild in der Gegend herumschleppen, es knautschen und »durchkauen«, ohne dass Sie Einfluss darauf nehmen können.

DER JUNGE WEIMARANER ALS JAGDBEGLEITER

So wie bereits der Welpe bei kurzen Reviergängen das Revier und die dort vorkommende Wildwitterung kennen gelernt hat, setzt sich jetzt auch beim Junghund in steigendem Maße das Kennenlernen des gemeinsamen Jagens fort. Der Junghund lernt, sich auf seinem Hundeplatz im Auto bei Fahrten durchs Revier ruhig zu verhalten. Er muss jetzt auch lernen, ruhig im Auto zu bleiben, auch wenn Sie einmal ohne ihn mitzunehmen einen kurzen Pirschgang machen.

Wenn ein Stück Rehwild geschossen wurde, kann man den Junghund am Riemen die kurze Schweißfährte ausarbeiten lassen. Am Stück muss ihm dann immer wieder der korrekte *Drosselgriff* gezeigt werden. Jegliches Zufassen an den Keulen oder an den Dünnungen sollte man ihm verwehren. Das Üben des Drosselgriffs geschieht am besten so, dass man das an den Lauschern gehaltene Haupt des Stückes hin und herschwenkt und dabei den Hund zum Zufassen an der Drossel animiert. Wenn der Junghund Anlagen dazu zeigt oder wenn Sie ihn als Totverbeller ausbilden wollen, dann sollten Sie ihn das Stück auch unbedingt verbellen lassen.

Bei frisch erlegtem Kleinwild darf der Junghund kurz Witterung aufnehmen und es vielleicht auch an der Leine einmal kurz herumtragen, dann sollte aber Schluss sein. Ich weiß, dass es eine große Verlockung ist, den jungen, noch nicht im Apportieren durchgearbeiteten Hund, etwa bei der Kaninchenjagd die erlegten Kaninchen apportieren zu lassen. Auch wenn das anfangs scheinbar ganz gut geht, kommt es dann doch irgendwann einmal zu Rückschlägen. Gerade beim schlecht geschossenen Kugelkanin mit heraushängendem Gescheide wurde mancher Hund schon zum Anschneider. Erfahrene Abrichter verwenden deshalb selbst beim älteren Hund für die Schleppenarbeit nur Kaninchen, die mit Schrotschuss erlegt sind. Wenn sich die Gelegenheit gibt, zusammen mit einem oder zwei Freunden mit fertigen Hunden die Wasserjagd auszuüben, sollten Sie diese mit ihrem Junghund wahrnehmen. Junge Hunde lernen von älteren Hunden, allerdings auch die Untugenden. Aber gerade im Wasser fördert das Vorbild des Althundes die Passion des Junghundes ungemein. Für das Apportieren gilt dabei aber das oben Gesagte. Aber auch bei anderen kleinen Suchjagden mit wenigen Schützen und deren Hunden kann der Junghund den Betrieb bei derartigen Jagden kennen lernen. Er übt dabei vor allem auch das sozialverträgliche Verhalten gegenüber anderen Hunden ein und lernt, die anderen suchenden Hunde nicht laufend zu stören. Trotzdem nimmt er aber mehr oder weniger als Zuschauer teil, so wie das die Jungwölfe in diesem Alter auch tun. *Auf keinen Fall gehört der junge Weimaraner aber auf größere Gesellschaftsjagden!* Ich würde auch nicht empfehlen, den Junghund bei so genannten Bewegungsjagden zusammen mit der Meute jagen zu lassen, es sei denn, er ist seit dem Welpenalter in die Meute integriert. Der Weimaraner jagt ungern in der Meute mit fremden Hunden, dazu ist er zu führerorientiert. Nach Meinung vieler Führer von Vorstehhunden sollte auch der fertig abgerichtete Vorstehhund nicht unkontrolliert mit einer ihm fremden Meute jagen. Dagegen haben viele Jäger sehr gute Erfolge, wenn sie mit ihrem Hund als so genannte Durchgehschützen im Treiben mitjagen.

ENDE DER UNGEZÜGELTEN FREIHEIT

Dieses unverbindliche Jagendürfen endet für unseren Weimaraner spätestens dann, wenn er anfängt, sich selbstständig zu machen und versucht, ohne uns zu jagen. Oder es endet , wenn er reif für die konsequente Gehorsams-Abrichtung ist, das ist meist im Alter von 8 bis 10 Monaten der Fall. Für im Frühjahr gewölfte Weimaraner fängt der Ernst des Lebens also im Herbst oder Winter des Geburtsjahres an, für im Herbst gewölfte Hunde im Frühsommer des auf das Geburtsjahr folgenden Jahres.

Allerdings sollten die von mir gemachten Alters- und Zeitangaben nicht zu eng gesehen werden, wie ja auch die einzelnen Phasen der Entwicklung (Prägungsphase, Sozialisierungsphase usw.) zeitlich nicht ganz streng voneinander abzugrenzen sind, sondern allmählich ineinander übergehen. So werden z. B. auch die Übungen bei der Suche im Feld und die Abrichtung in den Gehorsamsfächern durchaus zeitlich parallel laufen können.

Bei den hier in unserem Raum vom Jagdgebrauchshundverein »Oberländer« angebotenen Hundeführerlehrgängen mit Lehrgangsziel HZP beginnen wir im Frühjahr. Hier nehmen dann Führer mit ihren Hunden teil, deren Alter von ca. 8 bis 16 Monate reicht. Das macht durchaus keine Schwierigkeiten. Die ganz jungen Hunde fangen dann in den Gehorsamsfächern ganz von vorne an, die älteren Hunde bringen zum großen Teil schon Erfahrungen mit und müssen dann evtl. korrigiert oder in den betreffenden Fächern gefestigt werden.

Apportieren in vorbildlicher Haltung »aus dem Kreuz heraus«. Foto: Dr. Klerke

Kapitel 10

WAS MUSS ICH BEI DER ABRICHTUNG UND FÜHRUNG DES WEIMARANERS BESONDERS BEACHTEN?

Es giebt einige, die, so zu sagen, sich fast selbst abrichten, sind aber gemeiniglich etwas weichlich, dass sie nicht Schläge vertragen können; einige aber sind sehr hart und brauchen viel Arbeit.

Dieses Zitat stammt aus dem Abschnitt *Beschreibung der Vorstehhunderassen* in dem 1746 erschienen Jagdklassiker von DÖBEL *»Jäger-Practica«*.

WEICHLICHE WEIMARANER?

Grundsätzlich unterscheidet sich zwar die Ausbildung und Führung des Weimaraner-Vorstehhundes nicht von der anderer Vorstehhunderassen. Deshalb ersetzen die nachfolgenden Ausführungen auch nicht das Studium eines guten Buches über Jagdhundeabrichtung und -führung, etwa das von TABEL. Allerdings lassen die rassetypischen Eigenschaften des Weimaraners manchmal ein modifiziertes Vorgehen zweckmäßig erscheinen.

Die Nichtbeachtung dieser Gegebenheiten kann dazu führen, dass professionelle oder halbprofessionelle Abrichter, besonders wenn sie Anhänger harter »Dressurmethoden« sind, mit dieser Hunderasse weniger gut zurechtkommen. Ich sehe diese Beobachtung aber als nicht nachteilig für die Rasse an, denn wegen seiner leichten Abrichtbarkeit benötigt der Weimaraner in der Regel die Schule des Berufsabrichters nicht. Es ist klug, wenn sich deshalb der Jäger die beim Weimaraner in jedem Fall zu bewältigende Aufgabe stellt, seinen Hund selbst abzurichten. Ausnahmen gibt es selbstverständlich auch bei dieser Rasse, insbesondere bei Rüden.

BISHERIGER WERDEGANG DES JUNGEN WEIMARANERS

Bevor ich in den nachfolgenden Ausführungen auf einige Einzelheiten der Abrichtung eingehe, sollten wir uns vorher nochmals den bisherigen Werdegang des Junghundes kurz vor Augen führen:

- Als Welpe ist der Hund bei einem gewissenhaften Züchter aufgewachsen und hat dort in seiner Prägungsphase einen Großteil der ihn erwartenden Umwelt kennen gelernt. Insbesondere hat er neben seinen Geschwistern und seiner Mutter auch den Menschen als Artgenossen erkennen gelernt.
- Nach Übernahme durch seinen neuen Besitzer hat der Welpe eine sichere persönliche Bindung zu seinem Führer und dessen Hausgenossen entwickelt. Er hat sein neues Zuhause erkundet und schon erste Eindrücke im Revier gesammelt. Dabei hat er im Spiel gelernt und hat schon erste Erfahrungen bei seiner Erziehung gemacht. Zudem hat er im Spiel mit anderen Hunden Erfahrungen gesammelt und so die Grundlage für soziale Verträglichkeit gelegt.
- Als Junghund hat er in Feld, Wasser und Wald seine natürlichen Anlagen entdeckt. Er hat sie weiterentwickelt. Dabei hat seine Jagdpassion zugenommen. Durch Training wurden Ausdauer und Leistungsfähigkeit gefördert.

DER PREIS DER FREIHEIT

Es ist ähnlich wie beim Menschen: Wenn einer seine Jagdpassion nicht beherrschen und in geordnete Bahnen lenken lernt, wird er zum Wilderer. Auch der Jagdhund, der nur seinen Jagd- und Beutetrieb auslebt, wird zum Wildhetzer und Wilderer. Bei beiden soll angeblich die Sache zwar auch umkehrbar sein, nämlich dass aus einem Wilderer ein Jäger und aus einem wüsten Hetzer ein brauchbarer Jagdhund wird. Skepsis ist aber bei beiden angebracht.

Um einen brauchbaren Jagdhund zu bekommen, der uns beim gemeinsamen Jagen Freude macht und selbst freudig arbeitet und über den wir uns nicht laufend ärgern müssen, ist es unumgänglich, dass wir den Junghund so weit bringen, dass wir seinen ungezügelten Jagd- und Beutetrieb beherrschen können. Kurz: Der Hund muss zum Gehorsam, vor allem zum Wildgehorsam erzogen werden. Diese Abrichtung zum Gehorsam ist der Preis, den unser Weimaraner dafür zahlen muss, dass er später seiner angewölften Jagdpassion und seinem Beruf als Jagdhund in relativ großer Freiheit nachgehen kann.

ERZIEHUNG, AUSBILDUNG, ABRICHTUNG

Wie Sie sicherlich schon beim Lesen der vorstehenden Ausführungen gemerkt haben, sind diese drei Begriffe nicht streng voneinander zu trennen. Trotzdem sollte man sich immer wieder vor Augen halten, was sie bedeuten.

Beim Welpen sprechen wir bei unseren Bemühungen, ihn zum guten Jagdhund und zum angenehmen Hausgenossen zu machen, sinnvollerweise von *Erziehung*. Das bedeutet, dass wir versuchen, die angeborenen, für uns vorteilhaften Verhaltensweisen zu fördern und auf der anderen Seite dem Welpen die unerwünschten Verhaltensweisen ohne allzugroßen Zwang zu verleiden.

Bei der weiteren *Ausbildung* des jungen Weimaraners geht es dann darum, die erwünschten Verhaltensweisen so zu fördern, dass der Hund auf der Jagd die Leistungen bringt, die wir von ihm erwarten. Diese Leistungen, z. B. das Verlorenbringen oder die Schweißarbeit, bauen zwar auch auf diesen natürlichen Anlagen auf, sie müssen aber, wenn wir als Jäger mit dem Hund zusammen zum Erfolg, d. h. zur Beute kommen wollen, durch weitere Ausbildung in die richtigen Bahnen gelenkt werden.

Diese weiteren Ausbildungsmaßnahmen, vor allem die Ausbildung zum Gehorsam, bezeichnet man dann allgemein als *Grundabrichtung,* anstelle des früher gebräuchlichen Begriffs Dressur. Diese Abrichtungsmaßnahmen gehen nicht ganz ohne Zwang ab. Manche Leute behaupten zwar, es gäbe eine Jagdhundeabrichtung ohne Zwang (KLINKENBERG). Wenn man aber dort genauer nachliest, wird man feststellen, dass die beschriebenen Methoden auch nicht ohne Zwang auskommen. Anstelle dieses Wortes werden nur andere Begriffe, z. T. wahre Wortungetüme wie z. B. »Verunannehmlichen« verwendet.

BEGINN DER GRUNDABRICHTUNG

Mit der Abrichtung des jungen Weimaraners in den Gehorsamsfächern muss dann begonnen werden, wenn er uns in Feld und Wald »aus der Hand geht«. Das kann bei einem Weimaraner bereits mit ca. 8 Monaten der Fall sein. Je früher und intensiver Sie sich mit Ihrem Welpen beschäftigt haben, desto eher können Sie auch mit der Grundabrichtung beginnen. Wenn Sie einen älteren Hund übernommen haben, kann auch ein späterer Zeitpunkt richtig sein, insbesondere dann, wenn Sie erst eine sichere Bindung zu dem Hund aufbauen und sein Vertrauen gewinnen müssen. Ebenso sollte man bei einem etwas weniger passionierten Hund etwas länger zuwarten. Nicht ohne Grund haben die alten Abrichter gefordert, dass der abrichtungsreife Hund »roh« sein müsse. Sie haben vor allem damit gemeint, dass der Junghund nicht durch falsche Abrichtung bereits verdorben ist. Sie haben damit aber auch das gemeint, was ich für den Weimaraner-Vorstehhund ebenfalls empfehle: Der Junghund darf, bevor mit der Gehorsamsabrichtung begonnen wird, ruhig etwas »verwildern«. Auf keinen Fall sollte man beim Weimaraner damit anfangen, solange er sich in Feld und Wald noch nicht vom Führer löst und vielleicht sogar noch den Hasen ignoriert. Es heißt eben auch hier zu *individualisieren*!

Auch das Wurfdatum und die Prüfungen, auf denen der Hund geführt werden soll, spielen eine Rolle. Ein Hund, der im zeitigen Frühjahr gewölft ist und im April des folgenden Jahres auf der *Verbandsjugendprüfung (VJP)* geführt werden kann, sollte sich, wenn er sehr passioniert hinter dem Hasen jagt und zudem vielleicht noch viele Straßen das Revier durchschneiden, bei dieser Prüfung schon hinter dem Hasen halten lassen, also seine Gehorsamsabrichtung so gut wie abgeschlossen haben. Bei Weimaranern, die später gewölft sind und deshalb die Zeit sehr knapp werden könnte, muss man sich überlegen, ob man nicht ganz auf das Führen auf der VJP, die ja ohnehin keine große züchterische Bedeutung hat, verzichtet. Man kann dann in aller Ruhe die Gehorsamsabrichtung zu Ende bringen und den Junghund im Feld, im Wasser und auf den Schleppen gründlich auf die *Herbstzuchtprüfung (HZP)* vorbereiten.

DIE STUBENDRESSUR

Die alten Jagdkynologen, wie OBERLÄNDER und OSWALD, haben bei der Grundabrichtung des Junghundes immer von der so genannten *Stubendressur* gesprochen, was ihnen von modernen Besserwissern laufend angekreidet wird. Selbstverständlich haben auch sie ihre Hunde nicht etwa in der Wohnstube abgerichtet, sondern etwa auf der Tenne, im abgeschlossenen Hof oder im Obstgarten. Wir sind auch heute nicht schlecht beraten, wenn wir das ähnlich machen. Gut geeignet sind hierfür auch niedere, eingezäunte Kulturen, Saatschulen oder sonstige wildreine Lokalitäten im Revier. Es ist ganz wichtig, dass der Junghund bei der Abrichtung einmal nicht abgelenkt wird, und noch wichtiger, dass er den manchmal bei der Abrichtung notwendigen Zwang nicht mit Wild oder Revier verknüpft. Außerdem lernt er erkennen, dass er sich auch unangenehmen Einwirkungen des Führers nicht entziehen kann.

UNTERORDNUNG

Die Abrichtung zum Gehorsam, wie wir das in der Jagdhundeabrichtung nennen, wird bei Hundeführern anderer Couleur oft auch als *Unterordnung* bezeichnet.

Dieser Gesichtspunkt ist auch für die Jagdhundeausbildung wichtig. Denn der Junghund lernt bei allen Übungen nicht nur die von ihm geforderten Leistungen zu bringen, sondern auch, sich dem Jäger als seinem Rudelführer unterzuordnen und sich willig in dessen Dienst zu stellen. Wer einmal erlebt hat, wie ein zunächst vollkommen bringunwilliger Hund unter Zwang das Apportieren gelernt hat und dann kurze Zeit später zu einem freudigen Apporteur geworden ist, der seinem Führer freiwillig und ohne Zwang kaltes und warmes Wild bis hin zum Fuchs freudig zuträgt, weiß, was ich meine.

WAS DER HUNDEFÜHRER MITBRINGEN MUSS

Ein Hundeausbilder und -führer, also auch jeder Weimaranerbesitzer, der seinen Hund selbst ausbildet und führt, muss vor allem drei Voraussetzungen mitbringen um erfolgreich zu sein: *Geduld, Konsequenz und Aufgeschlossenheit selbst dazuzulernen, auch von seinem Hund.* Das sind allerdings auch Forderungen, die ein guter Jäger ganz allgemein bei seiner jagdlichen Tätigkeit an sich stellen muss.

Ein jähzorniger und unbeherrschter Mensch wird ebenso wenig ein guter Hundeausbilder werden wie derjenige, der nicht die notwendige Konsequenz gegenüber seinem Hund aufbringt und ihm alles durchgehen lässt. Der Jäger lernt bei der Hundeausbildung nicht nur aus Büchern und von erfahrenen Kollegen, sondern er lernt auch vom Hund selbst. Der Hundeführer muss, um erfolgreich zu sein, lernen, so zu denken wie sein Hund. Das hat auch der alte DIEZEL schon erkannt, wenn er schreibt: *Ein guter Jäger macht einen guten Hund und ein guter Hund macht einen guten Jäger.*

In diesem Zusammenhang auch noch ein unbedingt notwendiges Wort zur Familie des Hundeführers. Der Hund braucht eine genau festgelegte Einordnung in das Familiengefüge. Er will zwar möglichst überall dabei sein und dazugehören, er braucht aber auch die Sicherheit zu wissen, wem und in welcher Rangordnung er sich unterzuordnen hat. Das geht bei Paaren noch ganz gut, wenn jeder seine Aufgaben gegenüber dem Hund wahrnimmt. Schwieriger wird es, wenn halbwüchsige Kinder im Haus sind, die mit dem Hund, was so Kinderart ist, herumexerzieren wollen. Da ist es dann wirklich oft besser, der Hund verbringt die Zeit, in der er ohnehin nur frisst oder ruht, im Zwinger. Noch besser, der Rudelführer nimmt ihn mit ins Büro oder ins Geschäft.

Fazit: Eine Familie ist nur dann in der Hundeerziehung erfolgreich, wenn genau abgesprochen ist, wer welche Aufgaben gegenüber dem Hund übernimmt.

FÄCHER DER GRUNDABRICHTUNG

Ich kann bei den nachfolgenden Ausführungen selbstverständlich keinen Abriss der gesamten Abrichtungslehre geben. Zumindest für den Erstlingsführer ist deshalb das Studium eines Buches über die Jagdhundeausbildung, die Anleitung durch einen erfahrenen Ausbilder, der Besuch eines Hundeführerlehrgangs oder besser die Wahrnehmung aller dieser Angebote unumgänglich. Deshalb beschränke ich mich auf Hinweise, die mir gerade bei der Ausbildung des Weimaraners besonders wichtig erscheinen und auf die Mitteilung von Erfahrungen, die ich selbst bei der Ausbildung von Hunden dieser Rasse gemacht habe.

Denken Sie auch bei der Grundabrichtung immer daran: Nicht jeder Hund ist gleich, es ist wichtig zu individualisieren. Und vergessen Sie vor lauter Grundabrichtung auch nicht, dass Sie einen Jagdhund führen, der auch parallel zu der Abrichtung weiterhin Gelegenheit haben muss, im Revier seine Anlagen und seine körperliche Leistungsfähigkeit weiterzuentwickeln.

LEINENFÜHRIGKEIT, GEHEN FREI BEI FUSS

Ich habe schon viele gut geführte Jagdhunde auf Prüfungen und bei der Jagd gesehen. Es waren nur ganz wenige dabei, die sehr gut leinenführig waren. Eher schon gingen sie ganz ordentlich »Frei bei Fuß«. Woher kommt das wohl? Ich bin inzwischen davon überzeugt, dass diese Tatsache damit zusammenhängt, dass bei Beginn der Grundabrichtung in diesem Fach die Junghunde nicht mehr »roh« sind, wie die alten Abrichter gesagt hätten, sondern dass sie bereits verdorben wurden: Schon der Welpe wird von den Familienmitgliedern an der Leine herumgezerrt. Genauer gesagt, der Welpe führt die Familienmitglieder dahin, wo er will. Er lernt hier geradezu perfekt, dass man nur an der Leine zu ziehen braucht, um dahin zu kommen, wohin einen gerade die Nase zieht. Ganz schlimm sind da meines Erachtens die Roll-Leinen oder Flexi-Leinen. Der Hund zieht, egal ob die Leine nun 3 oder 13 Meter lang ist.

Dieses Abrichtungsfach ist gerade heute zu wichtig, als dass man es vernachlässigen dürfte. Denken Sie doch gerade neben der jagdpraktischen Bedeutung daran, dass auch unsere Jagdhunde in der Stadt oder in bewohnten Gebieten an der Leine geführt werden müssen. Für die Praxis bedeutet dies: Lassen Sie den Welpen und Junghund wo immer es geht frei laufen. Vermeiden Sie vor allem, dass er Familienangehörige »Gassi« führt. Und fangen Sie dann relativ früh mit der konsequenten Abrichtung in diesem Fach an.

TRUMLER bemerkt einmal zu Recht, dass die Leine mehr ist als ein Strick oder ein Lederriemen. Diese materielle Verbindung zwischen Hund und Mensch schafft auch eine mentale Verbindung zwischen beiden. An der Leine fühlt sich unser sonst vielleicht noch etwas unsichere Weimaraner stark. Deshalb die oft bestätigte Tatsache, dass Beißzwischenfälle zwischen angeleinten Hunden viel häufiger sind und auch schwerer verlaufen, als dann wenn die Hunde frei sind. Lassen Sie deshalb, wenn Ihnen ein nicht angeleinter Hund entgegenkommt, rechtzeitig Ihren Hund von der Leine, und gehen Sie ohne Ermahnungen und Befehle an Ihren Hund einfach zügig weiter. Ganz sicher, dass nichts passiert, können Sie zwar auch nicht sein, aber die Wahrscheinlichkeit, dass die Begegnung ohne Komplikationen verläuft, ist so doch wesentlich größer.

Andererseits fühlt sich offenbar unser Hund, besonders wenn er in der Jugend »gelernt« hat, an der Leine zu zerren, durch diese in seiner Freiheit eingeschränkt. Deshalb wahrscheinlich auch die immer wieder zu beobachtende Tatsache, dass viele Jagdhunde ohne Leine besser bei Fuß gehen als angeleint.

Bei diesem notwendigerweise ersten Fach der Grundabrichtung lernt der Junghund auch sehr gut auf seinen Führer zu achten, sich ihm unterzuordnen. Allerdings ist es notwendig, dass der Führer mit seinem Hund immer wieder engen Kontakt hält, etwa mit der Hand. Aber auch Sichtkontakt ist hier sehr wichtig. Beobachten Sie doch einmal einen guten Schäferhundeführer bei der Übung »Leinenführigkeit«! Der Hund verbiegt sich regelrecht, um mit seinem Führer Sichtkontakt zu halten, er »himmelt« ihn geradezu an. So ausgefeilt muss das beim Jagdhund nicht sein, aber lernen können wir daraus.

Wenn bei der Abrichtung im Fach Leinenführigkeit Zwang angewendet werden muss, dann ist ganz wichtig, dass der Hund diesen Zwang nicht unmittelbar mit der Hand des Führers verknüpft. Die Hand des Führers straft nie, allenfalls der verlängerte Arm, also die leichte Gerte. Es ist auch falsch, die Gerte so einzusetzen, dass der Hund sie sieht. Wenn der Hund also vorprescht, sollte man ihm keinesfalls einen Klaps auf den Fang geben. Die etwas längere Gerte wird vielmehr hinter dem Rücken gehalten und der Schlag erfolgt auf die Kruppe des Hundes.

Ob bei der Grundabrichtung unserer Hunde das geschärfte Dressurhalsband eingesetzt werden soll, darüber lässt sich trefflich streiten. Wer es wirklich »ohne« schafft soll froh sein. Bei bereits verdorbenen Hunden wird ein kurzzeitiger Einsatz sinnvoll sein. Es ist besser, der Hund empfindet während weniger Wochen leichte Unannehmlichkeiten, als dass er sich ein Leben lang an der Halsung stranguliert. Das dauernde Tragen des scharfen Dressurhalsbandes, wie man es oft beobachtet, ist aber nicht zu rechtfertigen.

Mit der Abrichtung im Fach »Gehen frei bei Fuß« sollten Sie erst beginnen, wenn der junge Weimaraner gut leinenführig ist. Für die Jagdpraxis ist dieses Fach von enormer Wichtigkeit, denn nur wenn der Hund hier firm ist, können Sie auch mit ihm erfolgreich pirschen.

Alle Einzelheiten in diesem ersten und wichtigen Fach lernen Sie als Hundeführer und Ihr Hund am besten auf einem gut geleiteten Hundeführerlehrgang.

HALT (DOWN O. Ä.)

Die gründliche und gewissenhafte Abrichtung in diesem Fach ist für den weiteren erfolgreichen jagdlichen Einsatz Ihres Weimaraners von zentraler Bedeutung. Dieser Abrichtungsschritt ist das A und O der gesamten Jagdhundeführung. Das Ziel ist, dass der Hund gehorsam am Wild wird. Dabei muss immer wieder betont werden, dass wir auf der Jagd den *wildgehorsamen* Hund benötigen und *nicht* den wildreinen Hund. Einen Hund, egal welcher Rasse, wildrein zu machen ist bei den uns heute zur Verfügung stehenden technischen Mitteln (Elektroreizgeräte) eine ein-

Korrektes Halt.

fache Aufgabe. Den Hund zum Wildgehorsam zu erziehen, so dass er jederzeit auf Befehl krankes Wild hetzt und zur Strecke bringt, ist Meisterarbeit.

Wenn Sie Ihren Weimaraner konsequent abrichten und auch die Anwendung einer gewissen Härte nicht scheuen, haben Sie beim Weimaraner gute Chancen, das auch ohne den Einsatz eines Elektroreizgerätes zu schaffen. Allerdings nicht in jedem Fall. Mein derzeitiger Weimaraner-Rüde ist so passioniert, dass ich ihn auch nach konsequenter Halt-Abrichtung nicht sicher hinter dem sichtigen Hasen halten konnte, insbesondere dann nicht, wenn er nach Ausarbeiten der Spur den Hasen gestochen hat. Da es bei derartigen Arbeiten mehrmals zu Fast-Unfällen gekommen wäre, habe ich mich noch vor der VJP entschlossen, ihn mit Hilfe eines Elektoreizgerätes hasengehorsam zu machen. Nach wenigen Übungen hatte er kapiert, dass der Trillerpfiff auch hinter dem Hasen schlagartiges »Halt« fordert. Bei der VJP hat er sich dann an mehreren Hasen halten lassen und anschließend auch noch eine Hasenspur mit »sehr gut« gearbeitet, was ihm dann auch das Leistungszeichen AH (Armbruster-Haltabzeichen) eingebracht hat. Zusammengefasst müssen bei der HALT-Abrichtung vor allem folgende Grundsätze beachtet und folgende Schritte eingehalten werden:

- Die korrekte Haltlage, Kopf zwischen den Vorderläufen, ist kein »Zirkus«, wie oft behauptet wird, sondern eine unbedingte Notwendigkeit. HALT bedeutet vollständige Unterordnung, die nur auf diese Weise zu erreichen ist. Ein Hund, der den Kopf hochhält und umheräugt, ordnet sich nicht nur nicht genügend unter, er wird auch leicht abgelenkt. Er wird sich so kaum am flüchtenden Hasen halten lassen. Nach erfolgreichem Abschluss der Abrichtung in diesem Fach, mag man dann später im Einzelfall das Hochnehmen des Kopfes dulden.

- Das blitzartige korrekte Niedergehen des Hundes auf Befehl, Trillerpfiff oder Hochhalten des Armes muss so lange an der Leine geübt werden, bis es korrekt sitzt.
- Erst dann folgt der nächste Schritt, nämlich das HALT mit Ablenkung, ebenfalls an der Führleine oder an der langen Feldleine. Ablenkungen sind: Weiterlaufen des Führers nach dem Kommando HALT. Herumtollen anderer Hunde, Schießen usw. Sehr gut eignet sich auch die Reizangel, wenn der Hund dieses Spiel kennt.
- Erst dann kommt das HALT ohne Leine oder an der gekappten, kurzen Feldleine, zuerst auf kurze, dann auf immer länger werdende Entfernungen. Aber das zunächst immer noch ohne Wildberührung.
- Erst als allerletzter Schritt wird versucht, den Hund auf kurze Entfernung hinter Wild niederzutrillern.
- Wenn ein Hund bei einem Abrichtungsschritt, vor allem dem zuletztgenannten versagt, wird um mindestens einen Schritt zurückgegriffen und wiederholt.

Nach Abschluss dieses entscheidenden Schrittes in der Grundabrichtung bereiten weitere Fächer dieses Abrichtungskreises wie *Ablegen und Verhalten auf dem Stand* und Erziehung zur *Schussruhe* keine größeren Schwierigkeiten mehr.

BRINGEN (APPORT)

Der Weimaraner ist im Allgemeinen sehr bringfreudig. Wenn bereits der Welpe beim Heranschleppen von Gegenständen den gleichzeitig gegebenen Zuspruch APPORT mit angenehmen Erfahrungen zu verknüpfen gelernt hat, dann hat man schon einiges gewonnen. Viele Weimaranerbesitzer meinen deshalb, sie könnten auf eine Grundabrichtung im Bringen verzichten. Das mag zwar in einigen Fällen zu ganz passablen Ergebnissen führen, ich würde das aber nicht empfehlen. Zumindest eine abgekürzte Grundabrichtung ist unbedingt empfehlenswert. Nur auf diese Art und Weise können Sie später auftretendes Fehlverhalten wirkungsvoll korrigieren. Wenn Sie nicht auf die sicher erlernten Grundschritte des Apportierens zurückgreifen können, wird es z. B. schwierig, dem Hund etwa das Knautschen des Kanins kurz vor Ihren Füßen abzugewöhnen oder ihn dazu zu bewegen, den Fuchs zu bringen.

Deshalb meine Empfehlung: Machen Sie auch mit dem Weimaraner-Junghund die Grundabrichtung im Bringen Schritt für Schritt durch. Das geht dann bei bringfreudigen Junghunden auch recht schnell. Lässt man bereits den Welpen Wild oder Wildteile herumschleppen, dann ist ganz wichtig, dass dies mit kleinem Nutzwild nicht geschieht. Allzu leicht würde nämlich der mit Kanin oder Rebhuhn spielende Welpe das so süß duftende Wild knautschen, anschneiden, vergraben oder gar fressen. Wenn man den Welpen mit Wild oder Wildteilen spielen lässt, und das ist zu empfehlen, dann sollte man Wild oder Wildteile verwenden, die den Junghund nicht so leicht zum Anschneiden oder Fressen verleiten, das wären z. B. die zähen Deckenfetzen vom Reh, Rabenvögel oder Raubwild bzw. dessen Bälge.

Ich rate auch davon ab, den Welpen Nutzwild, vor allem warmes Wild apportieren zu lassen, bevor er in der Bringabrichtung ganz durchgearbeitet ist.

Ganz, ganz wichtig ist, dass beim nicht fertig durchgearbeiteten Hund auch kein Zwang beim Apportieren von Wild angewendet werden darf. Wenn wegen auftretender Unkorrektheiten Zwang notwendig wird, gehe man wieder einen Schritt zurück und übe mit dem Bringbock. Bevor überhaupt mit Wild gearbeitet wird, muss der junge Weimaraner so weit sein, dass er auf den Befehl APPORT die verschiedensten Bringgegenstände (Lederhandschuh, Strohbock, Holzapportierbock, Apportiersack-Dummy, Balg usw.) blitzartig aus allen Positionen aufnimmt und festhält.

»Oberländer«-Apportierbock.
Foto: Dr. Petri

Apportierübungen mit dem Apportiersack.
Foto: Dr. Petri

Apportiert wird! - auch mit Augenklappe. *Foto: Dr. H.-P. zum Felde*

Dabei bedeutet der Befehl APPORT auch, dass der Hund das Apportel so lange festhält, bis er bei unter den Fang gehaltener Hand den Befehl AUS erhält. Den oft gehörten weiteren Befehl »Halt fest« halte ich für überflüssig.

Nach und nach wird auch das Gewicht der Apportiergegenstände erhöht. Das geht ganz gut mit dem Oberländer-Apportierbock oder einem Apportiersack. Bei beiden kann das Gewicht durch eingelegte Eisenscheiben bzw. durch eingefüllten Sand langsam erhöht werden. Das Schwerapportieren ist von großer jagdpraktischer Bedeutung, vor allem beim Bringen von Hase oder gar Fuchs auf weite Entfernungen.

Von entscheidender Wichtigkeit ist auch, dass der Hund lernt, wie man die verschiedensten Apportiergegenstände aufnimmt und trägt. Die käuflichen Apportierböcke haben den großen Nachteil, dass die Griffstelle durch den schlanken Mittelteil quasi vorgegeben ist. Wenn der Hund dann eines Tages einmal Wild apportieren soll, welches diesem Schema nicht entspricht, z. B. eine »dicke« Gans, dann ist er hilflos. Deshalb muss der Hund nach den ersten Erfolgen mit dem Apportierbock auch lernen, verschieden geformte, ja sogar unförmige Bringgegenstände aufzunehmen und zu tragen. Bei der Auswahl der Bringgegenstände ist Erfindungsgeist gefordert. Vor allem muss der Hund lernen, Dinge zu apportieren, bei denen er den Fang weit öffnen, beim Greifen das Gewicht ausbalancieren muss, selbst dann, wenn der Bringgegenstand seine Sicht teilweise behindert.

»SITZ«-ZIRKUS?

Es ist in Deutschland üblich, dass sich der Hund vor dem Ausgeben setzt. Warum das so sein muss, hat mir noch niemand plausibel erklären können. Die meisten Hunde setzen sich nicht gerne, besonders die zu kurz kupierten. Auch nach der Wasserarbeit setzen sich viele Hunde nicht gern auf den nassen Hintern. Ich erlaube deshalb meinen Hunden, beim Ausgeben stehen zu bleiben und ordne dieses sklavische Setzen, was ja auch beim Stehenbleiben im Fach »Leinenführigkeit« verlangt wird, mehr unter »Prüfungszirkus« ein. Wer bei den Prüfungen derzeit aber hohe Punktzahlen erreichen will, muss seinem Hund diese Unbequemlichkeit des Setzens (noch) zumuten. Bei der Zuchtschau ist das Sitzen des Hundes beim Stehenbleiben des Führers sogar äußerst störend, denn dort sollen sich die Hunde ja vor dem Richter hinstellen und nicht hinsetzen!

Bei all den genannten Abrichtungsschritten wurde mit dem Junghund überwiegend an der Leine gearbeitet, vor allem an der langen Feldleine. Anstelle der Feldleine kann man auch hier mit gutem Erfolg die überall erhältlichen Flexi-Leine (8 m Länge) verwenden. Ganz allmählich kann man dann dazu übergehen, den Hund frei apportieren zu lassen, zunächst natürlich auf kurze Entfernungen.

BRINGEN AUF DER FÜHRER-RÜCKFÄHRTE

Für die Einarbeitung des jungen Weimaraners im Apportieren auf Entfernungen hat sich das Bringen auf der *Führer-Rückfährte* bestens bewährt und kann nur empfohlen werden. Hierzu legt man beim Gehen mit dem angeleinten Hund unterwegs einen Bringgegenstand (Apportel, zusammengeknotetes Taschentuch, Schlüsselbund o. ä.), später auch Wild so ab, dass es der Hund nicht mitbekommt. Nach ruhigem Weitergehen wird der Hund auf der Führerfährte mit dem Befehl APPORT zurückgeschickt. Um dem Hund diese Arbeit am Anfang plausibel zu machen, legt man anfangs den Bringgegenstand in Sichtweite des Hundes ab. Dann verlängert man allmählich die Entfernung. Alle meine Hunde haben diese Aufgabe immer mit großer Freude und großem Finderwillen erledigt. Allerdings ist es gut, sich die Ablagestelle zu merken. Es kann immerhin vorkommen, mir ist das einmal passiert, dass der Hund doch nicht findet. Und wenn das dann der Autoschlüssel ist, wie in meinem Fall, kann die Sache peinlich werden.

SCHLEPPENARBEIT

Diese Übungen auf der Führer-Rückfährte sind eine hervorragende Vorbereitung des Hundes auf die Schleppenarbeit. Ich meine sogar, dass diese Übungen die »richtigen« Schleppen weitgehend ersetzen können. Denn man muss sich klar darüber sein, dass die Ausarbeitung einer Schleppe für den Hund keine eigentliche Nasenarbeit bedeutet; er folgt ja überwiegend der Witterung der durch den Führer bzw. den Schleppenzieher verursachten Bodenverwundungen. Was bei den Schleppen lediglich noch hinzukommt, ist der mit Bauchwolle bzw. Federn markierte Anschuss, der dem Hund erlaubt, sich auf das Bringwild nasenmäßig einzustellen. Die meisten Komplikationen bei der Schleppenarbeit, auch bei unseren Hundeführerlehrgängen, bestehen darin, dass der Junghund das Bringwild knautscht, anschneidet oder vergräbt (Totengräber). Die Ursache ist oft in nicht ausreichender Grundabrichtung im Bringen und ein zu schneller Übergang von Bringgegenständen zu Wild zu suchen. Allerdings darf man sich oft auch nicht über das Fehlverhalten der Hunde wundern, wenn man das verwendete Bringwild sieht, das oft eher einem nassen Putzlappen ähnelt als Wild. Deshalb: Verwenden Sie gerade beim sehr jungen Hund nur einwandfreies Wild. Bei Kaninchen möglichst keine Kugelkaninchen, bei denen oft noch Gescheidereste aus der Schusswunde heraushängen. Es ist besser, anstelle der in den Prüfungsordnungen vorgeschriebenen zwei Kaninchen oder Fasanen (ein Stück zum Schleppen, ein Stück zum Bringen) nur *ein* einwand-

Korrekter Griff über den Rücken.
Foto: Dr. Petri

Vorsicht bei Junghunden:
Das Gefieder sitzt bei der Ringeltaube sehr locker!
Foto: Dr. Petri

freies Stück zu verwenden, wenn das andere Stück unansehnlich ist. Ich ziehe in solchen Fällen das Stück so, dass nur der Kopf den Boden berührt. Es mindert auch keineswegs die Leistung des Hundes, wenn man nach Markierung des Anschusses das Stück überhaupt nicht schleppt, sondern trägt.

Das Vergraben von Wild ist immer das Ergebnis einer gewissen Unsicherheit des Hundes. Er weiß nicht so recht, was er soll, also schafft er das Stück beiseite. Auch Unsicherheit gegenüber anderen Hunde bzw. Neid können als Ursache mitspielen. Auf jeden Fall sollte man, bevor man zu Strafmaßnahmen schreitet, den Hund auflockern, ihm wieder leichtere Aufgaben stellen und ihn bei erfolgreicher Erledigung der Aufgaben ausgiebig loben.

Manche Abrichter meinen, die Schleppenarabeit sei eine reine »Dressursache«. Sie arbeiten deshalb die Hunde mit Zwang an der langen Leine ein. Ich bin nicht dieser Meinung. Die Schleppenarbeit ist u. a. auch die erste Aufgabe, bei welcher der Hund lernt, frei und freiwillig zu arbeiten. Hier sind vor allem auch die Arbeitsfreude und der Bringwille gefordert. Insofern ist die Schleppenarbeit, nicht allerdings was die Arbeit mit der Nase angeht, auch eine Vorübung auf die Riemenarbeit.

Ich empfehle diese zwangsmäßige Einarbeitung auf der Schleppe für den jungen Weimaraner *nicht*. Ich halte auch nichts davon, den Junghund an einer durch die Halsung gezogenen doppelt gelegten Schnur auf der Schleppe anzusetzen. Viele Hunde werden dadurch geradezu von der Richtung abgezogen. Es reicht, wenn man durch eine immer gleiche Prozedur, etwa durch Kurzhalten an der Halsung und Zeigen des Schleppenbeginns, den Zögling auf seine kommende Aufgabe vorbereitet. Entsprechendes gilt übrigens auch für das Ansetzen auf der Hasenspur. Es ist auch hier viel besser und jagdnaher, wenn sich der Junghund, nach Einweisung in die ungefähre Richtung, die Spur selber sucht.

WASSERARBEIT

Wohl bei keiner anderen Aufgabe des Weimaraners gibt es so viele unterschiedliche individuelle Veranlagungen wie bei der Wasserarbeit. Es wird zwar immer wieder gesagt, das läge an der Vorbereitung und Einarbeitung des Welpen und Junghundes am Wasser. Das mag sicher auch eine Rolle spielen. Aber es gibt sie tatsächlich auch bei dieser Rasse, die wasserscheuen Hunde und die Hunde, welche das Schwimmen nur sehr schwer lernen. Bei ersteren lohnt sich die Ausbildung zu einem brauchbaren Hund für die Wasserjagd oft nicht. Vielleicht können diese Hunde auf anderen jagdlichen Einsatzgebieten brauchbare Leistungen bringen.

Bei Junghunden, die zwar Wasserpassion haben, aber nicht richtig schwimmen können, also wie ein Raddampfer laufend mit den Vorderläufen das Wasser treten und sich dadurch beim Schwimmen selbst behindern und bei Apportierversuchen die Ente »versenken«, ist die weitere Ausbildung fast immer erfolgreich. Es gibt sicher verschiedene Methoden, dem Junghund das richtige Schwimmen beizubringen, etwa das Mitgehen ins Wasser entweder in Badehose oder im Watanzug.

DIE SO GENANNTE ENDLOSE LEINE

Eine Methode hat sich aber in jahrelanger Praxis auch bei unseren Hundeführerlehrgängen bestens bewährt. Es ist die wohl von HEGENDORF zuerst empfohlene Methode mit der endlosen Leine, die von uns etwas modifiziert angewendet wird. Man muss dazu eine Stelle an einem kleinen Fluss oder Kanal zur Verfügung haben, in deren Nähe eine Brücke über das Wasser führt. Zur Not tut es auch ein Kahn. Ferner muss ein erfahrener Helfer zur Verfügung stehen, der aber wirklich nur Helfer und Statist ist. Vor der Übung werden an der nicht zu weiten Halsung des Hundes zwei Feldleinen befestigt, von der jede gut die Länge hat, die der Breite des Wassers entspricht.

Bei der Übung wird der Helfer mit einer Leine am gegenüberliegenden Ufer postiert, der Hundeführer hält den Hund kurz an der anderen Leine. Befehl und Zuspruch gibt nur der Hundeführer, der Helfer bedient nur seinen Teil der Leine. Mit dem Befehl VORAN, den der Hund ja schon aus Wald und Feld kennt, wird der Hund ins Wasser geschickt. Erfahrungsgemäß wird er sich zuerst sträuben. In diesem Fall zieht der Helfer den Hund langsam aber stetig ins Wasser und auf seine Seite des Ufers, wobei der Hundeführer dem Hund aufmunternd zuspricht. Auf der anderen Seite beim Helfer angekommen, hält dieser den Hund an der Halsung fest. Nachdem sich der Hund geschüttelt und etwas beruhigt, hat, pfeift oder ruft der Hundeführer den Hund wieder zu sich, wobei er Zug an der Feldleine ausübt. Bei den ganzen Übungen muss dafür gesorgt werden, dass die Leinen straff gehalten werden, damit sich der Hund nicht verheddert.

Das Ganze kann, je nach Konstitution des Hundes und nach seiner Seelenlage, mehrmals hintereinander wiederholt werden. Erfahrungsgemäß lernt der etwas ermüdete Hund am ehesten, dass es mit dem Schwimmen leichter geht, wenn man nicht platscht. Ich habe es in den vielen Jahren noch nie erlebt, dass ein sonst passionierter junger Weimaraner auf diese Art und Weise nicht innerhalb kürzester Zeit das richtige Schwimmen gelernt hätte.

Erst wenn der Hund schwimmen kann, auf Befehl ins Wasser geht und Bringgegenstände sicher aus dem Wasser apportiert, ist es vertretbar, den Hund an der lebenden Ente arbeiten zu lassen. In den meisten Bundesländern ist dies inzwischen wieder erlaubt, allerdings mit Beschränkungen. Auch der Jagdgebrauchshundverband (JGHV) hat sich in seinen Prüfungsordnungen diese Beschränkungen auferlegt. So ist z. B. festgelegt, dass ein Hund nur insgesamt viermal (einschließlich Prüfungsente) hinter der lebenden Ente arbeiten darf. Dies reicht, wie wir inzwischen festgestellt haben, aus, wenn der Hund richtig auf die Wasserarbeit vorbereitet ist. Der Hund soll ja bei diesen Übungen vorrangig lernen, dass er bei fleißigem Stöbern und Herausdrücken der Ente aus der Deckung zum Erfolg kommt. Deshalb ist es ganz wichtig, dass gerade vor dem jungen Hund die Ente *frühzeitig* geschossen wird, und nicht Enten »gespart« werden. Wichtigstes Ziel dieser Arbeiten ist, dem Hund ein Erfolgserlebnis zu vermitteln.

Die Nasenarbeit und die Taktik des Entenjagens lernt er dann später bei der Ausübung der Wasserjagd. Gerade diese ersten Erfolgserlebnisse hinter der Ente sind für den jungen Weimaraner äußerst wichtig und prägend. Auf die Arbeit an der lebenden Ente kann deshalb bei der Ausbildung der Junghunde in der Wasserarbeit nicht verzichtet werden. Um diese Zugeständnisse der Behörden nicht wieder zu gefährden, sollte sich jeder, der mit der lebenden Ente arbeitet, unbedingt an diese Vorgaben halten. Am besten übt man auch hier gemeinsam am Übungswasser eines Jagdgebrauchshundvereins.

SCHUSSFESTIGKEIT AM WASSER

Am Wasser muss auch die *Schussfestigkeit* besonders geübt werden. Diese wird bei HZP, VGP und VPS als Grundvoraussetzung für das Bestehen der Prüfung verlangt. Nichts wäre falscher als zu glauben, der Hund, der im Feld schussunempfindlich sei, sei das ja wohl auch am Wasser. Der Schuss auf das Wasser vor den suchenden oder zum Apportieren geschickten Hund ist von ganz anderer Qualität, als der Schuss in die Luft im Feld. Deshalb ist Vorsicht geboten. Besser ist, man schießt auch hier die ersten Male in die Luft und dann erst in geringer werdenden Abständen vor dem Hund auf das Wasser.

Die meisten Hunde lassen sich übrigens durch die durch den Schrotschuss verursachte Wasserfontäne bei Übungen, Prüfungen und auf der Jagd sehr gut in die gewünschte Richtung lenken.

SCHWEISSARBEIT

Ist schon die Einarbeitung des Junghundes auf der Schleppe kein reines Abrichtungsfach im Sinne eines Gehorsamsfaches mehr, so gilt das erst recht für die Schweißarbeit. Hier darf auf keinen Fall mehr Zwang angewendet werden. Hier muss man voll und ganz auf so genannte positive Verstärker setzen, d. h. man muss positives Verhalten des Hundes ausgiebig »belohnen«. Hier heißt es auch wieder auf die Eigenheiten des einzelnen Hundes eingehen. Viele Weimaraner sind gute Fresser, also wird man sie nach erfolgreicher Arbeit genossen machen. Bei anderen für Lob empfänglichen Hunden genügt es oft, am Stück oder an der Decke angekommen, einen »Freudentanz« aufzuführen.

Für die Einarbeitung auf der künstlichen Schweißfährte empfehle ich das so genannte *Tupfverfahren*, welches allerdings etwas mehr Mühe macht als das Tropfverfahren. Neuerdings wird auch immer häufiger der Fährtenschuh empfohlen, welcher eine Weiterentwicklung des Tupfverfahrens darstellt. Beim Tupfverfahren bereitet man sich einfach einen Stock vor, an dessen einem Ende ein ca. nussgroßes Stück Schaumgummi befestigt wird. Man kann auch zusätzlich noch ein Stück eines Laufes des betreffenden Schalenwildes anbringen, um die Sache, ähnlich wie beim Fährtenschuh, noch jagdnäher zu gestalten. Mit diesem Tupfstock, den man immer wieder in ein mitgeführtes Gefäß mit Schweiß oder Blut taucht, »stempelt« man nun beim normalen Gehen ca. jeden zweiten Schritt den Waldboden. Man kann bei allen anderen Vorteilen bei dieser Methode auch sehr gut variieren, indem man Häufigkeit und Stärke des Eintauchens, Häufigkeit und Stärke des Tupfens usw. verändert. Ich empfehle, falls man nicht unbegrenzt Wildschweiß zur Verfügung hat, anfangs Schaf- oder Rinderblut zu verwenden. Wenn der Hund diese Fährten arbeitet, dann wird er auf Wildschweiß oder Gemisch noch sicherer und besser laufen.

Im Laufe der Einarbeitung werden die Schwierigkeiten langsam bis hin zu Übernachtfährten erhöht. Diese Übernachtfährten stellen an den Junghund nicht nur deswegen hohe Anforderungen,

Arbeit am langen Riemen. *Foto: Dr. Schmidt*

weil die Stehzeit länger ist, sondern auch deswegen, weil die Kunstfährte am nächsten Morgen in der Regel von zahlreichen frischen Verleitungsfährten gekreuzt wird. Ich rate dringend dazu, den Weimaraner schon früh auch auf Übernachtfährten zu arbeiten. Dem Anfänger würde ich aber abraten, auf der VGP gleich auf Übernachtfährte (ÜF) im fremden Revier zu melden. Die »Durchfallquoten« sind dabei doch recht hoch.

Der Weimaraner arbeitet im Allgemeinen sehr gerne und gut auf der Fährte. Deshalb würde ich jedem Weimaranerbesitzer unbedingt raten, dieses Fach fleißig mit dem Hund zu üben. Allerdings: *Schweißarbeit ist Fleißarbeit.*

Wir brauchen bei den hohen Reh- und Schwarzwildstrecken auch den gut auf Schweiß geführten Vorstehhund. Das können, wie oft propagiert wird, die Schweißhund-Spezialisten nicht alles leisten. Allerdings sind Nachsuchen gerade auf Rehwild oft schwieriger als z. B. auf Rotwild, schon wegen der geringen Bodenverwundungen, die das Reh verursacht.

Wenn es dann mit dem eigenen Hund nicht mehr weitergeht, sollte rechtzeitig der Schweißhundeführer geholt werden. Wenn man sich vorher nicht gerade wie ein Trampeltier verhalten hat, hat dieser vielleicht doch noch Chancen, mit seinem Spezialisten zum Stück zu kommen. Zum Trost noch für diejenigen, welche vielleicht mit ihrem Weimaraner auf Schweiß nicht so ganz zufrieden sind: Nicht alle Weimaraner werden es zu Spitzenleistungen bei der Schweißarbeit bringen. Hier gibt es doch ganz erhebliche individuelle Unterschiede. Schweißarbeit erfordert neben dem Finderwillen vom Hund auch eine erhebliche Konzentrationsleistung. Und auch das Gespann muss als Team perfekt zusammenarbeiten. Ganz wichtig dabei ist, dass der Hundeführer am Benehmen seines Hundes erkennen kann, ob der noch auf der Fährte ist oder Verleitungen folgt.

Aber erst der regelmäßige Praxiseinsatz macht dann aus einem gut veranlagten und gut vorbereiteten Hund auch wirklich den firmen Schweißhund. Diese Tatsache ist auch eines der Hauptargumente für die Konzentration der anfallenden Nachsuchen eines Gebiets auf wenige Hunde *(Schweißhundstationen).*

TOTVERBELLEN, TOTVERWEISEN

Es besteht wohl kein Zweifel daran, dass die *Riemenarbeit* die Voraussetzung und die Grundlage jeglicher Nachsuchenarbeit ist. Der Grundsatz, dass möglichst lange und möglichst weit am langen Riemen nachgesucht werden soll, gilt nach wie vor. Trotzdem ist es in manchen Situationen von großem Vorteil, wenn der Hund gefundenes Wild verbellt oder verweist. Alle meine Weimaraner haben eines von beiden in der Praxis getan, wenn auch nicht alle so perfekt, dass sie dies unter doch ganz anderen Bedingungen hätten auf Prüfungen unter Beweis stellen können.

Bei jungen Weimaranern, die gerne Laut geben, nicht alle tun dies gleichermaßen, und denen man schon als Welpen beigebracht hat, auf Fingerzeig freudig Laut zu geben, ist es wirklich kein Hexenwerk, den Hund zunächst auf kurze Entfernungen die Decke und dann auf immer längere Strecken die Decke oder dann auch das Stück Schalenwild verbellen zu lassen. Auf keinen Fall darf man aber bei diesen Übungen Zwang anwenden. Bei allen Übungen, die mit der Nachsuchenarbeit zusammenhängen, ist die Anwendung von Zwang verboten! Ich weiß wohl, dass manche Abrichter Totverbeller auch mit Zwangsmaßnahmen abrichten und auch mit Erfolg auf Prüfungen vorstellen. Ich wage aber zu bezweifeln, dass dann nachher in der Praxis alles so zirkusmäßig abläuft. Wenn der Hund nur unter Zwang verbellt, lasse man lieber die Finger davon. In diesem Fall kann man mit guten Erfolgsaussichten versuchen, den jungen Hund als *Verweiser* auszubilden. In sehr hängigen Waldrevieren kann das ohnehin vorteilhafter sein.

Da der *Bringselverweiser*, wie ich auch immer wieder auf Prüfungen erlebt habe, leicht zum »lügen« neigt, d .h. das Bringsel nicht nur am gefundenen Stück, sondern auch dann aufnimmt, wenn sonst etwas Überraschendes passiert, etwa wenn ein großer Vogel auffliegt, habe ich schon vor Jahren eine andere Methode ausprobiert und bis heute mit gutem Erfolg praktiziert. Auf die Idee hat mich ein kurzer Beitrag von H. Jahrmärker in Nr. 3/63 der Zeitschrift WILD UND HUND gebracht. Er hat dort auf die früher praktizierte Methode des *Riemenverweisens* hingewiesen. Ich habe dann zusammen mit Jagdfreunden diese Art des Verweisens mit meinen und deren Hunden mit bestem Erfolg praktiziert.

Nähere Einzelheiten habe ich in Beiträgen in Nr. 4/1968 und 7/1968 der Verbandszeitschrift DER JAGDGEBRAUCHSHUND veröffentlicht. Die Einarbeitung ist relativ einfach und insbesondere der Hund, der gerne apportiert, lernt sehr schnell: Der junge Weimaraner wird, zunächst immer in Sichtweite, dazu animiert, vom gefundenen Stück oder der Schalenwilddecke/Schwarte zum Führer zurückzukommen. Hier wird er ermuntert, das verknotete Ende des Riemens in den Fang zu nehmen und den Führer unter dem Zuspruch »Zum Bock« mit dem Riemenende im Fang zum Stück zu ziehen. Der Hund wird bald freudig auch den schweren Riemen hinter sich herziehen, wobei man ihm durch Aufnehmen des Riemens die Sache erleichtern kann. Später kann man das statt mit dem Schweißriemen auch mit der Führleine praktizieren. Ziel ist, dass der Hund, wenn er gefunden hat, zum Führer zurückkommt und diesem durch Aufnehmen des Riemen- oder Leinenendes, später auch durch Stupsen an der links hängenden Führleine zeigt, dass er gefunden hat. Das Hintersichherziehen der Leine ist dann später nicht mehr in jeder Situation (sehr dichte Dickung usw.) notwendig.

Wunschziel des Waldjägers: Der Totverbeller! *Foto: Dr. Klerke*

Vorbildliches Abliefern des Fuchses.
Foto: Klaus Schendel

VERLORENBRINGEN

Wunschziel jeden Niederwildjägers ist der sichere Verlorenbringer vor allem von Hase und Fuchs. Diese Leistung setzt sich aus zwei Komponenten zusammen: Einmal muss der Hund Spuren und Geläufe von krankem Wild sicher und über lange Strecken ausarbeiten, zum zweiten muss er das gefundene oder zur Strecke gebrachte Wild seinem Führer auch über große Strecken sicher zutragen. Dabei ist das sichere Zutragen des Wildes bei einem gut durchtrainierten Hund wohl die leichtere Aufgabe. Schwieriger ist es, die Spur über längere Strecken sicher auszuarbeiten und sich vor allem durch Wild und andere Ablenkungen nicht von der Wundspur abbringen zu lassen. Der Hund muss also *Spurwillen, Spursicherheit und Spurtreue* besitzen. Obwohl der Weimaraner die zur Erledigungen dieser Aufgaben notwendigen Anlagen in überdurchschnittlicher Weise mitbringt, sind doch sehr gute Verlorenbringer relativ selten. Das kommt vor allem auch daher, dass diese Arbeiten dem Hund abrichtungsmäßig eigentlich kaum beigebracht werden oder gar geprüft werden können. Versuche, mit dem Hund das Verlorenbringen systematisch einzuüben, hat es in der Vergangenheit zwar gegeben; sie waren aber alle mehr oder weniger tierschutzwidrig.

Mit gutem Griff auch über den Wassergraben.
Fotos: Dr. Klerke

Was Sie als Weimaranerführer tun können, um zu versuchen, Ihren Hund zum sicheren Verlorenbinger werden zu lassen ist:

- Lassen Sie Ihren Hund ab und zu gesunde Spuren in schwierigem Gelände vor allem im Wald arbeiten.
- Üben Sie Ihren Hund auf Langschleppen wechselnder Länge (500 m und mehr) und auf Übernachtschleppen ein.
- Versuchen Sie, Ihrem Hund möglichst oft ein Erfolgserlebnis zu vermitteln. Das geht z. B. ganz gut, wenn man beim Morgenansitz einen über längere Strecken beobachteten Hasen mit der kleinen Kugel erlegt und nach einer Wartezeit den Hund an der Gesundspur möglichst weit weg vom erlegten Hasen ansetzt.

DIE FÜHRUNG DES WEIMARANERS AUF DER JAGD

Jagdliche Erfolge sind für den jungen Weimaraner der beste Anreiz zu passionierter, ausdauernder und erfolgreicher Arbeit. Vergessen wir deshalb vor lauter Abrichten nicht, dass wir einen Jagdgebrauchshund am Riemen führen, der nur in der Praxis selbst die notwendigen Erfahrungen sammeln kann, die er benötigt, um ein firmer Jagdgebrauchshund zu werden.

Sie sollten sich also nicht scheuen, auch den Junghund mit zur Jagd zu nehmen, wenn Sie allein oder mit guten Freunden jagen. Bei Gesellschaftsjagden allerdings hat der noch nicht fertig abgeführte Weimaraner nichts zu suchen. Wie der Weimaraner als erwachsener Hund auf der Jagd geführt wird, ergibt sich aus der ganz persönlichen Situation seines Besitzers, insbesondere den Revierverhältnissen. Auch hier ist der Weimaraner sehr anpassungsfähig. Notgedrungen werden Weimaraner heute oft zum Spezialisten, etwa auf Nachsuchen. Sie sollten in diesen Fällen trotzdem versuchen, ihrem Hund ab und zu einmal Gelegenheit zu bieten, an Niederwildjagden teilzunehmen oder doch zumindest frei im Feld zu suchen.

Auf der Höhe seiner jagdlichen Laufbahn sollte der Weimaraner unbedingt auf den Leistungsprüfungen des Jagdgebrauchshundverbandes geführt werden. Hier lernen Führer und Hund immer noch dazu und dienen zudem auch noch dem Zuchtfortschritt. Ein bisschen sportlicher Ehrgeiz ist bei der Jagd und der Hundeführung auch nicht ganz verboten. Mehr über die verschiedenen Hundeprüfungen lesen Sie im nächsten Kapitel.

Kapitel 11

JAGDHUNDEPRÜFUNGEN - MUSS DAS SEIN?

Wegen der Wichtigkeit dieser Frage will ich sie gleich zu Anfang des Kapitels eindeutig beantworten:

JAGDHUNDEPRÜFUNGEN MÜSSEN SEIN!
Denn: Vor allem die *Anlageprüfungen*, auch Zuchtprüfungen genannt, sind das Rückrat jeglicher Zuchtbemühungen bei der Zucht von Jagdgebrauchshunden. Sinn und Aufgabe dieser Zuchtprüfungen ist die Feststellung der natürlichen Anlagen des Junghundes im Hinblick auf seine Eignung und zukünftige Verwendung im vielseitigen Jagdgebrauch und als Zuchthund. Die Zuchtprüfungen dienen ferner dem Erkennen des Erbwertes der Eltern (Nachkommenprüfung), dessen Feststellung durch Prüfung möglichst vieler Wurfgeschwister zu erreichen versucht wird.

Jeder Weimaraner-Besitzer ist deshalb aufgerufen, seinen Hund zumindest auf den Zuchtprüfungen zu führen. Er leistet damit einen wesentlichen Beitrag zur Erhaltung und Verbesserung der Rasse als vielseitiger Jagdgebrauchshund. Wenn man den löblichen Vorsatz gefasst hat, seinen Hund auf den Prüfungen des Jagdgebrauchshundverbands zu führen (der Weimaraner-Klub e. V. hat keine eigenen Prüfungsordnungen), dann sollte man sich unbedingt für ein paar Mark/Euro die Prüfungsordnungen besorgen. Sie geben als Ergänzung zu den Büchern über Jagdhundeführung wichtige Hinweise darauf, was letztendlich von einem gut vorbereiteten Hund erwartet wird.

ANLAGEPRÜFUNGEN/ZUCHTPRÜFUNGEN
Zu diesen Prüfungen zählen die *Verbandsjugendprüfung (VJP),* die im Frühjahr durchgeführt wird, und die *Verbands-Herbstzuchtprüfung (HZP),* die im Herbst des gleichen Jahres stattfindet. Bereits die Herbstzuchtprüfung kennt aber neben den Anlagefächern auch Abrichtefächer. Sie leitet damit bereits schon über zu den Leistungsprüfungen.

LEISTUNGSPRÜFUNGEN
Diese Prüfungen, die sich in ihren Anforderungen eng an die Bedingungen des praktischen Jagdbetriebs anlehnen, müssen möglichst jagdnah gestaltet werden. Dies ist mit ein Grund dafür, dass auf diesen Prüfungen nur Hunde zugelassen werden, deren Besitzer Jagdscheininhaber ist.

Wenn ich deshalb bei meinen Ausführungen in diesem Buch auf Anforderungen eingehe, die bei einzelnen Prüfungen gestellt werden, dann sind diese weitgehend identisch mit denen, die der Weimaraner im praktischen Jagdbetrieb erfüllen muss. Zu diesen Leistungsprüfungen zählen: Die *Verbandsgebrauchsprüfung*, die so genannte Meisterprüfung des Vorstehhundes, die *Verbandsprüfung nach dem Schuss*, eine Prüfung, die sich in ihren Anforderungen sehr eng an die vorgenannte anlehnt, bei der aber überwiegend die Arbeit nach dem Schuss geprüft wird, und die *Verbandsschweißprüfung*.

PRÜFUNGSZIRKUS?
Aus Kreisen der Jägerschaft werden immer wieder Vorbehalte gegen die Jagdhundeprüfungen vorgebracht. Es wird behauptet, die Verbandsprüfungen des Jagdgebrauchshundverbandes seien

Im Paarhühnerfeld (VJP). *Foto: R. Broswimmer*

teilweise Selbstzweck und dienten nur dem Kommerz und der Selbstbestätigung der hundeführenden Jäger. Sicher sind einige dieser Vorhalte nicht ganz unberechtigt, insbesondere wenn gesagt wird, die Vorschriften der Prüfungsordnungen seien zu perfektionistisch und die Prüfungen glichen eher einer Zirkusvorstellung als einer Jagdhundeprüfung. Wahr ist sicherlich, dass in der Vergangenheit mit viel zu viel Aufwand geprüft wurde und die Prüfungsordnungen inzwischen Gesetzeswerken gleichen, die nicht einmal mehr von den Verbandsrichtern zu durchblicken sind und zu denen deshalb dicke Kommentare herausgegeben werden müssen.

Hier wird sich in Zukunft sicher einiges bewegen müssen. Trotz aller dieser Vorbehalte, die aber mehr die Auswüchse als den Kern der Prüfungsordnungen betreffen, gilt auch für die Rasse Weimaraner: Die Verbandsprüfungen des Jagdgebrauchshundverbands sind unverzichtbare Grundlage einer sinnvollen Leistungszucht.

Um vor allem dem Anfänger eine Richtschnur an die Hand zu geben, möchte ich nachfolgend aufzeigen, wie die

PRÜFUNGSKARRIERE EINES WEIMARANERS

aussieht oder besser gesagt, aussehen kann. Der natürliche, von ihren Vorfahren vorgegebene Wurftermin der Hündin sind der Spätwinter und das Frühjahr. Das hat auch für unsere Weimaraner große Vorteile. Die Welpen wachsen mit zunehmender Tageslänge ins Frühjahr hinein. Die zunehmende Sonnenaktivität fördert die lebensnotwendigen biochemischen Prozesse wie z. B. die Vitamin D-Synthese und mit zunehmender Tageslänge können auch die Welpen selbst langsam ihre Aktivitäten steigern.

An diese natürlichen Vorgaben sollte sich auch der Weimaranerzüchter anlehnen und versuchen, entsprechende Wurftermine anzustreben. Der Erfahrene weiß, dass das manchmal gar nicht so leicht ist, da manche Hündinnen partout mit ihrem Zyklus aus der Reihe tanzen.

Auch der Weimaraner-Klub e. V. empfiehlt seinen Züchtern deshalb auch dringend, die Wurftermine fürs Frühjahr zu planen. Das hat auch große Vorteile sowohl für die Führung der Junghunde auf den Zuchtprüfungen als auch beim Sammeln der ersten Jagderfahrungen. Die Welpen aus zeitigen Frühjahrswürfen haben für die Zuchtprüfungen im nächsten Jahr das richtige Alter und mit 8 bis 9 Monaten können sie bereits im Geburtsjahr jagdliche Luft schnuppern, ohne dass sie dabei überfordert werden.

Welpen, die dagegen etwa im August gewölft wurden, sind im Frühjahr des nächsten Jahres mit ca. 7 Monaten und im Herbst mit ca. 13 Monaten noch reichlich jung für das Absolvieren der Verbandsjugendprüfung bzw. der Herbstzuchtprüfung. Im darauf folgenden Jahr dürfen sie aber nach den Prüfungsbestimmungen nicht mehr auf diesen Prüfungen geführt werden. Erst die ab 1. Oktober gewölften Welpen dürfen auch noch im übernächsten Jahr auf den Zuchtprüfungen geführt werden.

Nehmen wir also an, unser Weimaraner ist im Frühjahr gewölft! Im Frühjahr, meist im April des nächsten Jahres, kann er dann auf der *Verbandsjugendprüfung (VJP)* vorgestellt werden. Über die sachgemäße Vorbereitung auf diese Prüfung, bei der weitgehend noch die Anlagen geprüft werden, habe ich bereits in den Kapiteln 7 und 9 einige Ausführungen gemacht.

Im Herbst des selben Jahres, meist im September, wird er dann auf der *Herbstzuchtprüfung (HZP)* geführt. Bei den meisten Vereinen (u. a. auch den Landesgruppen des Weimaraner-Klub

Vorstehen (VJP). *Foto: Max Zichet*

Fuchs-Apportieren (VGP).
Foto: Dr. Klerke

e. V.) wird diese Prüfung **»o. Sp.«** ausgeschrieben, d. h. dass Spurarbeit nicht geprüft wird. Einige andere Zuchtvereine (z. B. VDD) prüfen bei der HZP die Spurarbeit.

Die HZP ist eine der wichtigsten Prüfungen für den Weimaraner. Die Prüfungsergebnisse werden voll in ein PC-Programm der Zuchtleitung eingegeben und stellen damit ein wichtiges Instrument der Zuchtplanung dar. Das Bestehen der HZP ist deshalb auch eine der Voraussetzungen, die ein Weimaraner erfüllen muss, wenn er zur Zucht eingesetzt werden soll. Damit sollte aber in diesem Jahr mit dem Prüfungspensum für den Junghund Schluss sein!

Lassen Sie sich bitte nicht von selbst ernannten »Fachleuten« dazu überreden, ein paar Wochen später auch noch gleich auf der Verbandsgebrauchsprüfung zu führen. Sie überfordert den Hund, der jetzt gerade mal 18 bis 20 Monate alt ist. Gönnen Sie sich und dem Hund eine Pause und gehen Sie lieber ein paar Mal mehr mit ihm zur Jagd.

Für den nächsten Herbst steht dann die *Verbandsgebrauchsprüfung (VGP)* auf dem Programm, auf die Sie den Hund gewissenhaft und gründlich ein ganzes Jahr lang vorbereiten können, am besten auch wieder bei einem Hundeführerlehrgang mit dem Lehrgangsziel VGP. Sie können sich, wenn Sie wenig Gelegenheit haben, im Feld zu arbeiten, auch auf die *Verbandsprüfung nach dem Schuss (VPS)* anmelden, bei der überwiegend die Arbeit des Hundes nach dem Schuss geprüft wird.

Diese beiden Prüfungen finden im Herbst nach den Herbstzuchtprüfungen statt, meistens im Oktober. Auf diesen (VGP und VPS nicht aber HZP) können die Hunde auch noch in den darauf folgenden Jahren geführt werden. Ich empfehle aber unbedingt den vorgeschlagenen Zeitplan einzuhalten. Denn immerhin kann es auch vorkommen, dass auch der gut vorbereitete Hund die

Am Anschuss abgelegt (VGP). Foto: Deborah Andrews

Prüfung nicht besteht. Sie kann dann im nächsten Jahr wiederholt werden. Deswegen aufzugeben und nicht mehr zu führen, spricht nicht gerade für die Nervenstärke des Führers. Also unbedingt nochmals antreten. Auch dem Hund zuliebe, denn er arbeitet ja (hoffentlich!) gern. Wenn Sie einen Weimaraner führen, den Sie auch auf Nachsuchen auf Schalenwild einsetzen wollen und der Neigung und Veranlagung für die Fährtenarbeit zeigt, dann sollten Sie den Hund auch unbedingt auf der *Verbandsschweißprüfung (VSwP)* führen. Obwohl der Weimaraner als Rasse für die Arbeit mit tiefer Nase im Allgemeinen sehr gute Veranlagung mitbringt, gibt es allerdings auch einige Exemplare, die sich weniger hierfür eignen. Und in diesem Fall lohnt es sich dann nicht, die doch für Hund und Führer sehr strapaziöse Ausbildung durchzuziehen. Denn Schweißarbeit ist nicht nur Fleißarbeit. Man ist bei dieser Disziplin unbedingt auf die Neigung und die Passion des Hundes für diese Arbeit angewiesen. Mit Zwang geht hier kaum etwas!

Wenn Sie inzwischen Spaß an der ganzen »Hundlerei« bekommen haben, dann können Sie auch noch auf einer Zusatzprüfung führen, die meist als Anhängsel anlässlich anderer Verbandsprüfungen ausgeschrieben wird, nämlich auf der *Bringtreueprüfung (Btr).* Auf dieser Prüfung muss der Hund auf einmaligen Befehl zum Stöbern innerhalb von 20 Minuten den ausgelegten Fuchs finden und seinem Führer zutragen.

LEISTUNGSZEICHEN DES JGHV

Sie werden zusätzlich vergeben, wenn der Hund anlässlich von Verbandsprüfungen oder auf der Jagd bei Anwesenheit von Zeugen besondere Leistungen erbringt:

***Armbruster-Haltabzeichen (AH)*:** Bei zuverlässigem Gehorsam am Hasen und anschließender mindestens »guter« Spurarbeit.

Härtenachweis (/): Bei Nachweis befugten Tötens von Raubwild durch den Hund im Rahmen des Jagdschutzes, wenn der Einsatz der Schusswaffe nicht möglich ist.

Verlorenbringernachweis (Vbr.): Bei zuverlässiger Ausarbeitung der Wundspur des Hasen oder Fuchses anlässlich der Jagdausübung mit anschließendem Zutragen des Wildes.

Lautjagernachweis (\ ) oder »lt.«: Bei Nachweis lauten Jagens anlässlich einer Prüfung oder bei der Jagd. Dieser so genannte Lautjagerstrich ist besonders auch deshalb wichtig, weil er Voraussetzung zur Zulassung zur Verbandsschweißprüfung ist.

Die Zuchtleitung (Zuchtwart) ist auch daran interessiert, weitere besondere Leistungen der Hunde, etwa bei erfolgreichen Nachsuchen in der Praxis, in der Zuchtdatei zu dokumentieren. Hierzu sollte der Führer einen kurzen Bericht über die Arbeit möglichst nach Bestätigung durch zuverlässige Zeugen an den Zuchtwart schicken.

LEISTUNGSNACHWEIS AUF NATÜRLICHER SCHWEISSFÄHRTE (SCHWN)

Für den Weimaraner kommt nach Herkunft und Anlage der Arbeit nach dem Schuss besondere Bedeutung zu. Hierzu gehört vor allem auch die Nachsuche auf Schalenwild. Hunde, die hier Gutes leisten, sind auch züchterisch besonders wertvoll. Für diese Hunde wird deshalb vom Weimaraner-Klub e. V. ein besonderes Leistungszeichen ***SchwN*** vergeben.

Für die Vergabe dieses Leistungszeichens sind folgende Mindestforderungen zu erfüllen:

- *Riemenarbeit* auf mindestens fünf Stunden alter Wundfährte.
- *Hetze:* Der Hund muss das kranke Stück laut zu Stande hetzen oder niederziehen
- *Stellen:* Der Hund muss krankes, wehrhaftes Schalenwild, das er nicht abtun kann, zuverlässig stellen.

Für die Erteilung des Leistungszeichens sind mindestens »gute« Leistungen in allen drei Punkten (Riemenarbeit - Hetze - Stellen von wehrhaftem Wild) erforderlich. Die Leistungen können auch bei verschiedenen Arbeiten erbracht werden. Die Arbeiten müssen von zwei Zeugen bestätigt werden.

WESENSTEST

Zusätzlich zu diesen Prüfungen des Jagdgebrauchshundverbands (Verbandsprüfungen) führt der Weimaraner-Klub e. V. bei möglichst vielen Hunden einen so genannten Wesenstest durch. Diese Tests sind allgemein etwas umstritten, weil die Ergebnisse keine ganz zuverlässigen Aussagen über das erblich verankerte »Nervenkostüm« des Hundes zulassen. Die erblich festgelegten Anlagen können auch hier durch Umwelteinflüsse sowohl negativ als auch positiv beeinflusst sein. Der Weimaraner-Klub e. V. ist nach wie vor auf der Suche nach einem möglichst aussagekräftigen Test. Der derzeit bei den Klubveranstaltungen durchgeführte Test erlaubt vor allem Schlüsse auf die Wesensfestigkeit, wenn auch nur im negativen Sinn. Das heißt, es kann lediglich hinreichend sicher festgestellt werden, ob der Hund Scheu oder Ängstlichkeit zeigt oder nicht. Im positiven Sinn sind zudem mit aller Vorsicht auch Aussagen darüber zu machen, ob der getestete Hund Veranlagung zum Schutz-und-Bewachungstrieb hat. Hier muss aber immer bedacht werden, dass in dieser Hinsicht positives Verhalten auch abrichtungsbedingt sein kann. Dieser Test ist also sicher nicht der Weisheit letzter Schluss. Es ist aber besser einen kleinen Schritt in die richtige Richtung zu tun, als auf derartige Tests ganz zu verzichten.

In der Praxis sieht das so aus, dass der bei einem Gegenstand (Rucksack, Jacke o. ä.) oder besser noch an einem Stück Wild in Sichtweite des Führers abgelegte Hund von einem sich drohend benehmenden Figuranten in der Weise provoziert wird, dass dieser versucht, an den Gegenstand oder das Wild heranzukommen und ihm wegzunehmen. Es muss wohl nicht besonders betont werden, dass dieser Test nur von Personen durchgeführt werden darf, die besondere Erfahrung im Umgang mit Junghunden haben. Es sei hier nochmals betont, dass der Hund auf diesen Test zwar vorbereitet, aber nicht »scharf« gemacht werden sollte. Einige mehr spielerische Übungen reichen aus!

Gerade auch im Hinblick auf die derzeit wieder auflebende so genannte Kampfhund-Diskussion würde ich, um allen möglichen Anwürfen aus dem Weg zu gehen, empfehlen, den Weimaraner bevorzugt am abgelegten Wild zu testen. Das ist einem Jagdhund angemessener als die anderen Variante. Auch die Einarbeitung ist hier einfacher und sehr jagdnah durchzuführen. Alle meine Weimaraner haben bisher frisch geschossenes Wild verteidigt, wenn sie es einmal in Besitz genommen hatten.

Wenn der Hund nun zwischen erlegtem Wild und Rucksack verknüpfen lernt und an einem nach Wild duftenden Rucksack abgelegt wird, dann wird er nach einigen Übungen sehr schnell auch diesen Rucksack verteidigen. Im Übrigen prüfen auch die Schweißhundeleute ihre Hunde ähnlich, indem sie das Verhalten des Hundes am erlegten Stück Schalenwild testen. Auch hier soll der Hund das Stück verteidigen. Da die Hunde diese Verhalten mehr oder weniger aus Naturanlage zeigen, kann dann aus der Intensität der Verteidigung recht sicher auf einen anlagebedingten Schutz- und Bewachungstrieb geschlossen werden.

BEWERTUNG DES VERHALTENS

NOTE	**VERHALTEN**	**ZUCHTZULASSUNG**
4	Hund verteidigt sehr energisch. Fasst bei weiterer Annäherung sofort zu und lässt sich den Gegenstand oder das Wild nicht abnehmen.	**JA**
3	Hund gibt kräftig und anhaltend Laut. Macht bei weiterer Annäherung Fassversuche. Lässt sich den Gegenstand oder das Wild nicht abnehmen und weicht nicht zurück.	**JA**
2	Hund gibt Laut oder knurrt drohend. Weicht bei weiterer Annäherung nicht zurück und zeigt keine Scheu oder Ängstlichkeit.	**JA**
1	Hund zeigt kein Verteidigungs- oder Abwehrverhalten. Lässt sich Gegenstand oder Wild abnehmen, bleibt jedoch unbeeindruckt und zeigt keine Scheu oder Ängstlichkeit.	ZUCHTZULASSUNG **NUR MIT HÄRTENACHWEIS**
0	Der Hund zeigt bei Annäherung Ängstlichkeit, Scheu oder Demutshaltung oder er macht Fluchtversuche.	**KEINE** ZUCHTZULASSUNG (Wiederholung des Tests ist nicht zulässig.)

BRAUCHBARKEITSPRÜFUNG

Diese Prüfungen, die auch als Jagdeignungsprüfungen bezeichnet werden, fallen etwas aus dem Rahmen, da sie weder Prüfungen des JGHV noch des Weimaraner-Klub e. V. sind. Sie dürfen auf keinen Fall mit den (Verbands-) Gebrauchsprüfungen verwechselt werden, wie das oft geschieht. Die Regelungen sind je nach Bundesland verschieden. Auf diesen Prüfungen soll die nach den einzelnen Landesjagdgesetzen geforderte jagdliche (Mindest-) Brauchbarkeit der Hunde nachgewiesen werden. In Baden-Württemberg zum Beispiel fordert der § 21 Landesjagdgesetz, dass bei Such-, Drück- und Treibjagden sowie bei jeglicher Bejagung von Federwild *brauchbare Jagdhunde* mitzuführen und zur Nachsuche zu verwenden sind. Die Durchführung dieser Prüfungen obliegt zumeist den Untergliederungen der Landesjagdverbände, die in diesem Fall im Auftrag der Jagdbehörden handeln.

Für Sie als Weimaraner-Besitzer gilt Folgendes. Wenn Sie mit Ihrem Hund eine VGP oder VPS bestanden haben, ist Ihr Hund selbstverständlich als brauchbar im Sinne des jeweiligen Landesjagdgesetzes anerkannt. Bei bestandener HZP, was Sie ja unbedingt anstreben sollten, müssten dann lediglich noch wenige zusätzliche Fächer, vor allem Schweißarbeit und Grundgehorsam, nachgeprüft werden, um die Brauchbarkeitsbescheinigung zu erhalten.

DATEIEN DES WEIMARANER-KLUB E. V. DEUTSCHES GEBRAUCHSHUND-STAMMBUCH (DGSTB)

Da, wie eingangs ausgeführt, all diese Prüfungsergebnisse (ausgenommen Brauchbarkeitsprüfung), Leistungszeichen und Tests für die Zuchtwertschätzung sehr wertvoll sind, werden die Daten selbstverständlich in der Zuchtdatei des Weimaraner-Klubs gespeichert. Auch in den Abstammungsnachweisen (Ahnentafeln) werden die Prüfungsergebnisse sowie Laut, Leistungszeichen, Form- und Haarwert-Beurteilung, Farbe, Ergebnis des Wesenstests und zudem noch das Ergebnis der Untersuchung auf Hüftgelenkdysplasie (HD) bei den Hunden selbst sowie auch bei den Vorfahren bis zu den Urgroßeltern vermerkt.

Alle Daten werden jährlich auch im DGStB veröffentlicht. Dieses vom Jagdgebrauchshundverband herausgegebene Werk, welches seit dem Jahr 1899 regelmäßig veröffentlicht wird, enthält alle wichtigen Daten, vor allem Prüfungsergebnisse aller in Deutschland anerkannten Jagdhunderassen. Es ist für den gewissenhaften Züchter eine unentbehrliche Lektüre. Es kann über die Zuchtvereine oder aber auch über die Gebrauchshundvereine bezogen werden.

MITGLIEDSCHAFT BEI JAGDHUNDEVEREINEN

Wenn Sie sich entschlossen haben, Ihren Hund auf jagdlichen Prüfungen zu führen, dann sollten Sie spätestens jetzt Mitglied eines oder mehrerer Vereine werden, die dem JGHV angeschlossen sind. Das ist für den Weimaraner-Besitzer einmal der zuständige Zuchtverein, nämlich der Weimaraner-Klub e. V. Dieser Klub ist der einzige in Deutschland anerkannte Zuchtverein für Weimaraner. Lassen Sie sich bitte keine anderen Geschichten erzählen!

JAGDGEBRAUCHSHUNDVEREINE, DAS SALZ IN DER SUPPE DES JAGDGEBRAUCHSHUNDEWESENS!

Wenn möglich sollten Sie auch einem in Ihrer Region tätigen Jagdgebrauchshundverein beitreten. Diese Vereine stehen allen Jagdhunderassen offen. Sie führen die Verbandsprüfungen durch und halten meist auch Hundeführerlehrgänge ab.

Gerade weil bei diesen Vereinen fast alle Hunderassen vetreten sind, ist das Vereinsleben in der Regel sehr spannend und abwechslungsreich. Rassefanatiker sind deshalb in diesen Vereinen, im Gegensatz zu den Zuchtvereinen, selten vertreten. Meiner Meinung nach sind diese Vereine, die ihren Namen meist aus der Region ableiten, in der sie tätig sind (z. B. Jagdgebrauchshundverein Rhön-Vogelsberg), das Salz in der Suppe des Jagdgebrauchshundewesens.

HUNDEFÜHRERLEHRGÄNGE

Gerade auch die Hundeführerlehrgänge, die in der Regel mit den Lehrgangszielen Herbstzuchtprüfung (HZP) und Verbandsgebrauchsprüfung/Verbandsprüfung nach dem Schuss (VGP/VPS) angeboten werden, sind nicht nur für den Anfänger von unschätzbarem Wert. Einmal lernen die Hunde in der Gruppe zu arbeiten, werden also sehr gut sozialisiert, was bei den heute üblichen Jagdarten (z. B. Bewegungsjagden) unbedingte Voraussetzung ist. Zum anderen ist auch für den Hundeführer selbst das Üben in der Gruppe von großem Vorteil. Auch er wird angespornt, nicht hinter der Gruppe zurückzubleiben und sich ein festes Ziel zu setzen. Diese Hundeführerlehrgänge beginnen im Frühjahr und enden im Herbst. Man muss damit rechnen, dass man so zehn bis elf Samstage mit dem Hund unterwegs ist.

Nähere Angaben, wie so ein Lehrgang in der Regel abläuft, finden sich bei TABEL. Ich möchte an dieser Stelle deshalb nochmals darauf hinweisen. Die Prüfungsordnungen und mindestens ein gutes Buch über Jagdhundeführung sind Pflichtlektüre für den Hundeführer.

Wenden Sie sich auf jeden Fall an einen Jagdgebrauchshundeverein in Ihrer Nähe oder an die Landesgruppe des Weimaraner-Klub e. V. und fragen Sie nach, ob und wann Hundeführerlehrgänge durchgeführt werden.

Für die Teilnehmer der Hundeführerlehrgänge des Jagdgebrauchshundevereins »Oberländer« mit Sitz in Karlsruhe haben wir einige wichtige Grundsätze der Hundeausbildung und -führung zusammengestellt. Sie haben natürlich nicht den Anspruch auf Vollständigkeit. Aber anhand dieses Merkblattes können auch Hundeführer, die nicht gern Bücher lesen, immer wieder rekapitulieren, auf was es bei der Jagdhundeausbildung ankommt.

GRUNDREGELN FÜR HUNDEFÜHRER:

- Lerne denken wie dein Hund.
  Viele Probleme entstehen einfach dadurch, dass *wir* den Hund missverstehen oder dass der Hund *uns* missversteht.
- Die tierschutzgerechte Ausbildung unserer Jagdhunde ohne Anwendung unnötigen Zwangs ist heute wichtiger den je.
- Gerade für uns hundeführende Jäger muss gelten: Unsere Jagdhunde müssen sozialverträglich erzogen werden.
- Auch der Jagdhund braucht, um mit uns als Jagdkumpan effektiv und für beide Seiten stressfrei jagen zu können, die Kommunikation mit Artgenossen und Menschen. Gerade auch deswegen ist das Üben und das Jagen in der Gruppe so wichtig.
- Voraussetzung dafür, dass ein Junghund gut abrichtbar ist, ist neben seinen Anlagen auch seine Prägung im Welpenalter und eine sichere Bindung an den Führer. Beides sind Resultate einer gewissenhaften Aufzucht beim Züchter und einer optimalen Betreuung des Welpen beim neuen Eigentümer. Diese optimalen Aufzuchtbedingungen sind auch wesentliche Voraussetzung für die Wesensfestigkeit des Hundes.
- Für die Ausbildung des Junghundes ist es optimal, wenn er im Alter von 8 - 9 Wochen zu seinem neuen Besitzer kommt, dort in die Familie aufgenommen wird und frühzeitig seine gesamte neue Umwelt kennen lernt.
- Hier lernt der Welpe im Spiel vor allem durch Versuch und Irrtum. Hierzu braucht er eine abwechslungsreiche Umgebung, quasi einen Abenteuerspielplatz. Er braucht aber dazu auch andere Hunde möglichst ähnlichen Alters. Deswegen sind auch so genannte Welpenspieltage so wichtig.
- Der Welpe darf aber nicht durch zu frühe und zu strenge Erziehungsmaßnahmen überfordert

werden. Er braucht nach wie vor auch viel Ruhe und Schlaf.

- Bei der Jagdhundeausbildung muss immer bedacht werden: Jagdhunde sind fast die einzigen Hunde, die ihrem von den Ahnen ererbten Beruf (Jagen) nachgehen dürfen. Der Preis dieser Freiheit ist aber der Gehorsam, den sie bei der Grundabrichtung lernen müssen.
- Die Grundabrichtung, die oft auch als Unterordnung bezeichnet wird, hilft auch Rangordnungsproblemen innerhalb der Familie vorzubeugen. In der Familie muss allerdings jedes Familienmitglied seine festen Aufgaben bei der Hundebetreuung zugewiesen bekommen. Die Menschen treffen die Entscheidungen für den Hund, also wer mit ihm spazieren geht und wann, wer ihn füttert, wo und wann usw. Der Hund muss klare Richtlinien haben, die für ihn auch deutlich erkennbar sind.
- Bei allen Erziehungs- und Abrichtungsmaßnahmen aber immer daran denken: Der Jagdhund besteht nicht nur aus Gehorsam! Deshalb dem Junghund immer genügend Freiheit zur Entwicklung seiner Anlagen und zum Training seiner Ausdauer lassen.
- Das Lernen beginnt schon beim Welpen und ist zunächst nicht auf das Ziel »Jagdhund« ausgerichtet. Der junge Jagdhund braucht dann aber bei der Anleitung zum Jagen den Jagdkumpan Mensch. Er lernt auch hier zunächst im Spiel, d. h. vor allem auch *angstfrei.*
- Beobachtung: Im Zwinger isoliert gehaltene Hunde lernen sehr schwer.
- Der Hund lernt *langsam*. Deshalb: Kleine Lernschritte und immer wiederholen!
- Der Hund lernt schwer, wenn er unter Stress steht. Deshalb: Bei der Abrichtung immer wieder Vertrauen schaffen. Kurze Lektionen und zwischendurch immer wieder auflockern.
- Junghunde lassen sich leicht ablenken; auch durch die Stimme ihres Führers. Deshalb bei der Abrichtung, außer beim Loben, keine großen Reden an den Hund halten, sondern wenige, deutliche und immer gleichbleibende Signale (Befehle) geben und dann auf konsequente Befolgung achten.
- Das A und O jeder Hundeabrichtung ist, dass der Hund richtig verknüpft. Die Signale müssen deshalb zeitgleich mit dem erwünschten Verhalten gegeben werden.
- Bei der Jagdhundeabrichtung reicht aber die Abrichtung über eine positive Verstärkung (»Lob«) nicht aus, obwohl die so oft wie möglich praktiziert werden sollte.
- Das Verleiden unerwünschten Verhaltens (»Strafe«) sollte aber erst einsetzen, wenn der Hund bereits erfahren hat, dass das erwünschte Verhalten gelobt wird und wenn der Hund Vertrauen aufgebaut hat.
- Niemals nur strafen, sondern auch immer unverzüglich loben, wenn der Hund erwünschtes Verhalten zeigt.
- Zusammenfassend: Jagdhundeabrichtung bedeutet nicht in erster Linie »dressieren«, sondern vor allem auch Förderung der natürlichen Anlagen des Junghundes, denn viele jagdliche Leistungen kann der Hund nur ohne Zwang erbringen. Beispiele: Ausarbeiten von Fährten, Spuren und Geläufen, Suchen im Feld, Stöbern in Wasser und Wald.

Kapitel 12

SOLL ICH MIT MEINEM HUND AUF AUSSTELLUNGEN ODER ZUCHTSCHAUEN GEHEN?

Die Hundeausstellungen haben auch für die Gebrauchshunderassen vor Zeiten ihre Vorteile gehabt - sie waren damals notwendig, solange die Kynologie noch in den Windeln lag, und es sich darum handelte, das Interesse für Rassezüchtung zu wecken; heute bringen sie nicht nur keine Vorteile, sondern sie üben einen schädlichen Einfluss aus auf die Bestrebungen, vielseitig-leistungsfähige Vorstehhunde zu schaffen. Die kynologische Bewegung ist inzwischen ins Extrem geraten; wir sind auf dem besten Wege, das Mittel als Zweck zu betrachten und zu vergessen, dass wir nicht Hunde züchten, um auf Ausstellungen mit ihnen zu paradieren, daselbst Preise zu gewinnen, sondern um sie vielseitig zu bearbeiten und für die deutsche Jägerpraxis zu gebrauchen, im Interesse einer waidgerechten, humanen Jagdausübung.

Niemand verkennt die Notwendigkeit, das erzüchtete Material auf Rassereinheit und Qualität des Gebäudes, der Behaarung etc. zu prüfen. Dies kann jedoch weit besser und vollkommener gelegentlich der Prüfung geschehen, als auf einer Ausstellung.

Die Hundeausstellungen aber überlasse man den Luxushunden und verwende das dadurch gesparte Geld für die Prüfungen.

Diese Vorstellungen hat OBERLÄNDER, einer der wichtigsten Vorkämpfer für den vielseitigen Jagdgebrauchshund, bereits im Jahr 1897 niedergeschrieben. Die Herren führten damals eine spitze Feder (deshalb benützten sie auch Pseudonyme). Aber dem Grunde nach muss man auch heute noch diese Forderung für unsere Jagdgebrauchshunde voll unterstreichen.

ZUCHTSCHAUEN DES WEIMARANER-KLUB E. V.

Der Weimaraner-Klub hat diese Vorstellungen Oberländers auch weitgehend verwirklicht: Er stellt den Form- und Haarwert der Hunde anlässlich von Klub-Veranstaltungen fest und erfasst damit eine Vielzahl von Hunden. Dadurch wird die Zuchtwertschätzung erheblich erleichtert. Leider ist die Praxis, den Form- und Haarwert anlässlich der Herbstzuchtprüfungen festzustellen, etwas in Vergessenheit geraten. Dort bestand nämlich die ideale Möglichkeit für den Richter, die Hunde in allen Gangarten, insbesondere auch im Galopp, zu beurteilen. Und der Galopp bei der Feldsuche in freiem Lauf ist nun einmal die typische Arbeitsgangart des Vorstehhundes! (Hunde, die überwiegend im Trab suchen, können in diesem Fach höchstens die Note »gut« erhalten).

In den letzten Jahren sind die Landesgruppen des Weimaraner-Klubs zunehmend dazu übergegangen, gesonderte Zuchtschauen einige Wochen vor der HZP durchzuführen. Dadurch werden die Richter, vor allem angesichts des allerorts herrschenden Wildmangels bei den Herbstzuchtprüfungen, zeitlich entlastet. Die Zuchtschauen des Weimaraner-Klubs werden nach den Regeln einer eigens dafür geschaffenen *Zuchtschau-Ordnung* durchgeführt. Wenn die Zuchtschau-Ringe nicht zu klein gehalten werden und die Hunde auch einmal im Galopp vorgeführt werden können, ist dagegen auch nichts einzuwenden

Auf allgemeinen Hundeausstellungen, die vom Verband für das Deutsche Hundewesen

Vorbildliches Vorstellen des Hundes auf der Zuchtschau. Foto: B. Guggolz

(VDH) veranstaltet werden, wird der Weimaraner, wie auch viele andere großen Jagdhunderassen, heutzutage nur selten vorgestellt. Dies hat aus verschiedenen Gründen auch keinen großen Sinn. Einmal sind die Ausstellungsrichter, meist so genannte »Allrounder«, also Richter für die verschiedensten Rassen, mit der Beurteilung einer in so wenigen Exemplaren gezeigten Rasse oft einfach überfordert; sie geben den Hunden aus Unsicherheit dann eben meist ein »vorzüglich« oder »sehr gut«. Andererseits ist es einem Spezial-Zuchtrichter, der nur die Befugnis hat, Weimaraner zu richten, nicht zuzumuten, neben seiner Tätigkeit auf den Verbandsprüfungen auch noch auf den in Deutschland zahlreich stattfindenden VDH-Ausstellungen zu richten. Ausnahmen sind nur ganz große internationale Ausstellungen, so z. B. die Welthundeausstellung, wenn diese einmal in Deutschland stattfindet. Hier beteiligt sich dann der Weimaraner-Klub regelmäßig mit einer so genannten Spezialzuchtschau für diese Rasse und hat dann die Befugnis, eigene Richter zu stellen. Die Form- und Haarwertfeststellung ist bei einer Jagdgebrauchshunderasse in allererster Linie eine Nachkommensprüfung zur Erbwertschätzung der Vorfahren und nahen Verwandten. Sie dient vorrangig der Zucht und erfordert, wie auch die Prüfungen, ein möglichst gleichmäßiges Richten (= Richten mit gleichem Maß!). Aus diesem Grund sind auch nur relativ wenige Richter befugt, Form- und Haarwertfeststellungen vorzunehmen.

In keinem Fall dient diese Beurteilung dazu, Preise und Trophäen zu erringen. Es ist zwar schön, wenn sich ein Weimaraner-Besitzer mit seinem Hund identifiziert; wenn er aber beleidigt ist, weil sein Liebling eine etwas niedrigere Formwertnote bekommen hat, dann hat er offensichtlich den Sinn dieser züchterischen Maßnahme nicht verstanden.

Da beim Weimaraner als Jagdgebrauchshunderasse neben dem Gebäude auch das Haarkleid eine große Rolle spielt und die Rasse zudem in zwei Haarvarietäten gezüchtet wird, hat sich der Weimaraner-Klub vor Jahren dazu entschlossen, der besseren Transparenz wegen auf den Klub-Zuchtschauen neben der Formwertnote auch noch eine gesonderte Haarwertnote zu vergeben. Die Beurteilung »v/sg« bedeutet z. B., dass der Hund im allgemeinen Formwert mit »vorzüglich« und im Haar mit »sehr gut« bewertet wurde. Da der allgemeine Formwert höher gewichtet wird, bekäme der Hund etwa auf einer VDH-Schau die Beurteilung »vorzüglich«.

BEWERTUNGSGRUNDLAGEN

Die allgemein für alle Hunderassen geltenden Bewertungen lauten:

»Vorzüglich« (V) - Diese Bewertung darf nur einem Hund zuerkannt werden, der dem Idealstandard der Rasse sehr nahe kommt und ein harmonisches; ausgeglichenes Wesen ausstrahlt. Der Hund muss, wie man sagt KLASSE und AUSSTRAHLUNG haben.

»Sehr gut« (sg) - wird nur einem Hund zuerkannt, der die typischen Merkmale seiner Rasse besitzt. Man wird ihm einige Fehler nachsehen, jedoch keine, die ihn in seinen Bewegungen beeinträchtigen.

»Gut« (g) - wird ein Hund erhalten, welcher die Hauptmerkmale seiner Rasse besitzt, aber Fehler aufweist. Diese Fehler dürfen aber auch hier nicht so schwer sein, dass sie den Hund beim Jagdgebrauch behindern.

»Genügend« (ggd) - erhält ein Hund, der zwar seinem Rassetyp noch genügend entspricht, der aber deutliche körperliche Mängel aufweist, insbesondere wenn diese seinen Einsatz als Jagdgebrauchshund einschränken. Ein Weimaraner, der diese Bewertung erhalten hat, darf nicht zur Zucht verwendet werden.

»Nicht genügend« (nggd) - erhält ein Hund, wenn er rasseuntypisch ist, und/oder wenn er schwere, insbesondere zuchtausschließende Mängel oder Fehler aufweist. Auch solche Hunde dürfen selbstverständlich nicht zur Zucht verwendet werden.

Die aufgeführten Fehler können sich auch auf das Haar beziehen. Bei einem Weimaraner stellt z. B. eine teilweise Haarlosigkeit einen schweren Mangel dar, der seinen jagdlichen Gebrauch einschränkt.

Selbstverständlich werden bei allen Zuchtschauen des Weimaraner-Klubs und auch bei VDH-Schauen Wesensmängel oder Aggressivität negativ vermerkt. Ein Hund, der z. B. den Richter beißt oder sich den Fang nicht öffnen lässt, wird nicht beurteilt. Bei Zuchtschauen des Weimaraner-Klubs erhält er einen entsprechenden Eintrag (bissig, ängstlich, Gebisskontrolle nicht möglich, u. a.).

SCHAUEN DES VERBANDS FÜR DAS DEUTSCHE HUNDEWESEN (VDH)

Wenn auch der Weimaranerbesitzer tunlichst seinem Hund die Hektik und den für Hundeohren und -nasen unerträglichen Lärm und Gestank einer großen Ausstellungshalle ersparen sollte, eines kann er von den Ausstellern dort lernen: Das Vorstellen des Hundes vor dem Richter. Denn auch der Hund, der auf einer kleinen Zuchtschau des Weimaraner-Klubs auf der grünen Wiese vorgestellt wird, muss ein Minimum an Vorbereitung erhalten. Es ist nämlich für den Richter unmöglich, einen Hund zu beurteilen, der dauernd an seinem Führer hochspringt, in die Leine beißt usw.

Auf folgende Dinge möchte ich hinweisen:

- Der Hund muss im Rahmen einer allgemeinen psychischen Vorbereitung daran gewöhnt werden, sich zwischen Menschen und Hunden unbefangen und gelassen zu bewegen. Es ist ganz selbstverständlich, dass das schon im Welpenalter eingeübt werden muss und dass auch schon in diesem Alter darauf geachtet wird, dass sich der Hund nicht zum Raufer oder Beißer entwickelt.
- Bei der Gebisskontrolle muss sich der Hund willig und ohne Abwehrbewegungen den Fang öffnen und die Zähne untersuchen lassen. Das lernt der Junghund schon bei den Apportierübungen. Oder man übt es auch gesondert, wobei man ihm jedes Mal gut zuredet, etwa mit dem Zuspruch »Zähne zeigen!«. Es gibt hier leider Fälle, wo wegen Bissigkeit oder Widerspenstigkeit, vielleicht auch wegen Ängstlichkeit, das Gebiss nicht untersucht werden kann. Solche Hunde scheiden dann im schlimmsten Fall aus der Zucht aus.
- Auch der tadellose Stand muss eingeübt werden. Der Hund soll sich dabei an der locker gehaltenen Leine ruhig, aber aufmerksam hinstellen und sich in vorteilhafter Stellung präsentieren und zwar zwei bis drei Minuten lang. In anderen Ländern, wo auch das Ausstellungswesen bei Jagdhunderassen eine große Rolle spielt, etwa in den USA, wird das ab dem Welpenalter wochen- und monatelang geübt.
- Weiterhin muss der Hund die körperliche Untersuchung, bei welcher vor allem die Haarqualität, das Vorhandensein der Hoden kontrolliert und vielfach auch die Größe gemessen werden, widerstandslos dulden.
- Schließlich ist die Leinenführigkeit, wie sie beim Jagdhund schon in frühester Jugend geübt wird, Grundvoraussetzung für eine aussagekräftige Formwertbeurteilung.

Bleibt noch die Frage, wann der Junghund auf der Zuchtschau vorgestellt werden soll. Die Anwort lautet: Im HZP-Alter, also anlässlich der Absolvierung der Herbstzuchtprüfung oder bei einer Zuchtschau des Weimaraner-Klubs kurz vor diesem Termin, meist im Juni / Juli. Der Hund ist dann, wenn er im Frühjahr gewölft ist, rund 16 bis 20 Monate alt, also so weit entwickelt, dass er gut beurteilt werden kann. Falls der Hund zu diesem Termin unter 15 Monate alt ist, wird er in der so genannten Jugendklasse beurteilt.

Kapitel 13

KANN ICH MIT MEINEM WEIMARANER ZÜCHTEN?

Fast alle Hundebesitzer haben eine Eigenschaft gemeinsam: Jeder von ihnen hat den besten, liebsten und vor allem schönsten Hund! Wenn ich z. B. einem Weimaranerbesitzer sagen würde, was ich natürlich nicht tue, seine Frau sei ja wohl nicht gerade die Schönste, dann wird er mir das wahrscheinlich nicht so übel nehmen, als wenn ich etwas an seinem Hund auszusetzen hätte. Diese Eigenheit vieler Hundebesitzer ist auf der einen Seite liebenswert und spricht für das gute Verhältnis des Hundebesitzers zu seinem Hund. Auf der anderen Seite kann diese unkritische Überbewertung des eigenen Hundes für den Zuchtfortschritt einer Rasse sehr hinderlich sein. Die Zuchtleitung des Weimaraner-Klubs hat laufend damit zu kämpfen, dass viele Hündinnenbesitzer unbedingt mit ihrer Hündin züchten wollen, auch wenn diese die Zuchtvoraussetzungen nicht, oder gerade mal mit den Mindestbedingungen erfüllt.

Wurf aus den USA - Zwinger »Fürst Pless«. *Foto: Deborah Andrews*

ZÜCHTEN HEISST AUSWÄHLEN

Nicht die Rasse, sondern die Zuchtwahl aus ihr ist die Bürgschaft für höchste Form und beste Leistung. Dieser Satz von HERBER, der gleich auf der ersten Seite der Weimaraner-Ahnentafel steht, muss jedem, der züchten will, ins Stammbuch geschrieben werden. Züchten darf nicht mit Vermehren verwechselt werden. Züchten heißt nicht, seine Hündin von einem gerade in der Nachbarschaft stehenden Rüden belegen zu lassen, egal was für Anlagen der Hund zeigt oder welcher Abstammung er ist. Züchten heißt auch nicht, seine jagdlich mittelmäßige und im Wasser gänzlich unbrauchbare Hündin vom »besten Rüden der Republik« decken zu lassen mit dem Hintergedanken: Der wird's schon richten.

Züchten heißt auswählen (selektieren). Das bedeutet, eine Hündin, die gesund und frei von körperlichen und wesensmäßigen Mängeln ist, und die ihre jagdlichen Fähigkeiten auf Anlage- und Leistungsprüfungen und insbesondere auch in der Jagdpraxis bewiesen hat, von einem ebensolchen Rüden, der zudem noch genetisch zu der Hündin passt, belegen zu lassen.

EIN KLEINES RECHENEXEMPEL

Nach der derzeitigen Entwicklung der Weimaranerzucht in Deutschland zu schließen kann erwartet werden, dass in den nächsten Jahren rund 500 Welpen jährlich fallen werden. Mehr kann auch der Jagdhundemarkt nicht aufnehmen. In diesem Rechenbeispiel würden diese Welpen in rund 80 Würfen liegen. Bei einem Geschlechterverhältnis von 1:1 wären also von diesen 500 Welpen ca. 250 Hündinnen. Hiervon werden erfahrungsgemäß derzeit ein Viertel auf der HZP geführt, das wären rund 60 Hündinnen.

Wenn zehn die HZP nicht bestehen, bleiben 50 Hündinnen. Sie wären, wenigstens was die prüfungsmäßigen Voraussetzungen anbelangt, zuchttauglich. Wenn dann noch etwa 5 Hündinnen für die Zucht trotzdem nicht in Frage kommen, weil sie z. B. schwerere Grade von Hüftgelenkdysplasie haben oder den Wesenstest nicht bestehen, bleiben aus einem Jahrgang rund 45 zuchttaugliche Hündinnen übrig.

Um die jährlich erforderliche Welpenzahl von 500 zu erreichen oder sogar noch leicht zu steigern, wäre aber bei angenommenen 3 Würfen pro Hündin in 10 Lebensjahren als Nachschub jährlich nur etwa 20 bis 25 Hündinnen notwendig.

Das bedeutet, dass es ausreichen würde, wenn von den angenommenen 45 zuchttauglichen Hündinnen eines Jahrgangs nur knapp die Hälfte auch tatsächlich zur Zucht eingesetzt werden. Das heißt in weiterer Konsequenz, dass es, ohne die jährlich erforderliche Welpenzahl zu gefährden, möglich wäre, den Selektionsdruck weiter zu erhöhen mit dem Ziel, in absehbarer Zukunft weitere Zuchtfortschritte innerhalb der Rasse zu erreichen. Das wären beim Weimaraner Zuchtfortschritte vor allem bei den Anlagen für *Suche, Wasserarbeit und Laut.* Diese Erhöhung des Selektionsdrucks könnte etwa dadurch erreicht werden, dass der Weimaraner-Klub e. V. die Bedingungen für die Zuchtzulassung verschärft. Selbst bei Festschreibung einer bestandenen VGP als Mindestbedingung für eine Zuchtzulassung wären bei rund 25 Hündinnen, die jährlich diese Meisterprüfung bestehen, die Welpenzahlen nicht gefährdet. So weit wird man aber wohl in den nächsten Jahren sicher nicht gehen, da ja auch die verschiedenen vorhandenen Blutlinien weitgehend erhalten werden sollten.

VERANTWORTUNGSVOLLES ZÜCHTEN

Dagegen muss weiterhin, wie bisher, an die Verantwortung der Hündinnenbesitzer appelliert werden, den vorhandenen Spielraum selbst durch kritische Bewertung ihrer Hündinnen zu nutzen. Sie, die Besitzer zuchttauglicher Hündinnen, und nur sie tragen ja auch den Ehrennamen ZÜCH-

TER und müssen letztendlich entscheiden, ob sie mit einer Hündin züchten wollen oder nicht.

Bei den bisherigen Betrachtungen habe ich die Rüden zwar ausgeklammert, aber selbstverständlich gilt für sie sinngemäß das Gleiche. Nur spielt der Rüdenbesitzer im ganzen Zuchtgeschehen einen etwas mehr passiven Part, wenn er nicht gerade für seinen Deckrüden Reklame macht, was ja wohl etwas verpönt ist. Es ist eben der Züchter, der mit Hilfe des Zuchtwarts den passenden Rüden für die Hündin aussucht. Allein schon von der Populationsarithmetik her kommt natürlich dem Rüden eine bedeutende Rolle in der Zucht zu, denn seine Nachkommenzahlen können die der Hündin um ein Mehrfaches übersteigen. Diese Gefahr des übermäßigen Einsatzes einzelner Rüden, die vor allem zu einer Einschränkung der genetischen Vielfalt innerhalb der Rasse führen kann, wurde vom Weimaraner-Klub erkannt. Die Zahl der zulässigen Deckakte für den einzelnen Rüden wurde deshalb eingeschränkt. Allerdings muss die ausreichende Variationsbreite innerhalb der Weimaranerzucht doch überwiegend durch eine möglichst große Zahl von nicht zu nahe miteinander verwandten Zuchthündinnen gewährleistet werden Deshalb ist auch eine der wichtigsten Aufgaben des Zuchtwarts dafür zu sorgen, dass nicht einzelne Blutlinien ganz aussterben.

ZUCHTORDNUNG

Aufgrund der Ermächtigung in § 9 seiner Satzung hat die Mitgliederversammlung des Weimaraner-Klub e. V. eine Zuchtordnung beschlossen, welche die Grundregeln der Weimaraner-Zucht für jedes Mitglied verbindlich regelt und vor allem auch Mindestbedingungen für Zuchthunde festlegt. Diese Zuchtordnung lehnt sich eng an das internationale Zuchtreglement der FCI und an die Zuchtordnung des VDH an.

Jeder Weimaranerbesitzer, in diesem Fall sowohl Hündinnen- als auch Rüdenbesitzer, sollte diese Zuchtordnung kennen, weil sie von zentraler Bedeutung für die Zucht ist.

In der gesamten Abwicklung des Zuchtgeschehens spielt der *Zuchtwart* eine entscheidende Rolle. Er muss über alle Zuchtvorhaben informiert werden, weil er nach der Satzung des Klubs die Zuchtlenkung und die Zuchtüberwachung zu organisieren hat. Hierzu steht ihm eine umfangreiche Zuchtdatei zur Verfügung. Anhand dieser Datei ist der Zuchtwart auch in der Lage, jedem Züchter detaillierte Informationen etwa über die eigene Hündin und ihre Verwandten, wie auch über den vorgesehenen Zuchtrüden zur Verfügung zu stellen. Der Zuchtwart berät deshalb an erster Stelle die Züchter und macht ihnen auf Wunsch auch Vorschläge über geeignete Deckrüden. Er muss andererseits aber auch von geplanten Paarungen abraten oder sie sogar untersagen, wenn zu befürchten steht, dass z. B. aufgrund neuester Erkenntnisse ein Deckrüde Fehler vererbt hat, bei denen eine erbliche Disposition anzunehmen ist.

ZUCHTVORAUSSETZUNGEN

Die in der Zuchtordnung des Weimaraner-Klub e. V. festgelegten Zuchtvoraussetzungen sind *Mindestbedingungen.* Darüber hinaus verpflichtet die Zuchtordnung jeden Züchter, die wesensmäßigen und körperlichen Anlagen und Leistungen der von ihm gezüchteten Hunde zu erhalten und, wenn möglich, zu verbessern. Inhalt dieser Verpflichtung ist auch, dass der Züchter zuchtausschließende Fehler des eigenen Hundes sowie dessen Nachkommen der Zuchtleitung des Klubs bekannt geben muss.

Es gelten derzeit folgende Bestimmungen:

- Der Züchter muss Mitglied des Weimaraner-Klub e. V. sein.
- Spätestens sechs Wochen vor der beabsichtigten Paarung muss der Züchter die Zustimmung des Zuchtwarts einholen.

- Beide Eltern müssen ins Zuchtbuch des Weimaraner-Klub e. V. eingetragen sein. Etwa auf den Ahnentafeln angebrachte Sperrvermerke (Zuchtsperre, Zuchtverbot) sind dabei unbedingt zu beachten.
- Jeder Zuchthund muss den im Standard festgelegten Rassemerkmalen entsprechen und einen wesensfesten und harten Gebrauchstyp verkörpern.
- Rüde und Hündin müssen auf einer öffentlichen Bewertung mindestens den Form/Haarwert »g/g« (Gesamtnote »gut«) erhalten haben.
- Zuchthunde müssen als Nachweis ihrer positiven jagdlichen Veranlagung mindestens eine HZP bestanden haben. Selbstverständlich wird auch die bestandene VGP als Zuchtvoraussetzung anerkannt. Haben beide Eltern die VGP bestanden, werden die Ahnentafeln auf der ersten Seite mit dem Vermerk »Aus leistungsgeprüften Eltern« versehen.
- Beide Elterntiere müssen bei dem klubinternen Test auf Wesensfestigkeit positiv bewertet worden sein.
- Die Zuchthunde müssen bei einer röntgenologischen Untersuchung zum Ausschluss der Hüftgelenkdysplasie (HD) mit höchstens HD-B (= Grenzfall) bewertet worden sein. Die Bewertung wird einheitlich von einer vom Klub beauftragten Bewertungsstelle vorgenommen.

Ausdrücklich wird in der Zuchtordnung auch noch einmal auf zuchtausschließende Fehler sowohl bei den Zuchthunden selbst, als auch bei deren nahen Verwandten hingewiesen. Dies ist von ganz großer Bedeutung deswegen, weil diese Fehler nicht immer auf Prüfungen und Zuchtschauen festgestellt werden können. Es heißt in der Zuchtordnung: Hunde, bei denen die nachstehend genannten Fehler festgestellt werden, sind von der Zucht ausgeschlossen.

- Mangelnde Wesensfestigkeit wie Ängstlichkeit, Nervosität, Scheu, Schussempfindlichkeit, Schuss- und Handscheu.
- Missbildungen.
- Schwere Gebissfehler, insbesondere Vor- oder Rückbiss, oder Fehlen von funktionell wichtigen Zähnen (siehe Standard).
- Hodenfehler.
- Hüftgelenkdysplasie.
- Andere erbliche Erkrankungen, vor allem Epilepsie.
- Weitere im Standard aufgeführte ausschließende Fehler.

In der Zuchtordnung sind darüber hinaus weitere Mindestanforderungen festgelegt, welche die Züchter zu erfüllen haben. Die Einhaltung dieser Mindestbedingungen wird vom Klub auch kontrolliert, insbesondere bei der Wurfabnahme durch ein Vorstandsmitglied oder einen Beauftragten des Weimaraner-Klubs. Insbesondere ist bestimmt:

- Die Haltung und Fütterung von Hündin und Welpen muss artgerecht sein. Es ist eine »sehr gute« Haltung zu fordern, dafür sind Freiauslauf auf gewachsenem Boden und menschliche Zuwendung Grundvoraussetzungen.
- Für Hündinnen beträgt das Mindestzuchtalter grundsätzlich 15 Monate, das Höchstzuchtalter 8 Jahre.
- Eine Hündin darf nicht mehr Welpen aufziehen, als es ihre Kondition zulässt. Ihr darf nicht mehr als ein Wurf jährlich zugemutet werden; Stichtag ist der Decktermin.

Im Übrigen hat der Weimaraner-Klub e. V. für alle Weimaraner *»Mindestbedingungen an die Haltung von Hunden in Zwingern bzw. Zuchtstätten«* festgelegt, die für alle Mitglieder bei der Haltung ihrer Hunde verbindlich sind. Diese Mindestbedingungen sind in einem Merkblatt zusammengefasst und bei den Landesgruppenobleuten erhältlich.

ZÜCHTERISCHE FREIHEIT

Bei all diesen Reglementierungen, die vorstehend aufgeführt sind, und die auch bei der praktischen Zuchtarbeit nachher noch zu berücksichtigen sind, wird sich mancher fragen, wo denn da die so hochgelobte züchterische Freiheit bleibt. Dazu kann ich auch aus eigener Erfahrung als Züchter sagen, dass der Züchter auch bei Beachtung der bestehenden Regeln noch genügend Spielraum hat, seine züchterischen Vorstellungen zu verwirklichen. Das ist vor allem auch die Wahl des Zuchtverfahrens, mit dem er hofft, am ehesten das von ihm gesteckte Ziel zu erreichen.

Es steht dem Züchter frei, durch Inzucht oder sogar Inzestzucht oder durch eine gemäßigte Form dieser engen Zucht, nämlich die Familien- oder Linienzucht, die in seiner Zuchtfamilie vorhandenen Anlagen erblich zu festigen. Oder es steht ihm die Möglichkeit offen, durch das Zuchtverfahren der Fremdzucht (Outcross) erwünschte Anlagen in seinen Zuchtstamm einzubringen (Kombinations-Kreuzung) oder unerwünschte Anlagen aus seiner Zucht zu verdrängen (Verdrängungs-Kreuzung). Bei Kreuzung von möglichst nicht verwandten Linien, die selbst sehr eng gezüchtet sind, kann er zudem auf den so genannten Heterosiseffekt hoffen.

Für den Interessierten steht umfangreiche Literatur über die Vererbung beim Hund zur Verfügung (FLEIG, WACHTEL, WILLIS u. a.).

RATSCHLÄGE FÜR DIE PRAXIS

Hat nun ein hoffnungsfroher Besitzer einer Hündin zusammen mit dieser alle Bedingungen erfüllt, dann beginnt die praktischen Arbeit. Sie ist mühselig, manchmal nervenaufreibend, aber auch befriedigend und Glück bringend. Sie kann, wenn sie wirklich zum Erfolg führen soll, nur von der Liebe zum Hund getragen sein, ohne dass kommerzielle Erwartungen in den Vordergrund gestellt werden.

Der Zuchtwart hat als Hilfestellung ein Merkblatt *»Hinweise für Züchter«* zusammengestellt, welches bei ihm erhältlich ist. Ich will nachfolgend vor allem aufgrund eigener Erfahrungen auf einige wichtige Punkte eingehen.

- ***Zwingernamenschutz***
  Sollte schon rechtzeitig beim Zuchtbuchführer beantragt werden. Dabei genügt es, dass der Zwingername national geschützt wird. Internationaler Zwingernamenschutz ist zwar möglich, aber wegen der Vielzahl der vorhandenen Zwingernamen umständlich und zeitraubend.
- ***Zuchtabsicht***
  Diese ist dem Zuchtwart mindestens 6 Wochen vor der zu erwartenden Hitze der Hündin mitzuteilen, wobei noch evtl. fehlende Nachweise beigefügt werden müssen. Es können auch bereits Rüdenvorschläge gemacht werden, wobei man sich auch gleich mit dem Rüdenbesitzer absprechen kann.
- ***Deckzeitpunkt***
  Von den rund 21 Tagen der Hitze lässt sich die Hündin nur rund eine Woche lang mit Aussicht auf Erfolg decken. Es ist vorteilhaft, wenn man den ersten Tag des Färbens genau festhält. Dazu nimmt man am besten ein Tempotaschentuch. Ein Deckzeitpunkt, nach Tagen gezählt, lässt sich nicht für jede Hündin festlegen; es gibt hier individuelle Unterschiede. Meistens ist der optimale Zeitpunkt der 14. Tag nach dem ersten Färben. Die meisten unerfahrenen Züchter fahren zu früh zum Rüden! Am besten ist es, wenn man bei einem Freund oder in der Nachbarschaft einen »Probierrüden« zur Verfügung hat. Nach dem ersten Duldungstag, also wenn die Hündin die Rute zur Seite dreht und die Schnalle nach oben zuckt, wartet man noch zwei Tage. Dann ist der optimale Deckzeitpunkt gekommen.

Mutter und Tochter. *Foto: W. Breu*

- ***Deckakt***
  Dieser wird bei unerfahrenen Hündinnen und/oder Rüden oft zur Geduldsprobe. Man nehme sich also Zeit! Die beiden müssen frei miteinander laufen können. Wenn sie schon etwas müde sind geht's am besten. Ich bin da ein bisschen abergläubisch: Am besten man beachtet das Pärchen gar nicht und schaut weg! Nach dem Hängen kann man dem Rüden helfen, den Hinterlauf über den Rücken der Hündin zu heben, so dass sie beide Hinterteil an Hinterteil stehen. Man kann auch beide am Kopf halten und streicheln, es ist aber nicht unbedingt notwendig. Unbedingt abzuraten ist davon, die beiden Heiratskandidaten einfach einige Tage ohne Beobachtung zusammen in den Zwinger zu sperren. Die Partner hängen normalerweise 10 bis 20 Minuten. Die Länge des Hängens hat in diesem Zeitrahmen keinen Einfluss auf die Wurfgröße. Der Deckakt kann nach eintägiger Pause wiederholt werden. Es gibt vereinzelt Hündinnen, die sich nicht ohne fremde Hilfe decken lassen. Ursache ist meist Überempfindlichkeit und Ängstlichkeit. Hier sollte man das Zuchtvorhaben aufgeben. Bei einer Gebrauchshunderasse sind derartige Hündinnen als biologisch leistungsgemindert und damit als zuchtuntauglich zu beurteilen.
- ***Trächtigkeit***
  Während der Trächtigkeit sollte die Hündin rechtzeitig entwurmt werden. Die Wurmkur kann nach zwei bis drei Wochen wiederholt werden. Die Hündin sollte wie gewohnt gut und abwechslungsreich gefüttert, aber nicht gemästet werden. Rechtzeitig vor der Geburt sollte sie Gelegenheit bekommen, sich an die Wurfkiste oder das Wurflager zu gewöhnen.

- ***Geburt***
  Geburtstermin ist meist der 63. Tag nach dem Decken, also nach rund 9 Wochen. Äußerlich sichtbar ist die Trächtigkeit erst nach rund 4 Wochen. Ein oder zwei Tage hin oder her liegen im Bereich des normalen. Wenn die Hündin am 70. Tag noch nicht gewölft hat, was sehr selten vorkommt, sollte ein Tierarzt konsultiert werden. Bei der Geburt ist Ruhe die erste Bürgerpflicht. Manche, vor allem sensible Hündinnen, mögen es, wenn bei der Geburt die ihr vertraute Person anwesend ist. Geburtshilfe ist in der Regel nicht notwendig. Erlaubt ist das Abschneiden der Nabelschnur mit einer sauberen Schere ca. 3 cm von der Bauchdecke entfernt. Das hilft Nabelbrüchen vorzubeugen. Längere Abstände bei der Austreibung der Welpen kommen vor. Man kann rechnen, dass alle 10 bis 60 Minuten ein Welpe ausgetrieben wird. Manchmal werden auch nach Stunden noch ein bis zwei Welpen gewölft.
- ***Welpenaufzucht***
  Die Hündin kann im Haus oder im Zwinger wölfen. Bei gut isolierter Hütte ist ein Infrarotstrahler auch im Winter nicht notwendig. Während der ersten 14 Tage hat man mit Mutter und Welpen in der Regel kaum Mühe. Satte Welpen sind ruhig und quietschen wenig. Falls Welpen dabei sind, die nicht saugen, sollte man diese auf keinen Fall aufpäppeln. Daraus wird nichts. Es ist bei mehrgebärenden Tieren normal, dass ab und zu einmal lebensschwache Jungtiere geboren werden. Die säugende Hündin muss, auch wenn sie zuerst nicht möchte, mehrmals täglich etwas Auslauf bekommen. Schleimig-rötlicher Scheidenausfluss ist, wenn er nicht übel riecht, bis ca. zum zehnten Tag nach der Geburt normal.
- ***Zufütterung der Welpen***
  Ab der 3. Woche kann zugefüttert werden, zuerst mit käuflicher Welpenmilch oder auch mit breiig gerührtem Rinderhack oder beidem. Sobald aber zugefüttert wird, hält die Mutter die Welpen nicht mehr vollständig sauber. Die Zufütterung sollte bis zur 8. Woche mindestens viermal täglich erfolgen. Das Fleisch oder besser Teile von Tieren (siehe auch Kapitel 17 »Fütterung«) kann dann später auch in kleine Würfel geschnitten werden. Die Welpen müssen, sobald sie zugefüttert werden und das Wurflager verlassen, außerhalb der Hütte Gelegenheit haben, sich zu lösen. Das ist wichtig für die spätere Stubenreinheit. Eventuell Sandhaufen o. ä. aufschütten.
- ***Entwurmen***
  Die Welpen müssen ab dem 14. Lebenstag regelmäßig alle 14 Tage entwurmt werden, auch wenn die Mutter vorher schon entwurmt wurde. Alle unsere Hunde haben Würmer, mancher wird sich wundern wie viele!
- ***Kupieren der Rute***
  Wenn Kurzhaar-Weimaraner tatsächlich noch kupiert werden sollen, so muss das am besten am 3. Lebenstag durch einen Tierarzt durchgeführt werden. Diesem ist eine Bescheinigung des Weimaraner-Klub e. V. vorzulegen, dass die Hunde jagdlich geführt werden sollen. Da immer mehr Interessenten unkupierte Weimaraner wollen, sollte man sich rechtzeitig mit ihnen absprechen.
  Im Übrigen halte ich selbst, und mit mir viele verantwortungsvolle Züchter, das Kupieren der Rute für längst überholt und für den Hund selbst für schädlich. Nähere Ausführungen hierzu finden Sie in Kapitel 5.
- ***Impfen.***
  Ab der 7. Lebenswoche sollten die Welpen durch einen Tierarzt geimpft werden. Die Impfung muss unbedingt in der 12. - 14. Lebenswoche wiederholt werden. Bitte dies dem Welpenkäufer mitteilen.

- ***Wurfabnahme und Tätowieren***
  Ungefähr in der 7. Lebenswoche wird der Wurf vom Landesgruppenvorsitzenden oder einem anderen Beauftragten des Klubs abgenommen. Dabei wird auch der Zustand der Haltung, sowie der Zustand der Mutter und der Welpen begutachtet. Diese Befunde, sowie auch festgestellte Mängel, werden dem Zuchtwart gemeldet.
  Bei der Wurfabnahme werden die Welpen auch im linken Behang mit der Zuchtbuchnummer tätowiert. Die Ahnentafeln liegen zu diesem Zeitpunkt bereits beim Züchter vor.
- ***Entwicklung der Welpen***
  Es kann nicht häufig genug auf die Bedeutung der Beschäftigung mit den Welpen in dieser ersten sensiblen Phase (= Prägungsphase) hingewiesen werden. Das heißt:
  - Häufiger Kontakt mit Menschen, auch mit Kindern.
  - Kontakt auch mit anderen Hunden, vor allem auch Rüden.
  - Mit den Welpen spielen und ihnen ermöglichen, dass sie miteinander spielen können.
  - Einen »Abenteuerspielplatz« einrichten. (Manche Jäger brauchen das gar nicht, da liegt genügend Gerümpel herum!)
  - Die Welpen an allerlei laute Geräusche gewöhnen.
  - Evtl. Futterschleppen ziehen.
  - Ausflüge ins Revier unternehmen usw. usw.
- ***Abgabealter***
  Die Welpen sollten in der 8. Lebenswoche abgegeben werde. Eine Woche früher oder später macht nichts. Bleiben die Welpen länger beim Züchter, dann muss dieser unbedingt den Part des neuen Besitzers übernehmen. Nähere Ausführungen hierzu in Kapitel 7.

Kapitel 14

STAMMT DER WEIMARANER WIRKLICH AUS WEIMAR?

RASSEHUNDEZUCHT IN DEUTSCHLAND UND IN ENGLAND

Es ist in der modernen Kynologie unbestritten, dass es in Deutschland eine geordnete Rassehundezucht frühestens ab Gründung der Delegirten-Commission (DC) im Jahr 1880 gibt. Ab diesem Datum wurden für einige wenige Rassen, auch für den Weimaraner, Rassekennzeichen aufgestellt. Hunderassen in modernem Sinn gibt es in Deutschland deshalb erst ab Ende des 19. Jahrhunderts. Der Weimaraner ist auch in dieser engen Auslegung mit eine der ältesten deutschen Vorstehhunderassen. Einige andere deutsche Jagdhunderassen sind erst später, z. T. erst viel später, entstanden.

In anderen Ländern, allen voran England, ist die rassemäßige Zucht von Haustieren, auch von Hunden, wesentlich älter. Bei den Hunderassen ist es der angeblich aus Spanien stammende Pointer, der in England lange vor Entstehung der deutschen Vorstehhunderassen gezüchtet wurde. Er spielt auch in der Entstehungsgeschichte aller deutschen Vorstehhunderassen, also auch des Weimaraners, eine überragende Rolle. Unterschiede bestehen lediglich darin, inwieweit im 20. Jahrhundert Pointer in die einzelnen Vorstehhunderassen eingekreuzt wurden. Als »Vollblüter« hat der Pointer in der Hundezucht eine vergleichbare Bedeutung wie das englische Vollblutpferd in der Pferdezucht.

Selbstverständlich sind die einzelnen Hunderassen im Jahr 1880 nicht quasi aus dem Nichts entstanden. Die Ursprünge liegen je nach Rasse unterschiedlich weit zurück.

URSPRUNG DES WEIMARANERS

Ich will den vielen Theorien, die über die Herkunft des Weimaraners veröffentlicht wurden, nicht noch eine neue hinzufügen. Es ist deshalb angebracht, einem anerkannten Weimaraner Kenner das Wort zu geben, der zeitlich wesentlich »näher dran« ist:

Amtsgerichtsrat RICHNOW aus Aurich/Ostfriesland, der im Jahr 1908 das Amt des Schriftführers im damaligen Weimaraner-Verein übernahm, schreibt in einem von BLOEMER veröffentlichten Beitrag Folgendes: *Ich habe es früher immer vermieden, zu der Frage, woher stammt der Weimaraner-Vorstehhund in einer positiven Form Stellung zu nehmen. Ich halte es auch heute noch für müßig, obwohl darüber viele Theorien aufgestellt worden sind, von denen manche bestimmt jeglicher Begründung entbehren. Dass der Weimaraner eine gewordene, selbstständige Rasse ist, sollte uns genügen. Bestritten kann dies von einem wirklichen Kenner der Rasse niemals werden. Sehen wir die alten Jagdklassiker durch, so sind wir enttäuscht über die mangelhafte und unzulängliche Beschreibung der damals zur Jagd verwendeten Hunde. Das Wort »Race« wird nicht im heutigen Sinn von Rasse gebraucht, sondern in viel labilerem Sinne, es bedeutet mitunter Stamm oder Familie etc. Die verschiedenen Haarformen der Vorstehhunde erkannte man nicht einmal als Rasse im heutigen Sinne an.*

Man geht richtig davon aus, dass gemäß des Wechsels im Jagdbetrieb auch ein Wechsel in den Hundeformen eingetreten ist und die älteste Form des jagenden Hundes die Bracken (von den Jagdklassikern schlechthin auch Jagdhunde genannt) gewesen sind.

DIE LEITHUNDE

Die Tage des Leithundes gingen zur Neige. Man bedurfte seiner nicht mehr. Wenn der hannoversche Jägerhof die Leithundarbeit auch noch beim Schweißhund pflegte, von dem es damals in Hannover zwei Schläge gab, des Leithunds Tage waren dahin.

In der Vorstehhundezucht, der alten Kunstarbeit der Berufsjäger, welche die Hundezucht beherrschten, wurde der langsam am Hängseil arbeitende Leithund eingekreuzt: So entstanden die langsamen, überschweren und losschultrigen altdeutschen Vorstehhunde.

Was von den Jagdklassikern (DÖBEL, AUS DEM WINCKEL, HARTUNG) über den Hühner- oder Vorstehhund gesagt wird, kann uns heute kaum befriedigen. Wertvoll aber sind die Angaben über die Farben, wobei DÖBEL sagt: Spielarten in Gestalt und Farbe sind häufig; sie entscheiden wenig, alles aber die Naturanlage und Gesundheit des Hundes.

Er bezeichnet ihn zuvor als den vornehmsten aller Hunde, da er vielfach dem Waidmann »Alles in Allem« sei, und die Stelle des Schweiß-Leithundes und des Saufinders vertreten müsse.

AUS DEM WINCKEL beschreibt die Farben als weiß mit braunen Flecken, gescheckt oder getigert, braun, auch braun mit weißen Abzeichen. Schwarz oder weißbunt sind nach diesem Autor selten, aschgraue und gelbe Hunde reiner Rasse sind sehr rar.

Inzwischen sind viele Jahrzehnte ins Land gegangen. Seit 1878 haben wir eine geordnete Reinzucht. Bis dahin überwog bei den Vorstehhunden im weitesten Umfang der Plattenhund, der in der Grundfarbe weiß war. Wir müssen uns daher auch nicht sehr wundern, dass weiße Abzeichen noch lange und auch noch heute bei sonst einfarbigen Hunden vorkommen.

Heute betrachtet es der Reinzüchter als selbstverständlich, dass man die gewünschte Haarform nur beibehalten und zur festen Vererbung bringen kann, wenn man nicht mit anderen Haarformen kreuzt und dadurch ein Umwandeln nach allen möglichen Richtungen selbst verschuldet. So hat sich allmählich die Abschließung der verschiedenen Vorstehhunderassen gegeneinander ergeben.

Es ist nun eine ganz billige Weisheit, heute betreffs einer einzelnen Rasse behaupten zu wollen, sie stamme von den Bracken ab, denn die Entstehung unserer Vorstehhunde aus Brackenarten, woran heute wohl niemand mehr zweifelt, liegt so weit zurück, dass man sie nicht mehr für eine einzelne Rasse in Anspruch nehmen kann. Vielmehr ist auf die letzte bekannte Zufuhr einheimischen Blutes in unsere deutschen Vorstehhunde zurückzugehen. Das war aber die Einkreuzung des Leithundes, als dessen Zeit erfüllt war und für ihn selbst kein Raum mehr war.

DIE ALTDEUTSCHEN HÜHNER- ODER VORSTEHHUNDE

Versteht man die Jagdklassiker richtig zu lesen, so können Anfang bis Mitte des 19. Jahrhunderts die Vorstehhunde kaum über Mittelgröße gewesen sein. Erst in der Zeit vor 1870 entstanden die schweren, altdeutschen Vorstehhunde, schwer gerade auch durch die blutfremde Leithund-Einkreuzung, oft losschultrig wie der Leithund, mit dessen schweren Behängen und überhängenden Lefzen, geifernd, langsam und schwerfällig.

Durch Zuchtwahl, aber auch durch sehr viel englisches Blut, insbesondere bei Deutsch-Kurzhaar, hat man einen schnellen Feldhund geschaffen. Beim Weimaraner ist das sehr viel langsamer geschehen. Gezüchtet wurde er früher fast ausschließlich in Thüringen und Umgebung, geführt in meist kleinen Jagden. Wie einst der Dreifarbige Württemberger in Jagden also, wo man die Suchjagd unter der Flinte mit langsamen Hunden bevorzugte.

Denn noch vor dem Ersten Weltkrieg waren die meisten Weimaraner, auch solche, die von geschickten Züchtern veredelt und so in den Formen verbessert wurden, dass sie auch an Bringfreudigkeit, Ausdauer und Schnelligkeit allen Ansprüchen genügten, doch nicht imstande, sich mit einem Feldtrialhund im Styl der Feldsuche zu messen. Dafür gab es aber bei ihnen keinen Hund, der sich nicht an jede Fährte, Spur oder Geläuf, auch ohne langwierige Einübung auf der Schleppe festsog.

So ist der Weimaraner der geborene Verlorenbringer geworden. Dass er das bis heute noch nicht verloren hat, liegt daran, dass ihm nicht Zentner Pointerblut zugeführt wurden, womit er nur verdorben worden wäre. Damit soll natürlich nicht gesagt werden, dass nicht hier und da evtl. einmal fremdes Blut eingedrungen sein kann, denn schließlich hat jede Reinzucht mit den Hunden angefangen, die man gutgläubig für reinrassig hielt und die dem gewollten Zuchtziel entsprachen.

Der Weimaraner hat sich also den letzten Tropfen Leithundblut in erheblicher Stärke erhalten, wohl die einzige unserer heutigen Vorstehhunderassen, besonders aber im Gegensatz zu Deutsch-Kurzhaar, wo Pointerblut jenes überdeckt hat.

Soweit die Ausführungen von RICHNOW. Sie sind, auch was die züchterischen Konsequenzen angeht, auch heute noch hochaktuell.

GRAUE HUNDE

Will man sich noch eingehender mit der Frage befassen, wie die Rasse Weimaraner entstanden ist, dann ist zuerst einmal abzuklären, woher die auffallende graue Farbe unserer Hunde kommt. Desweiteren muss man sich die Stellung der Jagdhundezucht in der 1. Hälfte des 19. Jahrhunderts vor Augen führen und schließlich gilt es, die Bedeutung der Hunde an den europäischen Fürstenhöfen zu beleuchten.

Das Grau unserer Weimaraner ist eine Farbe, die, wenn auch recht selten, bei anderen Hunderassen vorkommt. Diese Farbe wird dort oft als Fehlfarbe betrachtet mit der Folge, dass die Welpen vielfach verschwinden. Ich selbst habe vor Jahren durch Zufall einen ganzen Wurf hellgrauer (= weimaranerfarbiger) Welpen aus kurzhaarigen, schwarzen Mittelpinschern gesehen, eine Rasse, die heute nur noch selten gezüchtet wird und aussieht, wie die Miniaturausgabe eines Dobermanns. In einem Tierheim wurde mir ein im Exterieur typischer, auch kupierter Dobermann vorgestellt, der ebenfalls von hellgrauer Farbe war, allerdings mit hellbraunem Brand.

Ein leider inzwischen verstorbener Bekannter, Förster und Deutsch-Langhaar-Züchter im Schönbuch bei Stuttgart, hat mir mehrmals bestätigt, dass vor dem Zweiten Weltkrieg in braunen Deutsch-Langhaar-Würfen immer einmal wieder graue Welpen lagen, die aber ausnahmslos getötet wurden. Ähnliche Berichte liegen auch von Züchtern von Schweißhunden vor.

So ist ohne Zweifel dem »Wachtelvater« RUDOLF FRIESS zuzustimmen, wenn er schreibt: *Wir sahen weimaranerfarbige Welpen in braunen Deutsch-Kurzhaar, Deutsch-Langhaar und Deutsch-Wachtel-Würfen fallen, die bestimmt keinerlei Weimaranerblut führten. Da es sich dabei um rezessive (verdeckte, latente) also reinerbige Erbfaktoren handelt, braun über sie dominiert, ist es leicht, aus zwei solcher grauer Mutanten eine graue Rasse zu züchten. Solche grauen Vorstehhunde gab es sicher nicht nur am Hofe von Weimar Ende des 18. Jahrhunderts, da schon VAN DYCK 1632 den jungen Prinzen Rupprecht von der Pfalz mit einem silbergrauen Vorstehhund abbildet.*

Ich möchte ergänzend hinzufügen, dass uns ganz ähnlich aussehende Hunde rund 100 Jahre später auf den Gemälden von J. B. OUDRY und dessen Schülern begegnen. Oudry war Hofmaler Ludwigs des XV. und hat mehrere Gemälde geschaffen, auf denen helle, pointerartig aussehende Hunde einen Fasan vorstehen. Eine der Bildunterschriften »Blanche« deutet allerdings darauf hin, dass es sich um Hunde gehandelt hat, die mehr weiß als grau waren. Auf einem Gemälde von OUDRY ist auch ein heller Vorstehhund zu sehen, der dunklere Platten, zumindest an den Behängen hat.

Ölgemälde aus der Schule von J. B. Oudry, Frankreich ca. 1750. Mit freundlicher Genehmigung von Familie Drs. Krieger-Huber.

Später (1923) berichtet RICHNOW, dass es nach seinen Informationen vor der Jahrhundertwende auch weiße Weimaraner mit grauen Platten gegeben haben soll.

Übereinstimmend wird in den älteren Quellen ausgeführt, dass der Weimaraner auch immer weiße Abzeichen habe. BRANDT geht sogar so weit, dass er schreibt, weiße Abzeichen an der Hinterseite der Vorderpfoten seien als eine Art Rassekennzeichen des Weimaraners anzusehen.

Weimaranerfarbige Hunde kommen aber nicht nur in Würfen brauner Rassen, sondern auch in solchen roter und vor allem schwarzer Eltern vor, wie überhaupt die Farbe schwarz eine besondere Affinität zum Grau der Weimaraner zu haben scheint. Ich habe mehrere Kreuzungsprodukte von Weimaranern mit roten Hunderassen (Irisch-Setter und Bayerischer Gebirgsschweißhund) gesehen, die von tiefschwarzer Farbe waren.

Inzwischen bin ich auch zu der Überzeugung gelangt, dass die graue Decke des Weimaraners als *wildfarben* angesehen werden muss. Darauf deutet vor allem der bei einigen Weimaranern (früher häufiger als heute) zu beobachtende dunkle Streifen auf dem Rücken hin (so genannter Aalstrich). Dieser ist auch bei vielen anderen Wildtierarten wie Wolf, Wildpferd, Wildesel u. a. zu beobachten. Auch die graue oder graubraune Färbung selbst kommt in der Natur bei vielen Arten vor, so beim Wolf, beim Reh oder beim Fischotter. Die Welpen des zuletztgenannten sind hellgrau mit Frischlingsstreifen und haben damit verblüffende Ähnlichkeit mit Weimaranerwelpen.

Der immer wieder zitierte Pigmentmangel bei unseren Weimaranern muss aus dieser Sicht sicherlich relativiert werden. Wir müssen allerdings streng darauf achten, dass wir nur mit gut pigmentierten Hunden züchten. Eine solche gute Pigmentierung zeigt sich vor allem darin, dass Nasenschwamm und Nasenrücken, Augenlider und die sichtbaren Lefzenschleimhäute von dunkel-graubrauner Farbe sind (= im Standard: dunkelfleischfarben). »Rosarote Schnäuzchen«, wie das einmal ein hessischer Weimaranerfreund ausgedrückt hat, halte ich in der Zucht für durchaus unerwünscht.

Zum Schluss dieser Ausführungen noch eine Bemerkung. Es ist selbstverständlich Definitionssache, wie weit zurück man die Entstehung einer Rasse terminiert. Eines sollte man dabei aber immer bedenken: ***Die graue Farbe allein macht noch keinen Weimaraner.***

JAGDHUNDEZUCHT UND -FÜHRUNG IM 18. UND 19. JAHRHUNDERT

Wenn man die Entstehung der Vorstehhunderassen, insbesondere auch des Weimaraners, nachvollziehen will, dann muss man sich vor allem auch die Entwicklung des Jagdwesens in dieser auch sonst äußerst bedeutenden Zeitepoche vor Augen führen. Noch bis Anfang des 19. Jahrhunderts war die Jagd ausschließlich Privileg des Landesherren und der Stände, des hohen Adels und der Geistlichkeit. Den Ständen war nur die Niedere Jagd, die Jagd auf Hasen, Füchse, Dachse, Otter und das meiste Federwild erlaubt. Die Hohe Jagd, zu der damals Hirsch, Schwarzwild, Rehwild (!), Schwäne, Reiher, Kraniche, aber auch Fasane gehörten, war grundsätzlich Recht des Landesherrn. Sie stand außerdem noch denjenigen Grundherren zu, die darüber ein verbrieftes Recht besaßen.

Das Hauptinteresse der meisten Fürsten und Adeligen galt dabei dem Hirsch. Dieser wurde, dem Vorbild Frankreichs folgend, mit höfischem Prunk auf den Parforcejagden mit der Hundemeute bejagt. Aber auch die Einzeljagd auf den starken Hirsch mit dem am Hängseil suchenden Leithund spielte bei manchen herrschaftlichen Jägern eine gewisse Rolle.

Und was meist vergessen wird: Der Fasan spielte als Jagdwild schon seit der Zeit der Kreuzzüge eine große Rolle als fürstliches Jagdwild. Wie allgemein bekannt, wurde er in großen Fasanerien gezüchtet. Die Kenntnisse in der Fasanenaufzucht gehörten deshalb seit eh und je zum wichtigen Grundwissen eines jeden Berufsjägers.

Neben den Leithunden wurden deshalb auch Vorstehhunde gebraucht. Das waren vom Typ her pointerartige Hunde. Es gab aber sicher auch Hunde vom Leithundtyp, die das typische Vorstehverhalten gezeigt haben, eine Verhaltensweise, die ja nichts anderes ist als das vorsichtige Anschleichen an sich drückendes Wild. Beide Zuchtrichtungen wurden überwiegend von den ja noch zahlreich vorhandenen Berufsjägern gezüchtet und geführt. Die Herrschaften selbst hielten bei Hof in der Regel nur Schoßhündchen oder andere aus dem Rahmen fallende Exemplare.

Dann vollzog sich allerdings zu Anfang des 19. Jahrhunderts langsam der Einbruch des Bürgertums in die Jagd. Nach den napoleonischen Kriegen fehlte es den Adligen einfach an Geld, um den Jagdluxus des vergangenen Jahrhunderts fortführen zu können. Der Jagdaufwand musste verringert werden; deshalb wurde oft ein Teil des Jagdregals an »reputierliche« Bürger verpachtet oder verkauft. Dadurch bedingt kamen die Jagdhunde, die bisher überwiegend in den fürstlichen Jägerhöfen gezüchtet und gehalten worden waren, in Bürgerhände. Aber auch die Förster, die damals immer auch Jäger waren, hielten zunehmend eigene Jagdhunde und zwar vorwiegend Hunde vom Typ des Hühnerhundes.

So ist es auch nicht verwunderlich, dass ein aus Franken stammender Forstbeamter, hochgebildet und schriftstellerisch begabt, nämlich Carl Emil DIEZEL (1779-1860) einen Jagdklassiker geschrieben hat, der auch heute noch in keiner Jagdbibliothek fehlen darf: »Diezels Niederjagd«.

Durch das Überwiegen des einen oder anderen Jagdhundeschlags bildeten sich im Verlauf der ersten Hälfte des 19. Jahrhunderts in den einzelnen Gegenden besondere Stämme. Gerade wenn man sich die schwierigen Verkehrsverhältnisse dieser Zeit vor Augen hält, wird einem klar, dass damals viele örtlich eng begrenzte Schläge existieren mussten. Der Jäger ließ eben seine Hündin bei einem jagdlich guten Rüden aus der Nachbarschaft decken, wobei es keine große Rolle spielte, wie der aussah, oder die Hündin suchte sich ihren Partner selbst.

Diese örtlich begrenzten Rassen blieben bis in die achtziger Jahre des 19. Jahrhunderts bestehen, was durch zahlreiche Anzeigen in Jagdzeitschriften aus dieser Zeit dokumentiert ist. So werden z. B. hier angeboten: ein »Hühnerhund Gothaer Rasse« oder ein »Aschgrauer Weimarischer Hühnerhund« oder eine »Graue Hühnerhündin Weimaraner Rasse«.

In Frankreich haben sich diese einzelnen regionalen Vorstehhundeschläge bis heute erhalten.

Ölgemälde von Joseph B. Kidd, Genf 1850. Mit freundlicher Genehmigung der Besitzer John und Deborah Kenny, St. Louis.

In Deutschland ist der Weimaraner bei den Vorstehhunden der einzige derartige Landschlag, der als Rasse auf uns überkommen ist. Der andere bis ca. 1900 existierende Landschlag, nämlich der »Dreifarbige Württemberger«, ist um diese Zeit leider erloschen. Allerdings haben sich auch in Deutschland derartige ursprüngliche Hundeschläge mit anderen Einsatzgebieten bis in unsere Tage erhalten. So züchten z. B. viele süddeutsche Wanderschäfer ihre »Schafhunde« ohne irgendwelche Zuchtbestimmungen. Im Schwarzwald existiert ein alter Jagdhundeschlag, die »Wälder-Bracke«, die bis vor ganz kurzer Zeit ebenfalls ohne Betreuung durch einen Zuchtverein von den Bauernjägern gezüchtet wurde. Die Hunde dieser Landschläge sind innerhalb der Gruppe zwar ähnlich, sie würden sich aber beide nicht in einen modernen Standard pressen lassen. Hier gilt der Lehrsatz der bekannten Tierzüchterin ERNA MOHR: »Gleicher Zweck schafft gleichen Typ.«

Aus dem zweiten Drittel des 18. Jahrhunderts existieren zahlreiche Abbildungen, die einen Teil dieser Landschläge zeigen. Die Bilder lassen sich, außer dass man sagen kann, die Hunde sind kurz-, lang- oder rauhaarig, oft keiner bestimmten heutigen Rasse zuordnen. Oft werden die Hunde auch noch nach ihrem Verwendungszweck bezeichnet, also als Wasserhund, Otterhund usw. Das früheste mir bekannte Bild, welches einen Hund von eindeutigem Weimaranertyp darstellt, stammt aus dem Jahr 1850 und ist in Genf gemalt. Auf dem zuerst bei ALEXANDER and ISABELL veröffentlichten Ölgemälde des schottischen Künstlers Joseph B. KIDD ist ein hellgrauer Hund porträtiert, der alle typischen Körpermerkmale unserer Rasse zeigt: Typischer Kopf mit langen, gedrehten Behängen, kurzer, kräftiger Hals, langer Rücken, leicht überbaut, kupierte tief angesetzte und getragene Rute, leicht ausgedrehte Ellenbogen, etwas steile Hinterhand und nicht ganz geschlossene Pfoten mit langen Mittelzehen.

HUNDE AN FÜRSTENHÖFEN

Hunde sind seit Jahrhunderten offenbar bei hoch gestellten Persönlichkeiten beliebte Begleiter, aber auch Statussymbole gewesen. Der Hund mit seiner ungeheuren Variabilität in Größe, Form und Farbe hat hier unter allen Haustierarten eine herausragende Rolle gespielt. So habe ich in meiner Dissertation (PETRI 1961) zeigen können, dass schon in der Latène-Zeit die Römer den Keltenfürsten Zwerghunde (= Schoßhunde) zum Geschenk gemacht haben. Die Beispiele ließen

Ernst August II. Constantin von Sachsen-Weimar-Eisenach (der Vater von Karl-August) mit weiß-grauem, langhaarigem Jagdhund.
Mit freundlicher Genehmigung der Kunstsammlungen Der Veste Coburg.

sich beliebig fortsetzen, man denke nur an die Windspiele Friedrichs II., König in Preußen. Dass diese Hunde, besonders wenn sie als Geschenk dargebracht wurden, oft in Form und Farbe aus dem Rahmen fielen, versteht sich bei der Eitelkeit vieler dieser Persönlichkeiten von selbst. Besonders die helle oder weiße Farbe war sehr beliebt. Als Beispiel seien genannt die Schimmel als Reitpferde der Herrscher und Heerführer oder die weißen Hunde der Französischen Könige.

Auch am Hof zu Weimar spielte nicht nur die Jagd eine große Rolle, sondern auch die Jagdhunde. So sehen wir auf einem Ölgemälde von Johann Jonas Michael (1755) den Herzog Ernst August II. Constantin von Sachsen-Weimar-Eisenach in vollem Ornat als Jäger vor einem erlegten Hirsch sitzend. Der Jagdhund vor ihm ist ein langhaariger Hund, weißgrau mit grauen Platten vom Hühnerhundtypus. Er trägt ein aufwendig gearbeitetes Halsband mit den herzoglichen Initialen E.A.C. Als dieser Ernst August Constantin im Jahr 1758, nicht ganz 21-jährig starb, hinterließ er einen neun Monate alten Erbprinzen. Dieser Säugling war kein geringerer als der später so berühmt gewordene Großherzog CARL AUGUST von Sachsen-Weimar-Eisenach, dessen Hof durch die Namen Wieland, Herder, Goethe und Schiller so viel Glanz erhielt.

Auch dieser Großherzog KARL AUGUST (1775-1828) war, wie wir aus vielen Zeugnissen wissen, ein großer Jäger und Hundefreund. Es existieren mehrere Gemälde, welche ihn umgeben von Hunden, meist Jagdhunden, verschiedensten Aussehens zeigen. Eines dieser Bilder von C. A. Schwerdgeburth aus dem Jahr 1830 zeigt den Großherzog von der Jagd zurückkehrend. Auf dem Bild sind drei Hunde zu sehen, zwei langhaarige, einer schwarz, einer weiß mit schwarzen Flecken sowie ein kurzhaariger, heller Hund von Mittelgröße, welcher neben dem Herzog auf dem Kutschbock sitzt. Ein weiteres bei DENLINGER wiedergegebenes Bild zeigt Carl August beim

Ausritt, begleitet von vier Hunden, wovon ebenfalls wieder ein Hund kurzhaarig und hell ist und eine kupierte Rute hat.

Fasst man die dargelegten Fakten und Überlegungen zusammen, so kommt man zu folgenden Schlüssen: Die Ursprünge unseres Weimaraners liegen in der zweiten Hälfte des 18. und in der ersten Hälfte des 19. Jahrhunderts, wo vor allem Hunde vom Leithundtyp mit Hühnerhunden, wahrscheinlich auch englischer Herkunft, gekreuzt wurden. Hervorgehoben durch ihre auffallende graue Farbe entwickelten sich diese Vorstehhunde als örtlich begrenzter Landschlag in der Gegend von Weimar und in Thüringen. Obwohl die Hunde wohl mehr auf dem flachen Lande bei Gutsbesitzern, Förstern und bürgerlichen Jägern gezüchtet wurden, war der großherzogliche Hof im Besitz derartig einfarbig hellgrauer Hunde.

Der Weimaraner hat deshalb seinen Ursprung mit an Sicherheit grenzender Wahrscheinlichkeit also tatsächlich in Weimar und Umgebung, wobei er sehr wahrscheinlich auch am großherzoglichen Hof gehalten wurde.

Allerdings kam es noch zu mancherlei Vermischungen verschiedenster Herkunft, bis sich die Rasse dann in den letzten drei Jahrzehnten des 19. Jahrhunderts endgültig konsolidierte.

Carl-August von der Jagd zurückkehrend.
Entwurf in grauer Kreide, Feder, Blei und Deckweiß, laviert 1831. Von C. A. Schwerdgeburth (1785-1878). Mit freundlicher Genehmigung des Goethe-Museums in Düsseldorf.

Kapitel 15

WIE HAT SICH DER WEIMARANER-VORSTEHHUND IN DEN LETZTEN 100 JAHREN WEITERENTWICKELT?

Wir erinnern uns an die Tatsache, dass vor dem Jahr 1880 in Deutschland bei allen Hunderassen die Kreuzungszucht die Regel war. Das bedeutet, dass man zwar schon verschiedene Hunderassen kannte, so auch den Weimaraner, aber man war nicht kleinlich in der Zucht und kreuzte eben Tiere miteinander, die dem Aussehen nach ins Rassebild passten.

KREUZUNGSZUCHT

Ich möchte dazu einen Zeitzeugen zu Wort kommen lassen. BRANDT veröffentlichte im Jahr 1909 eine Leserzuschrift von Herrn Gutsbesitzer MÜNCH aus Blankenhain in Thüringen, in der es u. a. heißt: *Über die Abstammung der hiesigen Weimaraner in unserer Gegend sind wohl 60 Hunde, die aus meiner Zucht stammen, möchte ich Ihnen Folgendes mitteilen: Die ersten Hunde wurden Ende der sechziger Jahre von einem gewissen Herrn Weitzenberg gezüchtet. Dieser hatte ein Hündin aus Danzig bezogen, ließ sie von einem ziemlich grauen Griffon aus Köttersdorf belegen, von dem auch öfter langhaarige Welpen fielen. Seit Anfang der siebziger Jahre züchteten Kammergutspächter Egendorf und mein Vater graue Weimaraner in unserer Gegend, später Kaufmann Schwarzer und heute gibt es hier eine ganze Menge Liebhaber und Züchter der Rasse.*

»Rüdemanns Held« I. Preis 1899

LANGHAARIGE HUNDE

Dass in dieser Frühzeit der Rassegeschichte des Weimaraners schon langhaarige Exemplare vorkamen, ist noch mehrfach belegt. So schreibt VON SCHMIEDEBERG im Jahr 1883: *Manchmal sind mir langhaarige, vollständig den deutschen Typus tragende Hunde als »Weimaraner« bezeichnet worden; es ließ sich aber über deren Ursprung durchaus nichts erforschen und so glaube ich, dass sie den Namen entweder durch die Gegend erhielten, oder von langhaarigen Hunden und Weimaranern gefallen waren.*

Ein weiterer Hinweis auf langhaarige Weimaraner findet sich in Nr. 10 der »Deutschen Jägerzeitung« vom 3. Nov. 1889, in welcher ein *bildschöner langhaariger Weimaraner-Vorstehhund besten Schlages* angeboten wird (HARTMANN).

BEGINN DER REINZUCHT

Obwohl bereits im Jahr 1863 die erste deutsche Hundeausstellung in Hamburg stattfand, wurden erst im Jahr 1879 erstmals Rassekennzeichen für einige Jagd- und Luxushunderassen festgelegt. Nach Gründung der Delegirten-Commission (DC), des ersten deutschen Hundeverbandes, wurden auch für den Weimaraner-Vorstehhund Rassekennzeichen aufgestellt, allerdings erst im Jahr 1896.

Dieses Jahr kann deshalb als Beginn des Versuchs einer geordneten Rassezucht des Weimaraners angesehen werden. Das konnte damals allerdings nur bedeuten, dass versucht wurde, die Rasse rein, d. h. ohne Einkreuzung von Hunden zu züchten, die schon äußerlich als einer anderen Rassengruppe angehörend kenntlich waren.

GRÜNDUNG DES VEREINS ZUR ZÜCHTUNG DES WEIMARANER-VORSTEHHUNDES

Ein Jahr später wurde anlässlich der 2. Erfurter Ausstellung am 28. Juni 1897 der »Verein zur Reinzucht des silbergrauen Weimaraner-Vorstehhundes« gegründet. Der Name des Vereins wurde kurz darauf aber abgeändert in *»Verein zur Züchtung des Weimaraner Vorstehhundes«.* Dieser Verein spielt in der Zuchtgeschichte des Weimaraners selbstverständlich eine große Rolle, auch wenn ich dies in den folgenden Ausführungen zur Weiterentwicklung der Rasse nicht immer ausdrücklich erwähne.

Dass der Versuch der Reinzucht in den Anfangsjahren mit erheblichen Schwierigkeiten verbunden war, ist leicht einzusehen und ist in den Quellen sehr oft belegt. Bei der Aufzählung der Hunde zum Beispiel, die auf der ersten Klubsuche des neu gegründeten Vereins im Jahr 1899 bei Sandersleben (Anhalt) geführt wurden, fällt auf, dass bei einem Hund »Tell Erpenburg« vermerkt ist: *Vater und Mutter unbekannt.* Es wurde damals also weiter mit Hunden unbekannter Herkunft und mit Kreuzungsprodukten gezüchtet, wenn sie nur im Exterieur den Rassekennzeichen in etwa entsprachen.

JAGDLICHE QUALITÄTEN DER WEIMARANER

Über die jagdlichen und prüfungsmäßigen Qualitäten der damaligen Weimaraner liegt uns ebenfalls ein Bericht von BRANDT vor, der über die erwähnte Klubsuche u. a. schreibt: *Bei der Suche liefen 6 Hunde auf der Jugendsuche und 5 Hunde auf der Alterssuche. Allein wenn ich die Wahrheit sagen soll, so bin ich in meinem ganzen Leben auf keiner Suche gewesen, in der fast, nein, ich kann dreist sagen ausnahmslos, die Hunde derart durchrasselten wie auf dieser.*

Brandt führt das schlechte Abschneiden der Weimaraner auf dieser Prüfung vor allem auch auf die jagdlichen Anforderungen zurück, welche die Züchter und Besitzer an ihre Hunde stellten.

Weimaraner der Herren Pitzschke und Andreae, Sandersleben. Zeichnung von Richard Strebel 1895.

So schreibt er: *Die alten Weimaraner-Stämme wurden hauptsächlich von Jagdbesitzern gezüchtet, welche die besten Niederwildreviere besaßen. Auf solchen Revieren braucht der Hund keine Suche zu haben und der Jäger macht doch Beute, ja bei Streifjagden ist eine gute Suche gar nicht einmal angebracht, die Güte des Hundes beruht auf einer solchen auf ganz anderen Tugenden, als die sind, auf die die deutsche Kynologie bei der Züchtung der Rassen das Hauptziel legt.*

Damit der Leser sich eine Vorstellung vom Wildreichtum dieser Reviere machen kann, sei hier noch das Ergebnis einer Jagd mitgeteilt, zu der Oberamtmann Pitzschke seine Weimaraner-Freunde am Tag nach der Suche von Sandersleben eingeladen hatte. BRANDT schreibt: *Wir schossen zu acht Gewehren in wenigen Stunden 32 Hasen, 193 Karnickel, 8 Fasanenhähne, 51 Hühner, 1 Wachtelkönig, 1 Sperber und 1 Kater, zusammen 287 Stück.*

Zusammenfassend kann man sagen, dass es um die Jahrhundertwende wohl offensichtlich so war, dass der Weimaraner vor allem in der Feldsuche gegenüber anderen Rassen, vor allem gegenüber Deutsch-Kurzhaar deutlich abfiel, dass dagegen aber seine ruhige und überlegte Arbeitsweise bei der Arbeit nach dem Schuss ihn als beliebten Vorstehhund qualifizierte.

ZUCHTUNTERLAGEN

Der Weimaraner-Klub e. V. ist in der glücklichen Lage, dass die Zuchtunterlagen über den Weimaraner ab dem Jahr 1897 bis heute fast lückenlos erhalten sind. Anhand dieser Unterlagen lässt sich die Fortentwicklung der Rasse sehr gut verfolgen. Ohne auf alle Einzelheiten einzugehen, dies muss einer Vereins-Chronik vorbehalten bleiben, will ich doch einige allgemein interessierende Aspekte mitteilen.

STAMMBUCH KURZHAAR (ST.K.)

Die Weimaraner wurden von 1897 (Band 1) bis zum Jahr 1922 (Band 26) grundsätzlich in das Stammbuch Kurzhaar (St.K.) eingetragen. Später wurden diese in einem gesonderten Teil B geführt. Im Teil C waren übrigens die *»Württemberger«* eingetragen.

In diesen ersten Jahren wurden keine Welpen eingetragen, sondern nur Hunde, die zuvor auf Ausstellungen oder Prüfungen gezeigt und begutachtet worden waren. Dies war damals sicher eine unbedingte Notwendigkeit, da die Hunde zuerst einmal auf »Rassereinheit«, wenigstens was die äußere Erscheinung anging, überprüft werden mussten. In den ersten Jahren wurden jährlich zwischen 5 und 19 Weimaraner eingetragen. Im Jahrgang 1900 hat man dann offensichtlich in einem Aufwasch 62 Hunde registriert, wobei hier Hunde ab Geburtsjahrgang 1891 zu finden sind. In den folgenden Jahren sind die Eintragungen wieder spärlich, um dann im Jahrgang 1904 eine Rekordhöhe mit 121 Eintragungen zu erreichen. Hier sind auch wieder sehr viele ältere Hunde ab Geburtsjahr 1894 zu finden. Dann fallen die Eintragungszahlen wieder stark ab. In den Jahren 1907 bis 1913 sind dann überhaupt keine Weimaraner mehr zu finden. Insgesamt wurden in den ersten 10 Bänden des St.K. 265 (137/128) Weimaraner registriert.

Man darf allerdings vermuten, dass vor allem auch infolge der immer wieder aufkeimenden Versuche, die Weimaraner als Farbvarietät des Deutsch-Kurzhaar zu stempeln, einige Züchter ihre Hunde in das von »Deutsch-Kurzhaar« dominierte St.K. nicht eintragen ließen. Darauf deuten vor allem auch die Ausführungen von RICHNOW hin, der 1923 beklagte, dass in der Heimat der

Weimaraner-Rüde, gewölft 1928. Foto: Weimaraner-Archiv

»Jagdgruppe« am 17.09.1925 in Lehndorf bei Altenburg/Thüringen. In der Mitte Major Robert Herber.

Rasse, in Thüringen, von kleinen Züchtern leider oft die Ausstellung von Stammtafeln oder doch die Eintragung der Hunde unterlassen wird. Über einen der bedeutendsten Züchter der Jahrhundertwende schreibt er ebenfalls 1923: *Das von Wittekop geführte Zuchtregister hat ihm selbst gewiss einen vorzüglichen Überblick über die Rasse gewährt, hat aber der Zucht wohl eher geschadet, weil mancher nun seinen Hund hinreichend eingetragen glaubte.*

Trotzdem darf vermutet werden, dass in diesen Jahren der Weimaraner als eigenständige Rasse kurz vor dem Aussterben stand. Dieses Schicksal wurde der ebenfalls im St.K. eingetragenen Rasse »Württemberger« (auch als dreifarbiger Württemberger bezeichnet) zuteil, welche ausgestorben bzw. in der Rasse »Deutsch-Kurzhaar« aufgegangen ist.

MAJOR ROBERT HERBER

Während des Ersten Weltkriegs sind Weimaraner in wechselnder, aber geringer Zahl eingetragen, bis dann nach Kriegsende der entscheidende und erste große Aufschwung der Rasse beginnt. Mit diesem Aufblühen der Weimaraner-Zucht ist der Name ROBERT HERBER (1867-1946) untrennbar verbunden. Über Leben und Wirken Herbers hat der damalige 2. Vorsitzende des Weimaraner-Klubs, Herr Dr. H. Edler, anlässlich der ersten »Major-Herber-Gedächtnisprüfung« im Jahr 1951 u. a. Folgendes ausgeführt (zit. n. BLOEMER):

Als Herber als junger Hauptmann den ersten Weimaraner gesehen hatte, hat er nie mehr einen anderen Jagdhund geführt. 1921 übernahm er die Führung des Weimaraner-Klubs. Kein Opfer, keine Arbeit war ihm zu groß. Viel Ärger, viele Ehrungen wurden ihm zuteil. Er blieb immer der gleiche opferbereite, vorbildliche Mensch, Jäger und Züchter, der den damals noch etwas langsamen, schwerfälligen, aber unvergleichlich spursicheren Weimaraner durch geschickte Zuchtwahl zu der schnittigen Form brachte, die wir heute bewundern.

Als Schriftleiter der Zeitschrift »Zwinger und Feld« erschienen zahlreiche Artikel aus seiner Feder; nebenbei führte er Zeichenstift und Pinsel. Er gab ein Büchlein über den Weimaraner her-

Idealer Hündinnenkopf. »Cara vom Schloßgehege« Zb Nr. 1473/35. Im Besitz von Familie Herber.

aus, das vom alten Mitglied Stockmayer (Baden/Österreich) mit dem Lebenslauf Herbers erneut herausgebracht wurde. Seit 1921 war Herber »Weimaraner-Vater« im wahrsten Sinn des Wortes.

Als Herber im Jahr 1921 das Amt des 1. Vorsitzenden des Weimaraner-Klubs übernahm, konnte er auf alles andere als eine breite Zuchtbasis zurückgreifen. Zwar waren im Jahr 1919 nochmals 42 Hunde eingetragen worden, aber auch hier hatte man wieder alle irgendwie erreichbaren Hunde »zusammengekratzt« und z. T. auch nicht mehr lebende Hunde eingetragen.

FARBBEZEICHNUNGEN

Rückblickend auf diese Zeit um die Jahrhundertwende ist vor allem noch interessant, was in den Unterlagen bei den einzelnen Hunden als Farbe eingetragen ist.

Bei den ersten Eintragungen sind die Farbbezeichnungen sehr vielfältig: hellsilbergrau, mausgrau, grau, aschgrau, dunkelgrau, hellgrau. Fast alle Hunde hatten damals weiße Abzeichen auf der Brust, viele hatten auch weiße Zehen. Bei den Masseneintragungen im Jahr 1904 überwiegt die Farbbezeichnung »grau«. Bei den Eintragungen ab 1914 kommt nur noch die Farbbezeichung »silbergrau« vor. Es ist anzunehmen, dass dies die Folge des damaligen Siegs der »silbergrauen Richtung« war, und bei diesen Eintragungen mehr der Wunsch Vater des Gedankens bzw. der Farbbezeichnung war.

Vor allem drei Züchter haben um die Jahrhundertwende die Weimaranerzucht wesentlich beeinflusst. Es war als erster Oberamtmann Pitzschke aus Sandersleben (Zwinger »v. Sandersleben«), welcher zusammen mit seinem Vater wohl mit zu den eigentlichen Begründern der modernen Rasse »Weimaraner« zu zählen ist.

Ferner werden etwas später immer wieder die Züchter Paul Wittekop, Rittergutsbesitzer in Hachenhausen über Gandersheim (heute Kreis Northeim) mit seinem Zwinger »Rüdemanns« und L. Lindblohm, Jagdmaler in Weimar mit seinem Zwinger »Lindblohm« als herausragende Züchter genannt.

Frau Hetty Herber mit Hunden des Herber'schen Zwingers »Von der Wulfsriede« 1922. Foto: Weimaraner-Archiv

WEITERE ZUCHTUNTERLAGEN BIS 1945

In den folgenden Jahren wurden die Weimaraner in das Deutsche Hunde-Stammbuch der Delegirten-Commission (1925 bis 1934), ins Reichszuchtbuch Abt. Sammelzuchtbuch (1935 bis 1936) und schließlich in ein gedruckt vorliegendes Weimaraner-Stammbuch (1937 bis 1939) eingetragen. Für die Jahre 1940 bis 1951 liegen lediglich maschinengeschriebene Eintragungsverzeichnisse in Aktenheftern, z. T. mit handschriftlichen Vermerken, vor. Aus diesem Zeitraum seien nachfolgend einige Fakten mitgeteilt, die für Liebhaber der Rasse von allgemeinem Interesse sein dürften:

Die Eintragungen, die in diesen Jahren eigentlich vollständig sein dürften, schwanken auch in den auf das St.K. folgende Zuchtbüchern in den einzelnen Jahren z. T. sehr stark. Bis 1936 waren die Zahlen noch relativ gering und erreichten kaum einmal 100 Welpen jährlich. Die Jahre 1937

Axel von Osmaritz, gew. 1932. Foto: Weimaraner-Archiv

und 1938 waren Rekordjahre mit 20 bzw. 21 eingetragenen Würfen und 139 bzw. 112 Welpen. Dann sanken die Zahlen wieder ab, um im Jahr 1945 verständlicherweise einen Tiefpunkt mit 3 Würfen und 10 Welpen zu erreichen.

Bis zum Jahr 1928 wurden regelmäßig auch noch Hunde unbekannter Abstammung als Einzeleintragungen registriert. Im Jahr 1928 wurden ein Rüde und eine Hündin aus deutscher Zucht an den Begründer der Weimaraner-Zucht in den USA, Howard KNIGHT, abgegeben. Nach DENLINGER sollen aber beide Hunde vor dem Export sterilisiert bzw. kastriert worden sein. Aus diesem Grunde konnte Knight erst später mit anderen Hunden die Zucht von Weimaranern in den USA beginnen.

Auch die große Politik spiegelt sich in den Zuchtbüchern wider. So ist bei dem im Jahr 1933 eingetragenen Rüden »Ponto aus der Grüte« als Besitzer eingetragen: »Exzell. Herm. Göring, Berlin«. Erstmals und zugleich letztmals wurden im Jahr 1939 auch die in Österreich gezüchteten Weimaraner ins »Weimaraner-Stammbuch« eingetragen. Es waren 17 Würfe mit 87 Welpen gegenüber 14 Würfen mit 80 Welpen in Deutschland! Drei Welpen aus diesem Jahrgang wurden übrigens in das Gebiet der Tschechei exportiert.

Interessant ist auch das Geschlechterverhältnis der eingetragenen Welpen. Es wurden rund zwei Drittel Rüdenwelpen und nur ein Drittel Hündinnen eingetragen. Da die Rüden damals als Jagdhunde höher eingeschätzt wurden als Hündinnen und auch höhere Preise brachten, wurden wahrscheinlich mehr Hündinnen als Rüden gleich nach der Geburt getötet. Allerdings finden sich auch mehrfach Hinweise auf die deutlich höhere Sterblichkeit der Hündinnenwelpen. Als Todesursache spielte dabei die Staupe bis in die 60er Jahre des 20. Jahrhunderts eine erhebliche Rolle.

ANERKENNUNG DER LANGHAAR-WEIMARANER

Die Aufnahme der Langhaar-Varietät des Weimaraners in die Rassekennzeichen erfolgte erst im Jahr 1935. Anlass hierfür war vor allem ein langhaariger Welpe »Tell Stranzendorf«, der im Besitz des späteren Präsidenten des österreichischen Weimaraner-Vereins R. Pattay war. Dieser Rüde kam aber nicht zum Zuchteinsatz. Im deutschen Zuchtbuch taucht dann erstmals im Jahr 1936 ein Langhaar-Weimaraner auf, nämlich der Rüde »Illo vom Hipkendahl Nr. 1468«. Dieser Rüde wurde später an Herrn Pattay nach Österreich abgegeben, der eine langhaarige Hündin offenbar tschechischer Abstammung besaß.

»Traute«, langhaarige Hündin des Küstenfischers und Jägers Johann Linneberg aus Neuharlingersiel ca. 1935. Die Hündin entstammt einer Kurzhaar-Weimaraner-Zucht und sollte ursprünglich getötet werden. Sie war nach Aussage des Eigentümers der beste Jagdhund, den er je besessen hat.
Foto: Archiv Familie Linneberg

Aus dieser Paarung kamen langhaarige Weimaraner wieder zurück nach Deutschland. Die heutige Langhaar-Weimaraner-Zucht hat also ihren eigentlichen Ursprung in Österreich, wo auch heute noch diese Haarvarietät eine große Rolle spielt.

DIE ZEIT NACH 1945

Nach 1945 sammelten sich die Weimaraner-Liebhaber und -Züchter allmählich wieder, und es kam auf einer Generalversammlung am 31.10.1951 in Nienburg/Weser zur Wiedergründung des »Weimaraner Klub« (Verein zur Züchtung des Weimaraner-Vorstehhundes).

In den Jahren 1940 bis 1951 wurden die Zuchtunterlagen maschinenschriftlich gefertigt. Diese Unterlagen mit zahlreichen handschriftlichen Vermerken liegen vor. Ab 1952 wurde das Zuchtbuch, ebenfalls handschriftlich, in zwei großen Journalbänden mit sehr ausführlichen Einzelinformationen geführt. Ab 1977 veröffentlicht der Weimaraner-Klub jährlich ein Zuchtbuch in gedruckter Form, in dem alle für die Zucht wichtigen Informationen gesammelt werden, also z. B. auch die Prüfungsergebnisse.

Zunächst ging es mit der Zucht nur langsam aufwärts. Das nimmt nicht Wunder, wenn man bedenkt, dass abgesehen von den Hunden, die durch Kriegseinwirkung zugrunde gingen, eine große Anzahl von Weimaranern aus den Ostgebieten der westdeutschen Zucht nicht mehr zur Verfügung standen. Die Verhältnisse Ost zu West spiegeln sich gut in den Eintragungszahlen aus dem Jahr 1944 wider, wo von insgesamt 24 gefallenen 10 Würfe in Gebieten gezüchtet wurden, die nicht zum Gebiet der alten Bundesländer gehörten. Auf dem Gebiet der so genannten neuen Bundesländer wurden in den Jahren 1947 bis 1951 jährlich ein bis zwei Würfe ins westdeutsche Zuchtbuch eingetragen, danach keine mehr.

Um einen Überblick über das Zuchtgeschehen zu bekommen, habe ich versucht, einige wichtige Daten, die für die Weiterentwicklung der Weimaranerzucht nach dem Krieg von Bedeutung waren, nachfolgend tabellarisch zusammenzustellen. Ich muss mir an dieser Stelle versagen, auf die Verdienste einzelner Persönlichkeiten des Weimaraner-Klubs besonders einzugehen. Dies zu tun, muss dem Verfasser einer Chronik des Weimaraner-Klubs vorbehalten bleiben. Quellenmaterial hierzu ist reichlich vorhanden.

1951	Erste Generalversammlung anlässlich des Wiederauflebens des Weimaraner-Klubs in Nienburg/Weser. Erste »Major-Herber-Gedächtnisprüfung« nach vereinsinterner Prüfungsordnung. Straffung der Zuchtbestimmungen.
1952	Neufassung der Rassekennzeichen.
1955	Die bestandene HZP wird als Zuchtvoraussetzung festgesetzt.
1963	Beginn der Diskussionen über Pointereinkreuzungen.
1964	Weitere Neufassung der Rassekennzeichen. Nichtanerkennung einer rauhaarigen Varietät des Weimaraners (Antrag aus der Tschechei).
1969	Versuchspaarungen mit einem Pointerrüden.
1970	Einführung der Tätowierungspflicht.
1974	Beendigung des Pointer-Experiments.
1975	Erste HD-Untersuchungen auf freiwilliger Basis.
1977	Erstmalige Veröffentlichung einer Deckrüdenliste in den »Weimaraner-Nachrichten« Veröffentlichung eines Merkblatts für Züchter.

Kein Weimaraner! Sondern ein Exemplar aus den Weimaraner-Drahthaar-Kreuzungen in der Tschechei (ca. 1969).

1979 Erste Herausgabe eines gedruckten Zuchtbuchs (seit 1939) als Zuchtbuchausgabe der »Weimaraner- Nachrichten«.
Stiftung eines Züchter-Ehrenpreises durch das Ehepaar Petri.

1990 Neufassung des Standards (Rassekennzeichen) nach den Vorgaben der FCI.
FCI- Standard Nr. 99/ D.
Erstes deutsch-deutsches Weimaranertreffen auf der Wasserburg Heldrungen im Unstruttal, 25. bis 27. Mai 1990.

1991 Erste gemeinsame Hauptversammlung mit HZP und Zuchtschau in Beichlingen/ Thüringen.
Gründung der Landesgruppen Thüringen und Sachsen-Anhalt.

1994 Erste Zuchtschau in Weimar.

1997 Jubiläumsveranstaltung anlässlich des 100-jährigen Bestehens des Weimaraner-Klubs in Weimar mit internationaler Beteiligung mit Festabend, Herbstzuchtprüfung, Verbandsgebrauchsprüfung und großer Zuchtschau.

WELPENVERKÄUFE NACH DEN USA

Aus den bereits vorher genannten Gründen waren die Jahre kurz nach 1945 mit um die 35 eingetragenen Welpen jährlich recht magere Jahre. Erst 1950 überstiegen dann erstmals die Eintragungen die magische Grenze von 100 Welpen. Bemerkenswert ist, dass in diesen Jahren zahlreiche Welpen an US-Soldaten abgegeben wurden, die nach Ablauf ihrer Dienstzeit diese meist mit in die USA nahmen. Dies wurde lange Zeit als eine Schmälerung zwar nicht unbedingt der Zuchtbasis, so aber doch der Zahl der zur Verfügung stehenden Zuchthunde angesehen. Auf der anderen Seite leiteten diese Exporte den ungeheuren Aufstieg der Rasse in den USA ein und spornten auch die deutschen Züchter zu vermehrten züchterischen Aktivitäten an.

Vor diesem Hintergrund ist auch der bereits auf der ersten Hauptversammlung gefasste Beschluss zu sehen, nach welchem ein Züchter von jedem Wurf nicht mehr als die Hälfte der Welpen an Ausländer verkaufen durfte.

Als Beispiel sei das Jahr 1949 angeführt. Obwohl im Zuchtbuch nicht bei allen Welpen der Besitzer angegeben ist, ist festzustellen, dass ziemlich genau die Hälfte der 99 eingetragenen Welpen (für gutes Geld!) an US-Soldaten ging. In diese Zeit fällt auch eine Geschichte, die für die Weimaraner-Zucht in den USA einige Bedeutung hat. Im Jahr 1949 ist nämlich in den Zuchtbuchunterlagen ein Wurf 1,0 des Zwingers »vom Gaiberg« eingetragen. Über diesen einzigen Rüden des Wurfes »Cäsar« ist maschinenschriftlich vermerkt: »Cäsar hat nach am 20.06.1949 erhaltener Mitteilung des 1.Vorsitzenden folgende Eigentümlichkeiten: Schwarzer Anflug über den gesamten Rücken, Behänge mehr als kurz, Augen nicht bernsteinfarbig«. Danach folgt eine handschriftliche Notiz, welche nach Anzweiflung der Zuverlässigkeit des Züchters lautet: »Urteil: Für die Zucht unbrauchbar, da wahrscheinlich Dobermannkreuzung«. Dieser Rüde wurde später in die USA exportiert und soll der Ahnherr der »blauen« Weimaraner geworden sein, die aber offensichtlich dort auch heute noch umstritten sind. Wie man Abbildungen entnehmen kann, sind diese Hunde von sehr dunkler, blaugrauer Farbe, die auch als »gunmetal« bezeichnet wird. Derartige Hunde sind in Deutschland meines Wissens nie aufgetaucht.

HERBSTZUCHTPRÜFUNG NACH EIGENER PRÜFUNGSORDNUNG

Interessant ist auch, dass die Herbstprüfungen, die erste fand anlässlich der Hauptversammlung in Nienburg/Weser statt, nach eigenen Richtlinien des Weimaraner-Klubs abgehalten wurden. Der Jagdgebrauchshundverband schuf erst später die allgemeinverbindliche Prüfungsordnung für Herbstzuchtprüfungen. Bei der damaligen »Major-Herber-Gedächtnisprüfung« wurden neben den uns heute geläufigen Fächern noch folgende Disziplinen geprüft: Raubzeugschärfe, Mannschärfe, Schweißschleppe, Raubzeugschleppe, Bringen über Hindernis, Bringen nach Gewicht, Ablegen, Lautgeben auf Befehl. Zu dieser Prüfung, die mit 16 Fächern quasi eine kleine VGP war, waren Hunde jeden Alters zugelassen.

VERSCHÄRFUNG DER ZUCHTBESTIMMUNGEN

Bereits ab 1951 musste für jeden Hund, mit dem gezüchtet werden sollte, ein so genannter Zuchtwertnachweis vorgelegt werden, welcher alle Bescheinigungen, Prüfungsergebnisse und sonstige Beobachtungen über Anlagen und Leistungen des Hundes enthielt. Ab 1952 mussten die zur Zucht verwendeten Hunde eine Herbstprüfung bestanden haben. Die Welpenrichtpreise lagen übrigens damals bei 60,-- bis 100,-- DM, wobei aber gemunkelt wird, dass Ausländern (US-Soldaten) weit höhere Preise abverlangt wurden.

VERSUCHE MIT POINTEREINKREUZUNGEN

Das in der Geschichte der Weimaraner-Zucht nicht neue Problem der Pointereinkreuzungen kam auf den Weimaraner Klub nach einer Pause von rund 60 Jahren Ruhe erneut zu. Anfang der 60er Jahre kreuzte ein wegen nicht näher bezeichneter Verstöße aus dem Weimaraner-Klub ausgeschlossenes ehemaliges Mitglied zusammen mit wenigen Gesinnungsgenossen Weimaraner mit Pointern. Er propagierte diese Produkte als neue Rasse und nannte sie »Deutsch-Halbblut«. Dieses Problem hatte sich aber bald von selbst erledigt, vor allem weil der Jagdgebrauchshundverband diese neue »Rasse« nicht anerkannte. Von diesen Hunden sind mit an Sicherheit grenzender Wahrscheinlichkeit keine Tiere in die Weimaraner-Zucht gekommen.

Nicht ganz so einfach lagen die Dinge innerhalb des Weimaraner-Klubs. Im Jahr 1966 kreuzte ein Mitglied des Weimaraner-Klubs seine Weimaraner-Hündin mit einem bekannten Pointer-Rüden und züchtet mit den Nachkommen ohne erneute Pointereinkreuzung weiter. Dieses gegen die geltenden Zuchtbestimmungen verstoßende Experiment erfolgte zunächst ohne Wissen des

Klubs. Als die Sache ruchbar wurde, war der Versuch schon sehr weit gediehen. Also nahm sich der Vorstand, nicht ganz freiwillig zwar, dieses Experiments an und nannte den Versuch »Regenerationzucht«. Die Grundkonzeption des damaligen Zuchtwarts (HARTMANN) sah vor, durch Inzucht über mehrere Generationen eine fehlerfreie genetisch gefestigte Linie mit Pointerblut zu schaffen. Diese Hunde sollten dann später mit ebenfalls ingezüchteten Reinzucht-Weimaranern gekreuzt werden. Man erhoffte sich von diesen nach dem Prinzip der *Hybridzucht* gezüchteten Kreuzungsprodukten, dass sie in ihren Anlagen und Leistungen die Elterntiere übertreffen würden. Dieser so genannte Heterosis-Effekt (»Luxurieren der Bastarde«) wird heute sowohl in der Tier- als auch in der Pflanzenzucht allgemein genutzt.

Auch in der Hundezucht wird dieses Zuchtverfahren heute wieder stark ins Gespräch gebracht. (WACHTEL u. a.). Das Experiment scheiterte damals, Gottseidank kann man heute sagen, an der ganz banalen Tatsache, dass der eingesetzte Pointer-Rüde »durchschlagend« schwere Zahnfehler vererbte. Das damals angelegte Zuchtregister wurde geschlossen, und es ist fast sicher, dass auch hier keine Hunde dieser Versuchspaarungen in die Weimaraner-Zucht gekommen sind.

Quasi als Nebenergebnis des Experiments fand der bereits bekannte Erbgang der grauen Farbe seine erneute Bestätigung. Die Pointer x Weimaraner-Kreuzungen der ersten Generation waren sämtlich **nicht grau**, sondern überwiegend braun. Erst die Geschwisterpaarung innerhalb der F1-Generation brachte neben andersfarbigen Hunden (braun, rotgrau) auch wieder graue Welpen. Bei Weiterzucht mit diesen grauen Welpen fielen dann ausschließlich wieder graue Welpen. Hierdurch war erneut bestätigt, dass die graue Farbe eindeutig dem rezessiven (verdecktetrbigen) Erbgang folgt, und dass deshalb graue Hunde immer reinerbig in Bezug auf die Farbe sind. Wie auch die Zuchtgeschichte gezeigt hat, sind deshalb graue Hunde sehr leicht weiterzuzüchten und in ihrer Farbe zu erhalten.

DIE WEIMARANER-ZUCHT IN OSTDEUTSCHLAND

Bis 1951 bestanden ausweislich der Zuchtunterlagen noch Kontakte zu den ostdeutschen Züchtern. Es sind hier jährlich ein bis zwei Würfe der Zwinger »Von der Finne«, »Von Tuchrähmen« und »Von Kleinromstedt« eingetragen. Dann brachen die Kontakte vollkommen ab. Der heutige Landesgruppenvorsitzende der Landesgruppe Sachsen-Anhalt des Weimaraner-Klubs, Herr Heinz Gräber, hat in der Klub-Zeitschrift (WN 4/1993) über die Weimaraner-Zucht in Ostdeutschland berichtet. Er schreibt dort u. a :

Ähnlich wie im Westen Deutschlands war auch in der damaligen sowjetischen Besatzungszone durch die Auswirkungen des Zweiten Weltkriegs und die zögernde Wiederaufnahme des Jagdwesens der Bestand an Weimaranern stark dezimiert. Mitte der sechziger Jahre stagnierte die Zucht fast völlig. Bedingt durch die Tatsache, dass es keine gelenkte Zucht gab, wurden Hunde ohne Leistungs- und Formwertnachweis zur Zucht verwendet. Es konnte dadurch aber wenigstens ein geringer Bestand erhalten werden. Eine Orientierung am Zuchtgeschehen in der damaligen Bundesrepublik war schon in diesen Jahren politisch nicht erwünscht. Erst durch die zentrale Leitung des Jagdwesens wurde auch das Jagdhundewesen über die »Zentrale Zuchtbuchstelle« in Halle/Sachsen betreut. Das heißt, dass ohne Ahnentafeln und Erfüllung der festgelegten Zuchtbedingungen keine Zucht mehr erlaubt war.

Für die einzelnen Jagdhunderassen wurden Zuchtleitungen gebildet. Da aber zur Bildung einer Zuchtleitung »Weimaraner« der Hunde- und Personalbestand nicht ausreichte und vor allem auch von Seiten der Zuchtbuchstelle (= Oberste Jagdbehörde) kein Interesse an der Entwicklung der Rasse bestand, wurden die Weimaraner der Zuchtleitung »Deutsch-Kurzhaar« unterstellt.

Durch diesen Anschluss waren die Weimaraner-Züchter von Anfang an das fünfte Rad am Wagen und mussten sich allen Forderungen der Zuchtleitung DK unterwerfen. Vor allem mussten auch für die Weimaraner dieselben Zuchtvoraussetzungen erfüllt werden wie für DK. Das hieß, dass alle Weimaraner vor Zuchtzulassung trotz bestandener Leistungsprüfung (HZP oder VGP) auch noch an einer zentralen Zuchtprüfung unter DK-Regie teilnehmen mussten. Die auf diesen Zuchtprüfungen verlangten Anforderungen waren für den geringen Weimaraner-Bestand nicht leicht zu erfüllen. Es war zwar von Vorteil, dass die Hunde leistungsmäßig gefordert wurden, aber eine Breitenentwicklung oder eine geordnete Zuchtwahl waren nur schwer möglich.

Es ist den wenigen Weimaranerführern und -züchtern zu verdanken, dass diese geringe Population durch Teilnahme an den geforderten Prüfungen Verwendung für die Zucht finden konnte. Ihnen ist es zu verdanken, dass Weimaraner-Vorstehhunde in der DDR erhalten blieben und nicht das geschah, was einige Funktionäre im Sinn hatten, nämlich die Rasse aussterben zu lassen. Die einzige Möglichkeit, die Zuchtbasis etwas zu verbreitern, waren Deckakte in der damaligen CSSR oder die Einfuhr von Hunden aus der CSSR. Aber um Genehmigungen hierfür zu bekommen, war viel bürokratischer Aufwand bei der Oberen Jagdbehörde erforderlich.

Insgesamt gesehen bewies aber der Weimaraner-Vorstehhund in der DDR, vor allem in den Jahren ab 1972, dass er auf Prüfungen und besonders in der Praxis mit allen anderen Vorstehhunden konkurrieren kann. Dementsprechend groß war auch die Nachfrage nach Welpen und mancher Interessent nahm 2 - 3 Jahre Wartezeit in Kauf.

Insgesamt fielen bis 1990 im Osten Deutschlands 74 Würfe mit 389 Welpen. Zum Vergleich dazu: Im Jahr der Wiedervereinigung wurden im Westen Deutschlands in einem Jahr allein schon 50 Würfe mit 318 Welpen eingetragen.

RÜCKSCHAU UND AUSBLICK

Rückblickend kann man sagen, dass die Weimaraner-Zucht nach 1945, zumindest was die Welpenzahlen anbelangt, einen wohl nie erwarteten Aufschwung genommen hat. Während die Welpenzahlen bis 1949 unter 100 blieben, überschritten sie 1950 diese Grenze und stiegen bis 1978 auf 179 an. Die Langhaar-Weimaraner (WL) spielten damals noch eine ganz untergeordnete Rolle. Es fielen in den Jahren 1973 bis 1978 jährlich zwischen 0 und 3 Würfe mit einer jährlichen Höchstzahl an Welpen von 21. Ab diesem Zeitpunkt stiegen die Welpenzahlen stetig aber zunächst nicht übermäßig stark an. Um einen Überblick zu bekommen, seien nachfolgend die Zahlen in drei Dekaden wiedergegeben:

1969-1979: In diesen zehn Jahren stieg die Zahl der jährlich eingetragenen Welpen insgesamt um rund das 1,5-fache an, wobei sich aber die Zahl der eingetragenen WL-Welpen bereits verdoppelte.

1980-1989: In dieser Dekade ging der Anstieg der Welpenzahlen bei WK sogar leicht zurück, während die Welpenzahlen bei WL um mehr als das 3-fache anstiegen.

1990-1999: Nach 1990, also zum Zeitpunkt, als auch die ostdeutschen Zuchten mit erfasst sind, stieg die Welpenzahl in 10 Jahren bei WK um weit mehr als das Doppelte, bei WL um weit mehr als das Dreifache an. Das bedeutet, dass die jährlich eingetragenen Welpenzahlen in den letzten 20 Jahren Jahren bei WK um rund stark das 3-fache, bei WL dagegen um über das 10-fache angestiegen sind. In absoluten Zahlen bedeutet dies, dass vor 20 Jahren jährlich rund 170 WK-Welpen und rund 15 WL-Welpen eingetragen wurden. In der letzten Zuchtperiode 1999 waren es dagegen 380 WK und 168 WL also zusammen 548 Welpen.

Auf den ersten Blick könnten diese Zahlen ein Grund zur Freude sein. Neben der Freude, dass der Weimaraner als Jagdhund sich zunehmender Beliebtheit erfreut, was vor allem auch auf die

Tatsache zurückzuführen ist, dass er auch ein guter Familien- und Wachhund ist, muss man diese Entwicklung aber auch sehr kritisch betrachten:

Die hohe Zahl der »erzeugten« Welpen ist nämlich nicht gleichzusetzen mit einer Verbreiterung der Zuchtbasis. Unter einer breiten Zuchtbasis hat man nämlich die breite genetische Variationsbreite innerhalb einer Rasse zu verstehen. Diese ist umso größer, je weniger eng die Verwandtschaft der einzelnen Zuchthunde innerhalb der Rasse ist. Zwar hat man versucht, durch Einfuhr von Hunden aus der Tschechei und aus den USA diese Zuchtbasis zu verbreitern, aber sie ist trotz steigender Welpenzahlen in der Weimaranerzucht nach wie vor eng. Wissenschaftler und Praktiker (WANDEL) warnen heute allgemein vor der Gefahr der Gen-Verarmung in kleinen Rassen und empfehlen sogar das »Outcrossing«, also die Auszucht, was gleichbedeutend mit der Einkreuzung nicht oder nicht nah verwandter Linie verbunden ist.

Dazu kommt, dass ganz allgemein in Deutschland der Bedarf an Jagdhunden, speziell an Vorstehhunden, abnimmt. Letztere werden mehr und mehr verdrängt durch kleinere Jagdgebrauchhunderassen, auch solcher ausländischer Herkunft. Auch wenn der Weimaraner innerhalb der Vorstehhunderassen seine Stellung stark verbessern konnte, wird bei weiterem Anstieg der Welpenzahlen der Zeitpunkt kommen (wenn er nicht bereits gekommen ist), zu dem die Welpen nicht mehr überwiegend an Jäger und Hundeführer abgegeben werden können.

Das könnte dazu führen, dass auch der prozentuale Anteil der z. B. auf Herbstzuchtprüfungen geprüften Hunde, der heute bei rund einem Drittel des Welpenjahrgangs liegt, weiter abnimmt. Dies würde zur Folge haben, dass eine Zuchtwertschätzung immer schwieriger und unsicherer würde.

Zuletzt kommt noch ein weiterer negativer Faktor hinzu, der in der Mentalität der Hundebesitzer begründet liegt: Jeder meint ja, er hätte den besten und schönsten Hund, also will er auch einmal damit züchten, falls er eine Hündin hat. Und wenn er dann die Zuchtvoraussetzungen nicht erfüllen kann, tut er es manchmal trotzdem, selbst auf die Gefahr hin, dass die Welpen nicht eingetragen oder mit Zuchtverbot belegt werden. Die mögliche Folge ist, dass zunehmend »schwarz« gezüchtet wird oder dass die Hunde der regulären Weimaranerzucht verloren gehen.

Ich glaube, dass der Weimaraner-Klub auf dem richtigen Weg ist, wenn er zusätzlich zu den strengen Zuchtanforderungen auch noch die Paarungen herausstellt, bei denen beide Eltern die Verbandsgebrauchsprüfung bestanden haben, und die Ahnentafel der Welpen mit dem Aufdruck »Aus leistungsgeprüften Eltern« versieht.

Es ist nicht zu hoffen, dass in absehbarer Zeit der Anteil der nicht mehr jagdlich geführten Weimaraner innerhalb der Population so stark zunimmt, dass eine Trennung in jagdliche Leistungszucht einerseits und Zucht eines Ausstellungs- und Begleithundes andererseits notwendig wird. Dieser Schritt müsste allerdings dann rechtzeitig getan werden. Denn nur auf diese Weise wird es dann möglich sein, den Weimaraner-Vorstehhund, den ja nicht nur sein Exterieur, sondern vor allem auch seine jagdlichen Anlagen und seine geistig-seelischen Eigenschaften kennzeichnen, zu erhalten. Auf diese Weise könnte den nicht jagdlich geführten Linien immer einmal wieder gezielt Blut aus leistungsgeprüften Linien zugeführt werden.

Kapitel 16

GIBT ES WEIMARANER AUCH AUF HAWAII?

Die Antwort heißt ja! Es gibt sogar einen Weimaraner-Club of Hawaii. Oder wissen Sie, wo die Republik Buriatia liegt oder die Bernera-Inseln oder St. Kitts? Ich habe es auch nicht gewusst, bis ich mich mit der weltweiten Verbreitung des Weimaraners beschäftigt habe und dabei darauf gestoßen bin, dass diese Länder Briefmarken mit zum Teil sehr schönen Weimaraner-Bildern herausgebracht haben. Und immer wieder berichten mir Weimaraner-Liebhaber, die von Reisen in ferne Länder zurückkehren, dass sie dort einen Weimaraner getroffen haben. Sie können also, wenn Sie Glück haben, auch im fernsten Erdenwinkel damit rechnen, dort einen Weimaraner zu treffen.

Aber bevor wir in die Ferne schweifen, wo doch das Gute ach so nah liegt, müssen wir uns an allererster Stelle mit der Weimaraner-Zucht in unseren beiden östlichen Nachbarländern beschäftigen. Denn sie spielen neben dem eigentlichen Ursprungsland Deutschland eine bedeutende Rolle in der Geschichte der Weimaraner-Zucht.

WEIMARANER IN ÖSTERREICH UND IN DER TSCHECHISCHEN REPUBLIK

Im Jahr 1999 hat der Österreichische Weimaraner-Verein mit Prüfungen im Waldviertel und im Weinviertel sowie einer großen Zuchtschau zusammen mit zahlreichen Gästen aus aller Welt sein 75-jähriges Bestehen festlich begangen. In der von GÖRGL herausgegebenen Festschrift ist dieser auch auf die Entwicklung der österreichischen Weimaraner-Zucht eingegangen. Er hat dort u. a. sinngemäß Folgendes ausgeführt:

Jubiläums-Zuchtschau aus Anlass des 75. Bestehens des Österreichischen Weimaraner-Vereins 1999. Im Turnierhof der Rosenburg. In der Mitte Virginia Alexander, dahinter der Geschäftsführer des ÖWV Anton Görgl. Foto: B. Guggolz

Erstmals im Jahre 1913 holte sich Dipl. Ing. Otto Stockmayer, der Leiter des Forstamts Grafenegg, die Kurzhaar-Weimaraner-Hündin »Addo vom Artlande« aus Deutschland. Durch ihre gute jagdliche Veranlagung erweckte die Hündin in Jägerkreisen lebhaftes Interesse. Eine rege Nachfrage nach dem silbergrauen Vorstehhund entstand.

Im Jahr 1916 konnte Stockmayer durch Vermittlung von Major Herber ein Zuchtpaar besten Blutes aus Deutschland nach Österreich importieren. Diese beiden Hunde, »Tellus von der Burg Ranis« und »Diana von Erlenbach« wurden die Stammeltern aller bis 1922 gezüchteten österreichischen Weimaraner. Im Jahr 1924 gab es bereits 32 ins österreichische Zuchtbuch eingetragene Weimaraner, von denen sich allein 10 im Besitz des Forstamts Grafenegg befanden. Unter der Schirmherrschaft des Hauses Ratibor hatte jeder in Grafenegg angestellte Förster und Jäger als Diensthund einen Weimaraner zu führen. Im Jahr 1924 wurde der Österreichische Weimaraner-Verein in Grafenegg gegründet. Vorsitzender wurde Hans Prinz Ratibor von Hohenlohe. Bis Ende des Zweiten Weltkriegs wurden 813 Weimaraner ins Zuchtbuch eingetragen.

Im Jahr 1946 wurde der Österreichische Weimaraner-Verein neu gegründet und aus dem ärgstens dezimierten Zuchtbestand die Zucht unter A. Stefan Bornemissza, des 1. Obmanns nach dem Krieg, und Robert Pattay wieder aufgebaut. Dabei hat die Langhaar-Weimaraner-Zucht in Österreich nach dem Krieg eine große Rolle gespielt. Es muss an dieser Stelle festgehalten werden, dass nicht im Mutterland des Weimaraners mit der gezielten Zucht der langhaarigen Varietät des Weimaraners begonnen wurde, sondern in Österreich. Wir erinnern uns, dass die Aufnahme der Langhaar-Variante in die Rassekennzeichen erst im Jahr 1935 erfolgte. Anlass hierfür war vor allem der im Besitz von Robert Pattay befindliche Langhaar-Rüde »Tell von Stranzendorf« (ÖZW 270). Dieser Rüde konnte selbst nicht zur Zucht eingesetzt werden, da zu seinen Lebzeiten keine passende Hündin zur Verfügung stand. Allerdings tauchen die Eltern von »Tell« in den Ahnentafeln des Zwingers »vom Brunneckerhof« wieder auf. Dieser Zwinger hat in der österreichischen Langhaar-Weimaraner-Zucht nach dem Krieg eine bedeutende Rolle gespielt.

Durch Vermittlung von Robert Herber kam dann aber bereits im Jahr 1936 eine Langhaar-Ehe zustande. Pattay kaufte nämlich die in Österreich stehende Langhaar-Hündin tschechischer Abstammung »Poldi z. Mnisku« sowie den aus Deutschland stammenden Langhaar-Rüden »Illo vom Hipkendahl«, Zb.Nr. 1468. Dieser Rüde ist der erste im deutschen Zuchtbuch eingetragene Weimaraner-Langhaar-Rüde. Mit diesen Hunden züchtete Robert Pattay seinen T-Wurf »von der Wastelhütte«.

Aber auch nach diesem Wurf findet man bis 1948 im österreichischen Zuchtbuch keine weiteren Hinweise auf Langhaar-Weimaraner. Erst ab dem Jahr 1951 fielen weitere Würfe mit langhaarigen Welpen aus langhaarigen Eltern, z. T. aber auch aus Langhaar x Kurzhaar-Paarungen. Ab diesem Zeitpunkt begann der Aufschwung der österreichischen Langhaar-Weimaraner-Zucht. Diese Zucht ist auch eine der wichtigsten Grundlagen der Langhaar-Weimaraner-Zucht in Deutschland geworden (Zwinger »vom Brunneckerhof«). Aber wie in Deutschland, so auch in Österreich, lässt sich die Herkunft der Langhaar-Weimaraner nicht über mehrere Generationen zurückverfolgen, da Angaben in den Zuchtbüchern fehlen. Es ist zu vermuten und in einem Fall in Österreich auch zu belegen, dass langhaarige Welpen im ersten Viertel des vorigen Jahrhunderts als unerwünschte Varianten getötet wurden.

Der Österreichische Weimaraner-Verein, der seit 1978 unter Führung von Herrn Carl Graf Gudenus steht, pflegt die grenzüberschreitende Zusammenarbeit und den Gedankenaustausch mit dem Deutschen Weimaraner-Klub, insbesondere auch mit der Landesgruppe Bayern. Das heißt auch, dass Hunde aus Österreich in Deutschland und auch in der Tschechischen Republik auf Prüfungen geführt werden und umgekehrt. Das ist umso leichter durchführbar, als sich die

Prüfungsordnungen dieser Länder vom Wesen her ähnlich sind.

In Österreich wird der Weimaraner auch heute noch überwiegend als Jagdgebrauchshund geführt. Auf die engen Verflechtungen mit der tschechischen Weimaraner-Zucht wurde bereits hingewiesen. Diese Verbindungen bestanden auch zur Zucht in der ehemaligen DDR, so dass man mit Fug und Recht sagen kann, dass die Weimaraner-Zucht in Mitteleuropa ihre Grundlagen in dem Länder-Trio Deutschland, Österreich und Tschechien hat.

WEIMARANER IN ANDEREN EUROPÄISCHEN LÄNDERN

Weimaraner gibt es wohl in allen europäischen Ländern. Spezielle Weimaraner-Klubs existieren nach derzeitigem Wissensstand in folgenden weiteren Ländern:

Belgien	Italien
Dänemark	Norwegen
England (zwei Klubs)	Polen
Frankreich	Schweden
Niederlande	Spanien

Das heißt aber nicht, dass nicht auch in anderen Ländern Weimaraner gezüchtet werden. Allerdings ist in den allermeisten Ländern die Führung des Zuchtbuchs der Rasse und das Ausstellen der Abstammungsnachweise nicht Aufgabe des Zuchtvereins, wie das in Deutschland der Fall ist, sondern fällt in die Kompetenz der jeweiligen nationalen Hunde-Zuchtverbände (Kennel-Klubs u. ä.).

Das Ausstellungswesen ist in den meisten dieser Länder hoch entwickelt, so dass man damit rechnen kann, Weimaraner auf allen größeren Ausstellungen zu sehen. Der Anteil der Weimaraner, die in diesen Ländern auch tatsächlich jagdlich geführt werden, ist unterschiedlich, aber wohl nirgends so hoch wie in Deutschland, Österreich und Tschechien.

In einigen Ländern ist es tatsächlich heute schon so, dass der Weimaraner überwiegend nur als Begleit-, Familien- und Ausstellungshund gehalten wird. Es bestehen berechtigte Zweifel daran, ob sich eine Jagdgebrauchshunderasse wie der Weimaraner auf Dauer in ihren Qualitäten durch einseitige Zucht auf Schönheit erhalten lässt. Bei einer Rasse wie dem Weimaraner stehen, wie schon BRANDT betont hat, die körperlichen und die geistig-seelischen Merkmale in enger Wechselbeziehung. Beide Merkmalsgruppen zusammen bestimmen erst das Erscheinungsbild der Rasse.

Aus dieser Sicht muss man sich in wohl

Langhaar-Weimaraner aus der Schweiz. Foto: A. Fuhrimann

allen Ländern immer einmal wieder die Frage stellen, ob es bei derartigen Entwicklungen nicht besser für die Rasse ist, eine züchterische Trennung innerhalb der Rasse durchzuführen: Auf der einen Seite Weimaraner, die nicht jagdlich getestet oder jagdlich geführt werden, an die aber auch, was Wesen und Gesundheit anbelangt, hohe Ansprüche gestellt werden mit dem Ziel, die Eigenschaften der Rasse als Familien- und Begleithund, vielleicht auch als Schutzhund zu erhalten. Und auf der anderen Seite Weimaraner mit Prüfung der jagdlichen Anlagen und Leistungen, die selbstverständlich auch den Ansprüchen an einen Familien- und Begleithund und evtl. auch Schutzhund genügen. Diese Trennung kann durchaus auch innerhalb eines Klubs geschehen. Die Mentalität fast aller Hundeführer lässt allerdings befürchten, dass es zu Streitereien zwischen den Gruppierungen kommt und damit zur Spaltung eines Klubs. In England zum Beispiel, wo immerhin jährlich rund 2.500 Welpen eingetragen werden (Stand 1997 mit stark steigender Tendenz), ist man den Weg gegangen, neben dem bestehenden Weimaraner-Klub eine »Weimaraner-Association« zu gründen, die sich vorwiegend auch um den jagdlichen Einsatz und die Prüfung der Weimaraner bemüht.

WEIMARANER IN USA

Der Aufstieg des Weimaraners in Amerika ist in der Tat phänomenal. Von gerade einmal einunddreißig eingetragenen Hunden dieser Rasse im Jahr 1943 sind die Eintragungen nun auf mehr als dreitausend jährlich angestiegen.

Dieses wörtlich übersetzte Zitat ist dem im Jahr 1954 erschienenen Buch von DENLINGER »The complete Weimaraner« entnommen. Dieser Aufstieg der Rasse gründet vor allem auf Importe von Weimaranern aus Deutschland und Österreich nach dem Zweiten Weltkrieg. Nach einer Statistik des oben zitierten Verfassers wurden nach 1945 bis Ende 1953, also in knapp 10 Jahren, aus Deutschland 92 Weimaraner und aus Österreich 37 Weimaraner, meist Welpen, nach den USA gebracht. Das bedeutet, dass in diesen Jahren durchschnittlich mehr als ein Zehntel eines Welpenjahrgangs in die USA ging. Dieser Vorgang wird oft als ein Aderlass für die deutsche und österreichische Weimaranerzucht dargestellt. Ich sehe das weit differenzierter: Ohne den finanziellen Anreiz der Verkaufsmöglichkeiten nach den USA wäre damals in Deutschland wahrscheinlich bei weitem nicht so viel gezüchtet worden. Und da ja nicht ganze Würfe, sondern nur einzelne Welpen nach Amerika verkauft wurden, hat auch die Weimaranerzucht in Deutschland, auch was die Breite der Zuchtbasis anbelangt, von diesem Boom profitiert. Die Nachfrage auch nach jagdlich geführten Weimaranern durch amerikanische Soldaten hielt übrigens bis weit in die 60er Jahre an. Ich selbst habe damals noch einige Profis und Halbprofis vor allem aus dem hessischen Raum miterlebt, die geradezu darauf spezialisiert waren, Weimaraner für Amerikaner abzurichten und auch auf Prüfungen zu führen.

Weimaraner gab es allerdings in den USA schon vor 1945. Nach anfänglichen Schwierigkeiten, Mr. Howard Knight hatte bereits im Jahr 1929 zwei angeblich durch UV-Bestrahlung unfruchtbar gemachte Weimaraner aus Deutschland erhalten, begann dieser mit Unterstützung Herbers eine planmäßige Weimaranerzucht in den USA, allerdings erst 1938.

Bereits im Jahr 1942 wurde der Weimaraner als Rasse durch den *American Kennel Club (AKC)* anerkannt. Im Jahr 1943 wurde der *Weimaraner Club of America (WCA)* gegründet. Allerdings wurde damals nur die kurzhaarige Varietät des Weimaraners anerkannt, obwohl auch damals schon immer wieder langhaarige Welpen fielen. Sie wurden, wie auch die Welpen mit weißen Abzeichen, »destroyed«. Zum Ärger der deutschen und österreichischen Weimaraner-Züchter und der Klubleitung sind leider auch bis zum heutigen Tag langhaarige Weimaraner in den USA offiziell nicht anerkannt. Aber auch hier hat die Medaille wieder zwei Seiten: Vor allem durch die

Siegerehrung in den USA. *Foto: John Kenny, USA*

Vermittlung von MRS. V. ALEXANDER sind einige der dort immer wieder fallenden Langhaar-Weimaraner nach Deutschland gekommen, teils sogar durch Schenkung. Diese Hunde haben bei unserer doch sehr engen Zuchtbasis wesentlich zur Stabilisierung der Langhaar-Weimaraner-Zucht beigetragen.

Im Übrigen haben sich bei diesen Hunden die anfänglich geäußerten Befürchtungen nicht bestätigt, dass sie jagdlich steril sein könnten. Es ist doch offensichtlich so, dass sich auch bei nicht planmäßiger Zucht auf jagdliche Anlagen diese sich nicht so schnell verlieren und auch nach 10 Generationen noch vorhanden sein können. Allerdings sollte uns dies bei unseren Bemühungen um eine jagdliche Leistungszucht des Weimaraners nicht allzu sorglos machen. Heute gehört der Weimaraner in den USA zu den häufig zu sehenden Hunderassen. Nach der offiziellen Statistik des AKC wurden bereits im Jahr 1988 über 3.600 Welpen eingetragen. Diese Zahlen haben sich innerhalb von zehn Jahren mit 7.701 eingetragenen Welpen im Jahre 1997 mehr als verdoppelt. Aber auch die Tatsache, dass es in den meisten Bundesstaaten einen, in manchen sogar mehrere, örtliche Weimaraner-Clubs gibt, ist ein Hinweis auf die Beliebtheit der Rasse in den USA. Nach den mir zugänglichen Informationen gibt es in den USA derzeit 37 örtliche

Camp at a field trial in den USA. *Foto: Shirley Nillson, USA*

Weimaraner-Clubs. Diese veranstalten vor allem Ausstellungen (shows), Feldsuchen (field trials), Jagd-Tests (hunting tests), Begleithundprüfungen (obedience trials) und Spurprüfungen (tracking-tests). Allerdings haben nur ganz wenige Clubs die Lizenz, alle diese Veranstaltungen selbst durchzuführen. Es gibt Clubs, die nur Shows oder nur field trials abhalten.

Field trial-Szene in den USA. *Foto: Shirley Nillson, USA*

Wenn ein Weimaraner-Besitzer in den USA seinen Hund neben den Ausstellungen auch noch auf Veranstaltungen führen will, welche die ursprünglichen Anlagen dieser Jagdhunderasse fordern, dann kann er dies entweder auf den field trials oder den hunting tests nach den Regeln des American Kennel Clubs (AKC) tun. Dabei sind die field trials, die oft Volksfestcharakter haben, mehr sportlich ausgerichtet, während die hunting tests mehr auf vielseitigen Gebrauch hin ausgerichtet sind.

Darüber hinaus veranstaltet »The North American Versatile Hunting Dog Association« (NAVHDA) ebenfalls jagdlich vielseitig orientierte Anlage- und Leistungsprüfungen, die wohl am ehesten mit dem deutschen Prüfungssystem vergleichbar sind.

Es gibt wie gesagt auch Fährtenprüfungen und Schutzhundtests, wobei bei letzteren wohl nur wenige Weimaraner geführt werden dürften, denn aggressive Hunde sind in den USA, ebenso wie auch in anderen überseeischen Ländern, verpönt.

Viele Weimaraner werden von ihren Besitzern nicht selbst auf den Ausstellungen vorgestellt oder auf Trials oder Tests geführt. Das tun in Amerika sehr oft professionelle »handler«. Man muss dazu wissen, dass auch Ausstellungshunde von frühester Jugend an darauf vorbereitet werden, sich auf Ausstellungen gut zu präsentieren und zu posieren. Etwas fremd mutet uns auch das System an, dass hochprämierte Hunde oft nicht nur einen, sondern mehrere Besitzer haben.

Wie viele Weimaraner in den USA tatsächlich auf der Jagd geführt werden ist nicht zu ermitteln, es ist sicherlich eine geringe Minderheit. Es ist aber anzuerkennen, dass sich viele amerikanische Weimaraner-Besitzer darum bemühen, ihren Hunden adäquate Arbeitsmöglichkeiten zu geben und damit dazu beitragen, die Rasse als Gebrauchshunderasse zu erhalten.

Für denjenigen, der sich weitergehend über die Weimaraner in den USA informieren möchte, empfehle ich das Buch »Weimaraner Ways« von V. ALEXANDER and J. ISABELL. Es ist nicht nur ein sehr informatives, sondern auch schon von der Aufmachung her ein sehr schönes Buch.

WEIMARANER IN ANDEREN LÄNDERN DES AMERIKANISCHEN KONTINENTS

In Kanada wird die Rasse durch die »Weimaraner-Association of Canada« betreut. Von dort erreichen uns auch immer wieder Anfragen nach Langhaar-Weimaranern. Als Grund wird meist die bessere Kälte-Resistenz dieser Haarvariante angegeben.

In Südamerika existiert ein Weimaraner-Klub in Brasilien. Wer über diese Klubs und auch die Klubs in vielen anderen Ländern gerne nähere Auskünfte haben möchte, wendet sich am besten an das für Auslandskontakte zuständige Vorstandsmitglied des Weimaraner-Klubs e. V.

WEIMARANER AUF ANDEREN KONTINENTEN

Auch in Südafrika gibt es einen »Weimaraner Klub of Transvaal/South Africa«. Die Hunde stammen zum größten Teil aus amerikanischen und englischen, aber auch deutschen Zuchten. Das Ausstellungswesen spielt auch hier eine große Rolle. Ich habe aber auch in Südafrika einige Jäger kennen gelernt, die ihre Hunde mit großer Passion jagdlich führen. Nicht allerdings, wie man vielleicht vermuten möchte, bei der Großwildjagd sondern bei der »Vogeljagd« auf die hier häufig und in großer Vielfalt vorkommenden Flugwildarten.

Im nahen Osten kommt der Weimaraner in Israel vor, wo es auch einen »Weimaraner Club of Israel« gibt. Schließlich gibt es zahlreiche Weimaraner auf dem fünften Kontinent, die überwiegend aus den USA und aus England stammen.

In Australien gibt es vier Weimaraner-Clubs und zwar in Neusüdwales, Südaustralien, Queensland und Victoria. Das Ausstellungswesen spielt eine große Rolle, und es ist schon ein großes Erlebnis, derartige Shows, die in besonders geschaffenen show-grounds meistens im

Freien stattfinden, mitzuerleben. Da Australien wohl nicht zu den klassischen Jagdländern zu zählen ist und die Regulierung der wild lebenden Tiere eher im Sinne einer Schädlingsbekämpfung betrieben wird, spielt der Weimaraner als Jagdhund in Australien kaum eine Rolle. Dagegen ist er als Familien- und Begleithund sehr beliebt. Es ist dabei sehr interessant zu beobachten, wie Hunde aller Rassen und Größen in öffentlichen Anlagen, am Strand und auch im Großstadtverkehr friedfertig zusammenleben. Ein Hund der bissig ist, egal ob gegen Menschen oder andere Tiere, hat hier keine Überlebenschancen. Selbst die Deutschen Schäferhunde sind hier die reinsten Lämmer. Man kann hier im Blick auf Deutschland in Abwandlung nur sagen »Tu felix Australia« - du glückliches Australien!

In Neuseeland gibt es einen Weimaraner-Club auf der Südinsel und einen auf der Nordinsel. Da Neuseeland bei der Besiedlung durch die Europäer eine sehr archaische Fauna hatte, haben die Siedler fast alle europäischen Wildarten eingeführt, die sich hier zum Teil sehr stark vermehrt haben. Wohl viel zu spät hat man erkannt, dass dadurch eine drastische Faunaverfälschung eintrat. Man hat später deshalb versucht, diese Wildarten, vor allem auch das Rot- und Gamswild wieder auszurotten. Diese Bemühungen dauern bis in unsere Tage an und sind wohl letztendlich zum Scheitern verurteilt. Besonders auf der Südinsel bestehen deshalb für Jäger vielseitige Jagdmöglichkeiten, vor allem auf Wasserwild, anderes Flugwild und Hasen (!). Diese Jagdmöglichkeiten werden auch von einigen Weimaranerbesitzern eifrig und passioniert genutzt. Aber selbst in Neuseeland sind die Jagdmöglichkeiten mit dem Hund nicht grenzenlos. Die Schafzüchter, also die Produzenten des Haupt-Exportartikels des Landes, verfolgen vehement jeden freilaufenden Hund auf den Weideflächen, da sie die Übertragung von Bandwurmfinnen auf ihre Schafe befürchten. Deswegen werden auch alle Hunde jährlich durch den öffentlichen Veterinärdienst des Landes entwurmt.

Weimaraner-Hündin auf der Jagd in den Neuseeländischen Alpen. *Foto: G. Matravers*

AUSBLICK

Der Gedanken- und Erfahrungsaustausch zwischen den Weimaraner-Züchtern in aller Welt ist in den letzten Jahren erfreulich intensiviert worden. Ob die Gründung eines Weltverbands, wie er bei anderen Vorstehhunderassen bereits erfolgt ist, weitere Verbesserungen bringen kann, muss überdacht werden.

In vielen Ländern wird der Weimaraner inzwischen überwiegend als Begleit- und Familienhund und als »show-dog« gezüchtet. Es bestehen berechtigte Zweifel daran, ob sich eine Jagdgebrauchshunderasse auf Dauer in ihren Qualitäten durch einseitige Zucht auf Schönheit erhalten lässt. Die Züchter der Länder, die sich angesprochen fühlen, seien ermuntert, doch mindestens einen Teil ihrer Hunde auf Arbeits- oder Gebrauchsprüfungen irgendeiner Art zu prüfen, denn der Weimaraner ist nun einmal eine Gebrauchshunderasse, deren Gesamtbild wesentlich auch durch den Jagdgebrauch geprägt wird.

Anzumahnen ist auch, dass trotz der bestehenden internationalen Vereinbarungen, nach denen das Herkunftsland der Rasse bestimmend für die Aufstellung der Rassekennzeichen ist, in einigen Ländern immer wieder eigenmächtig am Standard herumgebastelt wird. Dies kann dann dazu führen, dass z. B. weiße Abzeichen, die von Alters her im Weimaraner-Standard sogar als ausgesprochen rassetypisch erwähnt werden, überhaupt nicht erlaubt sind. Oder es führt dazu, dass in einem anderen Land festgestellt wird, die Augenfarbe des Weimaraners sei »bläulich bis grünlich«.

Ganz unverständlich für die kontinentalen Weimaranerzüchter ist, dass die Langhaar-Weimaraner in den USA immer noch nicht anerkannt sind, obwohl die selbst nach Generationen Kurzhaar-Zucht immer wieder fallenden langhaarigen Welpen beweisen, dass es sich bei beiden Haarvarietäten um Hunde ein- und derselben Rasse handelt. Hier besteht dringender Handlungsbedarf, denn die Rasse Weimaraner ist in Europa, beispielhaft sei hier auch unser Nachbarland Österreich genannt, ohne die langhaarige Varietät überhaupt nicht mehr vorstellbar.

Kapitel 17

IST DER WEIMARANER BESONDERS KRANKHEITSANFÄLLIG? WAS KANN ICH ZU SEINER GESUNDERHALTUNG TUN?

Gesundheit ist nicht alles - aber ohne Gesundheit ist alles nichts.

Dieser zunächst etwas banal anmutende Satz gilt in ganz besonderer Weise für Jagdhunde und die Jagdhundezucht.

ZUCHTHYGIENE

Unter diesem Begriff fasst man alle Maßnahmen zusammen, welche der Mensch bei der Domestikation und Züchtung aller Haustierrassen ergreifen muss, um die Rasse insgesamt gesund zu erhalten und zwar gesund sowohl in körperlicher als auch in geistig-seelischer Hinsicht. Gerade Letzteres ist beim Jagdhund besonders wichtig. Die bekannte amerikanische Weimaranerzüchterin V. ALEXANDER drückt das sinngemäß so aus. *Der Weimaraner fängt im Kopf an ein Weimaraner zu sein.*

Es ist deshalb auch eine Aufgabe von höchster Priorität, dass die Zuchtleitung des Weimaraner-Klubs dafür sorgt, dass die in Deutschland gezüchteten Weimaraner geistig und körperlich gesund sind und es auch bleiben. So gilt es vor allem, die als genetisch bedingt erkannten Fehler und Krankheiten möglichst aus der Weimaranerzucht zu eliminieren. Das ist aus verschiedenen Gründen nicht ganz einfach und zwar aus folgenden:

- Die später erwähnten Fehler und Krankheiten folgen überwiegend Erbgängen, die nicht leicht zu durchschauen sind. Rein rezessive oder dominante Vererbung kommt praktisch nicht vor.
- Vielfach werden nicht Krankheiten und Fehler in ihrer vollen Ausprägung vererbt, sondern lediglich die Veranlagung (Disposition) hierzu.
- In diesem Fall treten die Defekte nur dann auf, wenn belastende Umwelteinflüsse hinzu kommen.
- Schließlich ist es sehr schwer, in einer Liebhaberzucht sehr strenge Selektionsmaßnahmen durchzusetzen. So wäre es, um schnell zum Ziel zu kommen, sinnvoll, bei schweren Defekten nicht nur den Merkmalsträger, sondern auch seine Verwandten (Eltern, Geschwister, Nachkommen) aus der Zucht auszuschließen.

DER WEIMARANER - EINE GESUNDE RASSE

Insgesamt, und auch im Vergleich zu anderen Jagdhunderassen gesehen, ist der Weimaraner eine gesunde Rasse mit wenig spezifischen Krankheitsanfälligkeiten. Ich muss es mir, obwohl selbst Tierarzt, versagen, wie dies in der älteren kynologischen Literatur sehr oft zu finden ist, auf die vielfältigen Krankheitsbilder, die beim Hund vorkommen, einzugehen. Es gibt über Hundekrankheiten viele, auch leicht verständliche Bücher, wie etwa das von SPANGENBERG. Außerdem sind ja in Jägerkreisen oft auch Tierärzte zu finden, die man im Zweifelsfall zu Rat ziehen kann.

Trotzdem will ich nachfolgend auf einige Krankheiten und Fehler hinweisen, die zwar nicht nur beim Weimaraner, aber doch auch bei diesem vorkommen können.

ERBLICH BEDINGTE KRANKHEITEN UND FEHLER

Ich muss hier noch einmal betonen, dass derartige Krankheiten und Fehler beim Weimaraner nur sehr vereinzelt vorkommen. Wenn sie aber bei einem Hund auftreten, können sie teilweise sowohl für das Tier als auch für den Besitzer und sein Umfeld sehr belastend sein. Deshalb müssen die Zuchtleitung des Weimaraner-Klubs und jeder ernsthafte Züchter alles daransetzen, um diese Krankheitsanfälligkeiten und Fehler aus der Zucht zu eliminieren. Je nach Krankheit kann auch die Zuchtsperre für die nähere Verwandtschaft des betroffenen Hundes notwendig werden. Dass bei derartigen Maßnahmen auch einmal Tiere von der Zucht ausgeschlossen werden, die »unschuldig« sind, d. h., nicht Träger der krankmachenden bzw. der Defektgene sind, liegt in der Natur der Sache begründet. Es kann auch nicht angehen, wie dies einmal gefordert wurde, dass etwa durch Anfertigung eines Encephalogramms der Weimaraner-Klub beweispflichtig gemacht werden soll, dass es sich bei einem Hund mit regelmäßigen Krampfanfällen tatsächlich um Epilepsie handelt. In derartigen Fällen muss zum Wohl der gesamten Zucht bereits der begründete Verdacht auf Vorliegen einer Erbkrankheit ausreichen, um den Hund von der Zucht auszuschließen.

Epilepsie

Diese Erkrankung kommt beim Weimaraner selten, doch immer wieder einmal vor. Sie ist für den Besitzer und seine Familie mit das Schlimmste, was passieren kann. Deshalb muss weiterhin alles getan werden, um diese böse Krankheit aus der Weimaranerzucht zu eliminieren. Die Erkrankung wird bei den einzelnen Hunden in verschiedenen Schweregraden beobachtet. Bei leichteren Verlaufsformen kann der Tierarzt durch medikamentelle Maßnahmen, evtl. auch durch Kastration oder Hormongaben, die Krankheit so weit in den Griff bekommen, dass der Hund ein einigermaßen normales Hundeleben weiterführen kann. Schwere Verlaufsformen können aber oft dazu führen, dass der Hund eingeschläfert werden muss.

Die Erkrankung ist dadurch gekennzeichnet, dass die Hunde in unterschiedlichen Abständen Krampfanfälle erleiden. Der Anfall beginnt mit stierem, erschrockenem Gesichtsausdruck und Unruhe, wobei die Hunde auch gegen Hindernisse anlaufen können. Manchmal bleibt es bei diesem Stadium. Oft folgt aber unmittelbar darauf das Krampfstadium, wobei der Hund nach einem Schrei zusammenbricht und auf der Seite liegend so genannte tonisch-klonische Krämpfe bekommt. Dabei macht der Hund auch Kaubewegungen, speichelt und setzt Harn und Kot ab. Nach diesen Krampfanfällen, die insbesondere nachts auch oft unbeobachtet bleiben, und die meist nur wenige Minuten andauern, bleibt der Hund zunächst benommen liegen. Er steht dann aber nach kurzer Zeit wieder auf und zeigt meist stumpfsinniges erschrockenes Verhalten, welches sich meist bald wieder normalisiert. Bei unbehandelter Epilepsie mit häufigen Anfällen können auch Wesensveränderungen als Folge eintreten.

Die organische Ursache der Anfälle wird in abnormen Stoffwechselabläufen im Gehirn bei herabgesetzter Reizschwelle gesehen. Es kommt, etwas laienhaft ausgedrückt, zu gewitterähnlichen elektrischen Entladungen im Gehirn. Deshalb kann man oft einen emotionalen Stress, z. B. eine läufige Hündin in der Nachbarschaft, als Auslöser eine Anfalls ausmachen. Solche Ereignisse sind aber wirklich nur Auslöser und nicht Ursache des Anfalls.

Als eigentliche Ursache der Epilepsie muss in erster Linie eine erbliche Disposition angesehen werden, die auch in der Weimaranerzucht gelegentlich, und zwar familiär gehäuft, vorkommt. Zwar können in seltenen Fällen andere Ursachen wie Hirntumore oder Schädelverletzungen epileptiforme Krämpfe auslösen, in der Praxis des Zuchtgeschehens muss aber die Epilepsie als Erbkrankheit angesehen werden.

Der Erbgang ist zwar noch nicht in allen Einzelheiten geklärt. Es wird aber angenommen, dass in der Mehrzahl der Fälle eine additive Wirkung mehrerer Gene die Ursache der Disposition ist, die durch Beteiligung von Umweltfaktoren verstärkt werden kann. Die Epilepsie ist als Erbdefekt auch in der Weimaranerzucht nur dann auf ein Minimum zu reduzieren, wenn bei Hinweisen auf diese Erkrankung neben den Merkmalsträgern auch die vermuteten Anlageträger von der Zucht ausgeschlossen werden.

Hüftgelenkdysplasie (HD)

Bei Wildhunden und Haushunderassen, die konsequent auf ausdauerndes und schnelles Laufen gezüchtet sind, ist das Hüftgelenk, eines der großen Gelenke des Körpers, durchweg so ausgebildet, dass der Kopf des Oberschenkels (Femur) tief und straff in der Beckenpfanne (Acetabulum) sitzt. Bei vielen anderen Hunderassen, vor allem den schwereren Rassen, beobachtet man bei einer unterschiedlich großen Anzahl von Individuen eine ein- oder beidseitige Entwicklungsanomalie des Hüftgelenks. Auf dem Röntgenbild ist in solchen Fällen eine schlechte Anpassung des Oberschenkelkopfes an die Beckenpfanne zu sehen: Die Pfanne wirkt nicht tief, sondern abgeflacht und der Oberschenkelkopf sitzt nicht tief genug eingebettet und von ihr umschlossen in dieser Pfanne. Durch diese Fehlstellung kann es bei den betroffenen Hunden im Laufe des Lebens zu Reizzuständen innerhalb des Gelenkes mit Gewebeveränderungen bis hin zu chronischen Gelenkveränderungen (Arthrosen) kommen. Die Folge sind Bewegungseinschränkungen und Lahmheiten.

Diese als Hüftgelenkdysplasie bezeichnete Entwicklungsanomalie des Hüftgelenks muss deshalb beim Jagdhund, dessen Arbeit überwiegend auch durch schnelle und ausdauernder Bewegung gekennzeichnet ist, als ernst zu nehmende Erkrankung bzw. Erkrankungsdisposition angesehen werden. Allerdings gehen die Befunde auf den Röntgenbildern nicht immer mit der Schwere der klinischen Erscheinungen parallel. Das bedeutet, dass Weimaraner mit deutlichen Röntgenbefunden manchmal relativ lange Zeit ihres Lebens relativ beschwerdefrei bleiben können. Diese Tatsache führt dann bei manchen Weimaranerzüchtern zu der Feststellung, dass die ganze Röntgerei doch nur »Humbug« sei.

Ganz allgemein gesehen muss bei Rassen, bei denen Hüftgelenkdysplasie ein Problem darstellt, darauf hingewiesen werden, dass in der Vergangenheit bei der Zuchtauslese wahrscheinlich nicht genügend Gewicht auf die Überprüfung der Laufleistung und Ausdauer gelegt wurde. Bei Rassen, bei denen diese Leistungen vor Zuchtverwendung streng überprüft werden, wie beim Pointer und bei den Windhundrassen, kommt HD nur in verschwindend geringem Ausmaß vor. Aber auch Rassestandards und die sich darin niederschlagenden menschlichen Schönheitsideale scheinen bei manchen Rassen für die Ausbreitung der HD mitverantwortlich zu sein. So wird in der Zucht des Deutschen Schäferhunds die Selektion auf eine abfallende Rückenlinie bei starker Winkelung der Hintergliedmaßen (hyänenähnliches Profil) für die starke Ausbreitung der HD in dieser Rasse mit verantwortlich gemacht. Der Beobachtung, dass alle Wildtiere und auch Haustiere, die große Laufleistungen erbringen, hinten leicht überbaut sind, sollte man auch in der Weimaranerzucht Aufmerksamkeit schenken. Insbesondere Hunde, die sich bei der Beurteilung locker und entspannt hinstellen (die nicht »aufgestellt« werden), wirken vor allem auch wegen der nicht übertrieben starken Winkelung der Hinterhand oft etwas überbaut. Quer durch alle Rassen ist zu beobachten, dass große, starkknochige und daher schwere Hunde besonders anfällig für HD sind. Man sollte deshalb in der Weimaranerzucht darauf achten, dass die Hunde nicht zu groß und schwer werden. Dazu kann auch vielleicht in begrenztem Maße eine knappe und ausgewogene, vor allem nicht zu energiereiche Fütterung in der Wachstumsphase beitragen.

Die Erblichkeit der Disposition für HD ist zwischenzeitlich sicher nachgewiesen, wobei auch bei dieser Erkrankung mehrere Gene für das Zustandekommen der Krankheit verantwortlich gemacht werden. Der Weimaraner-Klub e. V. hat deshalb die Röntgenuntersuchung aller Zuchthunde ab dem Jahr 1975, zunächst auf freiwilliger Basis, eingeführt. Ab 1978 wurde die Röntgenuntersuchung Pflicht. Bei der Untersuchung und Beurteilung der Hunde bzw. der Röntgenbefunde müssen strenge, international einheitlich festgelegte Kriterien angewendet werden. Sie setzen auch beim Röntgentierarzt Spezialkenntnisse und Gewissenhaftigkeit voraus. So muss die Untersuchung unbedingt in Narkose durchgeführt werden. Auch muss sich der Tierarzt verpflichten, alle Aufnahmen einzusenden, auch wenn offensichtlich ist, dass der Hund Erscheinungen der HD zeigt. Andernfalls könnte die Gesamtsituation innerhalb der Rasse erheblich verschleiert werden. Die Auswertung der Befunde muss von besonders geschulten Tierärzten und vor allem nach einheitlichen Maßstäben durchgeführt werden. Auch der Weimaraner-Klub e. V. hat deshalb eine eigene HD-Auswertungsstelle mit besonders geschulten Tierärzten mit der Auswertung der Röntgenbilder beauftragt.

Bei der Beurteilung der Röntgenaufnahmen werden die Befunde nach einem Beurteilungsschema eingestuft. Die Nomenklatur ist bei den einzelnen Untersuchungsstellen etwas verschieden. Beim Weimaraner-Klub e. V. werden die Befunde eingeteilt in:

Kein Hinweis auf HD	HD A
Übergangsform	HD B
Leichte HD	HD C
Mittlere HD	HD D
Schwere HD	HD E

Dabei wird jede Stufe jeweils nochmals unterteilt in 1 und 2 also in A1 und A2, B1 und B2 usw. Derzeit werden Hunde bis einschließlich Stufe B2 zur Zucht zugelassen. Die Zuchtfortschritte sind aber einmal wegen des relativ geringen Befalls in der Weimaranerzucht und andererseits wegen der geringen Untersuchungszahlen (es werden praktisch nur die zur Zucht vorgesehenen Hunde geröntgt) relativ langsam. Die Zahl der Hunde, die wegen Befunden schlechter als B2 aus der Zucht ausscheiden müssen, liegt zurzeit jährlich zwischen 15 und 20 %.

Augenlidfehler

Als Augenlidfehler können beim Weimaraner sowohl das *Ektropium* (Augenlidausstülpung) als auch das *Entropium* (Rolllid) vorkommen. Bei amerikanischen Weimaranern soll vermehrt auch die *Distichiasis* (Wimpernreihenverdoppelung) beobachtet worden sein; in Deutschland habe ich dies bisher nicht beobachtet.

Diese so genannten Lidfehler sind als echte Erkrankungen anzusehen, denn sie führen regelmäßig zu chronischen Entzündungen der Lidbindehaut und sogar der Hornhaut. Beim Ektropium ist das herunterhängende Augenlid dafür verantwortlich, dass vermehrt Staub und Reizstoffe eindringen können. Beim Entropium und bei der Distichiasis reiben die augenwärts gerichteten Wimpernhaare auf der Hornhaut des Auges und führen zu chronischen Entzündungsprozessen. Diese Prozesse sind für den Hund zumindest lästig, meist sogar schmerzhaft und können auch zu Leistungsminderungen führen.

Alle drei Erkrankungen sind als erblich bedingt anzusehen. Sie sind wohl polygen determiniert. Zumindest das Ektropium steht auch in Zusammenhang mit dem Rassestandard. So tritt das Ektropium beim Weimaraner fast nur bei überschweren, lymphatischen Hunden vom Schweißhundtyp auf. Solche Hunde sind meist schon als Welpen vor allem durch sehr lose Haut und starke Gesichtsfalten gekennzeichnet. Merkmalsträger mit deutlichem Ek- oder Entropium müssen von der Zucht ausgeschlossen werden.

Hodenfehler

Bei ungestörter Entwicklung steigen beim Welpen beide Hoden aus der Bauchhöhle durch den Leistenkanal in den Hodensack ab. Bei acht Wochen alten Welpen sollten also auf jeden Fall beide Hoden sichtbar oder zumindest fühlbar sein. Die Welpen haben in diesem Alter aber selbstverständlich noch kein ausgeprägtes Skrotum (Hodensack). Befindet sich beim erwachsenen Hund nur ein Hoden sichtbar im Hodensack, so spricht man von einseitigem *Kryptorchismus oder von Einhodigkeit.* Ist kein Hoden sicht- oder fühlbar, spricht man von vollständigem *Kryptorchismus oder Keinhodigkeit.* Selbstverständlich sind die nicht sichtbaren Hoden trotzdem vorhanden; sie befinden sich aber in der Bauchhöhle oder sind im Leistenkanal stecken geblieben. Einhoder sind in der Regel fruchtbar, vollständige Kryptorchiden nicht.

Auch der Kryptorchismus ist nicht nur als Fehler, sondern auch als Krankheit anzusehen. Der oder die in der Bauchhöhle zurückgebliebene Hoden produzieren nämlich Geschlechtshormone im Übermaß. Dies kann zu Wesensmängeln (insbesondere Bösartigkeit) oder Haut- und Haarstoffwechselstörungen führen. Auch können die Hoden in der Bauchhöhle tumorös entarten.

Als Ursache wird eine erblich bedingte Störung der Hormonproduktion im Hypophysenvorderlappen vermutet. Da dieser die »höchste Instanz« des gesamten Geschlechtshormon-Stoffwechsels sowohl für männliche, als auch weibliche Individuen ist, muss angenommen werden, dass eine derartige Fehlfunktion sich nicht nur bei Rüden sondern auch bei Hündinnen auswirken kann. Ich vermute deshalb, dass diese Fehlfunktion sich bei erblich belasteten Hündinnen in Form von Fruchtbarkeitsstörungen auswirken könnte.

Über den genauen Erbgang des Kryptorchismus bestehen verschiedene Theorien. Einhellig wird aber die Meinung vertreten, dass Kryptorchismus hochgradig erblich ist. Daher müssen Merkmalsträger aus der Zucht ausgeschlossen werden. Der schneller zum Erfolg führende Weg wäre der, die Defektgene weitgehend dadurch aus der Zucht zu eliminieren, dass auch mit nahen Verwandten (Rüden und Hündinnen) von Kryptorchiden nicht gezüchtet werden darf.

Nabelbrüche

Nabelbrüche kommen bei Weimaraner-Welpen gelegentlich vor. Sie sind gekennzeichnet als rundliche schmerzlose Vorwölbung der Bauchdecke in der Nabelgegend. Bei Druck auf die Vorwölbung lässt sich der Bruchinhalt (Gekrösefett und/oder Darminhalt) in die Bauchhöhle zurückdrücken; er tritt aber alsbald wieder hervor. Es werden Brüche von Linsengröße bis Kirschgröße beobachtet.

Es liegen Untersuchungen vor, welche für eine erbliche Disposition sprechen. Nach eigenen Beobachtungen kann aber auch das hektische Abbeißen, Lecken und Ziehen an der Nabelschnur, insbesondere bei jungen, unerfahrenen Hündinnen, das Entstehen von Nabelbrüchen begünstigen. Man kann deshalb, um sicher zu gehen, die Nabelschnüre bei den Neugeborenen ca. 2 cm von der Bauchdecke entfernt abschneiden. Kleine Nabelbrüche heilen beim Welpen nicht selten ganz ab, oder bilden sich bis auf eine kleine Vorwölbung, die aber keinen Inhalt hat, zurück. Größere Brüche müssen operiert werden. Das geschieht am besten im Alter von 6 bis 10 Wochen.

Obwohl Nabelbrüche in der Regel nicht als schwerwiegende Erkrankungen oder Fehler einzustufen sind, wäre es zweckmäßig, in belasteten Familien Merkmalsträger von der Zucht auszuschließen.

Zahnfehler

Bei den so genannten Zahnfehlern des Hundes kann man grob unterscheiden zwischen Stellungsfehlern der Zähne des Unterkiefers und des Oberkiefers zueinander und dem Fehlen, selten auch der Überzahl von Zähnen.

Bei den Zahn-Fehlstellungen unterscheidet man den Rückbiss und den Vorbiss. Letzteren habe ich beim Weimaraner noch nie gesehen. Bei der Bezeichnung der Fehlstellungen herrscht oft babylonische Sprachverwirrung. Am leichtesten ableiten kann man sich die Situation, wenn man sich klar macht, dass der Oberkiefer zusammen mit dem gesamten Oberschädel den feststehenden Teil des Gebisses darstellt. Der Unterkiefer ist beweglich mit dem Oberkiefer durch das Kiefergelenk verbunden. Wenn also die Schneidezahnreihe des beweglichen Unterkiefers gegenüber der des Oberkiefers zurückversetzt ist, spricht man am verständlichsten von *Rückbiss*. Wenn die Zahnreihe des Unterkiefers vor die des Oberkiefers beißt, spricht man von *Vorbiss*.

Die Differenz zwischen den beiden Schneidezahnreihen kann nur wenige Millimeter, in einigen Fällen aber auch 1 bis 3 cm betragen. Ein solch starker Rückbiss kann das Greifen von Apportiergegenständen und Wild, aber auch das Kauen von fester Nahrung, beeinträchtigen. Beim Weimaraner als Jagdgebrauchshund ist dies als schwerwiegend anzusehen, insbesondere dann, wenn der Fangzahn des Unterkiefers hinter dem des Oberkiefers steht und in diesem Fall die Maulschleimhaut verletzt.

Als Normalgebiss sieht man beim Weimaraner wie bei allen Gebrauchshunderassen das *Scherengbiss* an, bei welchem die Schneidezähne des Unterkiefers geringgradig hinter die des Oberkiefers beißen, aber diese noch reibend berühren. Akzeptiert wird auch noch das *Zangengebiss*, wobei die Schneidezahnreihen des Oberkiefers und Unterkiefers direkt aufeinander beißen, ähnlich wie die Backen einer Beißzange. Übrigens wird aus dem Scherengebiss des Junghundes im Alter durch den starken Abrieb ein Zangengebiss. Man bezeichnet deshalb dieses Gebiss dann auch als *Alterszange*. Wahrscheinlich deswegen meinen auch einige Kynologen, dass das Zangengebiss das »korrekte« Gebiss der Caniden sei.

Die Fehlstellungen Rückbiss und Vorbiss sind als erblich anzusehen und folgen einem unvollständig rezessiven Erbgang. Es ist deshalb richtig, dass der Weimaraner-Klub e.V. derartige Merkmalsträger von der Zucht ausschließt.

Etwas differenzierter gesehen werden muss das Fehlen von Zähnen im Dauergebiss *(Oligodontie)*. Dabei muss man beim Fehlen von kleinen, unbedeutenden Zähnen davon ausgehen, dass im Laufe der stammesgeschichtlichen Entwicklung sich die Anzahl der Zähne jeweils von beiden Enden des Kiefers her reduziert hat. Insofern ist das Fehlen von ersten Prämolaren (P1) und letzten Molaren (P3) als unerheblich anzusehen. Beim Weimaraner kommen derartige P1 und M3-Fehler gelegentlich vor. Das Fehlen von bis zu zwei dieser Zähne führt aber nicht zum Zuchtausschluss.

Immer wieder einmal wird beim Weimaraner beobachtet, dass der 4. Prämolar (P4) im Unterkiefer fehlt. Dieser P4 ist ein großer und funktional bedeutender Zahn; er ist nach dem Reißzahn (M3) der größte Zahn im Unterkiefer. Das Fehlen eines P4 führt derzeit zum Zuchtausschluss des Hundes.

Hierzu ist zu bemerken, dass das Fehlen von Zähnen bei Haushunden keine Erscheinung der Neuzeit ist. Bereits bei prähistorischen Hunden wurden derartige Oligodontien gefunden. Bei den sehr umfangreichen Hundeknochenfunden aus dem keltischen Oppidum von Manching wiesen viele Individuen Zahnfehler auf. Bei rund 4,5 % aller auswertbaren Unterkiefer war sogar das Fehlen des P4 zu konstatieren. (PETRI 1961). In diesem Licht gesehen sollte vielleicht auch beim Weimaraner nochmals über die züchterische Gewichtung dieses Prämolarenverlustes nachgedacht werden. Ganz allgemein ist aber, da bei allen Zahnfehlern die Erblickeit nachgewiesen ist, der Zuchtausschluss von Merkmalsträgern mit genau definierten schweren Zahnfehlern durchaus gerechtfertigt.

Autoimmunkrankheiten

Diese auch als Autoallergien oder Autosensibilitätskrankheiten bezeichneten Krankheiten kommen dadurch zustande, dass der Hund Antikörper gegen körpereigene Stoffe (Autoantigen) bildet. Im Allgemeinen reagiert das Immunsystem des Hundes nicht mit körpereigenen Strukturen, wofür ein komplexer Schutzmechanismus verantwortlich ist. Zur Autosensibilisierung kommt es, wenn diese Immuntoleranz durchbrochen wird.

Aus den USA wird von derartigen familiär gehäuft vorkommenden Erkrankungen beim Weimaraner berichtet. In Deutschland ist mir definitiv noch über keinen derartigen Fall berichtet worden. Allerdings sind mir mehrere Fälle von chronisch verlaufenden Hautkrankheiten bekannt geworden, die mit Hautrötungen, Exanthemen und sogar Störungen des Allgemeinbefindens einhergingen und die hauptsächlich am Kopf, an der Maulschleimhaut, am Unterbauch und vor allem auch an den Pfoten zu beobachten waren. Man sollte bei derartigen schweren Hauterkrankungen auch immer an das Vorliegen einer Autoimmunerkrankung denken. Die Symptome decken sich nämlich weitgehend mit einer als *Lupus erythematodes* (Scheibenrose, Rose) beschriebenen Erkrankung, welche zu diesen Autoimmunkrankheiten zu rechnen ist.

Verhaltensstörungen, Wesensmängel

Im Laufe der Haustierwerdung haben sich einige Verhaltensweisen des Haushundes gegenüber denen der Wildform (Wolf) z. T. erheblich verändert. So wird übereinstimmend berichtet, dass selbst handaufgezogene Wölfe zeitlebens scheu bleiben und sich z. B. als Jagdhund wegen dieser Scheu überhaupt nicht eignen würden. Ein solches Tier würde nach den Zuchtbestimmungen der Jagdhundezuchtvereine als »wesensschwach« eingestuft und als zuchtuntauglich erklärt werden. Die Beispiele ließen sich fortsetzen. Was wir also als Verhaltensstörung oder Wesensmangel bei unseren Jagdhunden verstehen, ist letztendlich eine Definitionsfrage. Es kommt hinzu, dass Wesens- und Verhaltensmerkmale lediglich eine geringe bis mittlere Heritabilität aufweisen. Wesentlichen Einfluss auf diese Merkmale hat nämlich die Prägung der Welpen durch die Verhaltensweisen der Hündin und durch das gesamte Umfeld, in dem die Welpen aufwachsen.

Wir sind deshalb in der Weimaranerzucht im Wesentlichen darauf angewiesen, dass wir versuchen, Hunde mit für unsere Zwecke erwünschten Verhaltensweisen zu züchten, indem wir züchterische Selektion auf der Basis von Zucht- und Leistungsprüfungen oder auch nach Beobachtungen im praktischen Jagdbetrieb betreiben.

Darüber hinaus sind wir noch in der Lage, Hunde von der Zucht auszuschließen, welche für den Jagdgebrauch unzweckmäßige Verhaltensweisen zeigen. Diese unangepassten und unzweckmäßigen Verhaltensweisen bezeichnen wir als Verhaltensstörungen oder Wesensmängel. Dabei laufen wir natürlich Gefahr, auch einzelne Hunde von der Zucht auszuschließen, bei denen diese Wesensmängel nicht überwiegend erblich bedingt sind, sondern ihre Ursache in falscher Behandlung des Welpen, insbesondere durch Fehlprägungen oder versäumte Prägung bzw. Sozialisierung in der sensiblen Wachstumsphase, haben. Eine derartige Kontraselektion kann in der Weimaranerzucht nur vermieden werden, wenn alle Züchter verpflichtet werden, ihre Welpen optimal im Sinne einer guten Prägung und einer sicheren Bindung aufzuziehen. Bei derartig aufgezogenen Welpen später dennoch beobachtete Wesensmängel sind dann mit hoher Wahrscheinlichkeit als erblich bedingt anzusehen. Zu den Wesensmängeln, die bei Jagdgebrauchshunden, also auch beim Weimaraner, zu Recht zum Zuchtausschluss führen, sind vor allem zu rechnen:

- Ängstlichkeit
- Allgemeine Scheu, auch gegenüber fremden Personen
- Schussempfindlichkeit
- Schussscheu
- Nervosität

Bei der Beurteilung der ebenfalls zu den Wesensmängeln gerechneten *Handscheu* ist größte Vorsicht am Platze, da diese überwiegend durch falsche Erziehung bedingt sein dürfte.

Aus den oben aufgeführten Gründen wird es schwer sein, diese so genannten Wesensmängel ganz aus der Zucht zu eliminieren. Es ist aber auch für die Weimaranerzucht von herausragender Bedeutung, dass verhindert wird, dass sich derartige Mängel in der Zucht ausbreiten. Denn es gibt wohl nichts Blamableres als einen Jagdhund, der ängstlich, scheu oder gar schussempfindlich ist!

ANDERE ERKRANKUNGEN

Nachfolgend möchte ich noch auf einige Krankheitsbilder hinweisen, die zwar beim Weimaraner nicht sehr häufig sind, die aber bei nicht rechtzeitiger Diagnose und anschließender Therapie zu schweren Schäden bis hin zum Tod des Hundes führen können.

Gebärmutterentzündung

Ich vermute, dass die Gebärmutterentzündung und deren Folgen bei nicht rechtzeitig oder sachgemäß eingeleiteten Behandlung die häufigste Ursache für den vorzeitigen Tod von Weimaraner-Hündinnen ist.

Besonders anfällig für diese Entzündung der Gebärmutterschleimhaut sind nach meiner Beobachtung Hündinnen, die zu den Symptomen der so genannten *Scheinträchtigkeit* neigen. Diese Erscheinung findet man wiederum besonders häufig bei sensiblen Hündinnen. Hauptursache der Gebärmutterentzündung scheint eine hormonelle Dysregulation zu sein. Und da man weiß, dass im Hormonhaushalt das Zwischenhirn und damit auch die Psyche eine steuernde Rolle spielen, kann man vermuten, dass derartige Erkrankungen letzten Endes auch familiär gehäuft vorkommen können. Es herrscht in Hundebesitzer-Kreisen immer noch die Meinung, dass der beste Schutz gegen diese Erkrankung eine durchgemachte Trächtigkeit sei. Dieser Glaubenssatz hat sich aber leider nicht bewahrheitet. Auch Zuchthündinnen, die schon mehrere Würfe hatten, können erkranken, ja es kommt sogar vor, dass Hündinnen in einem Gebärmutterhorn einige wenige Welpen austragen, während das andere Horn prall mit Eiter gefüllt ist. Es gibt nur eine sichere Vorbeuge gegen die Gebärmutterentzündung, nämlich die frühzeitige operative Entfernung von Gebärmutter und Eierstöcken. Wenn diese Operation schon vor Eintritt der Geschlechtsreife durchgeführt wird, wie dies in englischsprachigen Ländern schon lange praktiziert wird, ist diese Operation auch angeblich ein sicherer Schutz gegen bösartige Gesäugetumoren, die übrigens bei der Weimaraner-Hündin auch nicht gerade selten vorkommen. Aber derartige vorbeugende Operationen können ja nur vorgenommen werden, wenn man sicher weiß, dass man mit der Hündin nicht züchten darf oder will.

Ansonsten heißt es aufpassen! Jede Veränderung im Zyklus der Hündin, vor allem verlängerte Läufigkeit oder Anschwellen der Schnalle ohne Färben, sollten Anlass sein, den Tierarzt aufzusuchen. Vermehrter Durst, dicker werdender Bauch oder allgemeine Krankheitssymptome können Anzeichen einer schon bestehenden Gebärmutterentzündung sein und erfordern schnelles Handeln. Wichtig zu wissen ist, dass auch schwere Gebärmuttervereiterungen bei weitem nicht in allen Fällen mit Scheidenausfluss einhergehen. Die Behandlung kann konservativ, d. h. durch die

So weit kann Scheinträchtigkeit gehen! Die Großmutter säugt die Enkel. *Foto: Dr. Petri*

Verabreichung geeigneter antibiotischer Mittel oder operativ durch Entfernung der Gebärmutter und der Eierstöcke erfolgen. Ich rate nach eigenen bösen Erfahrungen, eine Operation nicht zu lange hinauszuschieben. Wenn die Hündinnen erst einmal richtig krank sind, kommt die Operation oft zu spät.

Zur Vorbeuge stehen bei vermuteten hormonellen Störungen, die sich vor allem auch als Scheinträchtigkeit bemerkbar machen, wirksame Präparate auf pflanzlicher Basis zur Verfügung. Ansonsten sollten gerade bei Hündinnen allgemein gültige Vorsorgemaßnahmen beachtet werden. Dabei stellt besonders die Wasserarbeit in der kalten Jahreszeit einen Risikofaktor, im übrigen auch für Nierenerkrankungen, dar. Man lässt eben eine heiße Hündin nicht ins Wasser oder man sperrt einen nassen Hund nicht ins kalte Auto!

Magendrehung

Diese akut und sehr dramatisch verlaufende Krankheit kommt vor allem bei sehr großen, etwas lymphatisch veranlagten Weimaranern vor, wenn auch Gott sei Dank als seltenes Einzelereignis. Diese Erkrankung erfordert sofortiges tierärztliches Eingreifen, am besten in einer Kleintierklinik. Die Erkrankung kommt dadurch zustande, dass sich der recht locker in der Bauchhöhle aufgehängte Magen um seine Längsachse dreht. Dadurch werden sowohl Mageneingang als auch Magenausgang abgeschnürt. In der Folge kommt es zur Aufgasung des Magens mit schweren Kreislaufstörungen. Bei nicht behandelter Magendrehung kann der Tod innerhalb weniger

Stunden eintreten. Die unmittelbare Ursache ist meist, dass die Hunde mit vollem Magen über Hindernisse springen, herumtoben oder dass sie sich wälzen.

Unvollständige Magendrehungen können ebenfalls vorkommen, die in seltenen Fällen sich wieder selbst regulieren. Bei Hunden, die des Öfteren zum Speicheln, Würgen oder Aufgasen neigen, ist besondere Vorsicht geboten.

Für alle großen Hunde wie den Weimaraner gilt: Die Hunde müssen art- und verhaltensgerecht gefüttert werden. Insbesondere die Verfütterung von Fertig-Trockenfutter kann zu Verdauungsstörungen, schlimmstenfalls auch zur Magendrehung führen. Nach Aufnahme dieser Futtermittel bekommen die Hunde oft großen Durst und saufen große Mengen Wasser. Im Magen quillt das Futter, der Magen gast auf und es entstehen die genannte Störungen.

Wenn Symptome einer Magendrehung beobachtet werden, wie starkes Aufblähen, Würgen, Speicheln, Schmerzäußerungen usw. darf keine Zeit verloren werden. Der Hund muss dann sofort zum Tierarzt. In leichteren Fällen kann eine eingeführte Magensonde Entlastung bringen, in den meisten Fällen ist aber eine Notoperation unumgänglich.

Hauterkrankungen

Zumindest der Kurzhaar-Weimaraner scheint etwas anfällig für Hauterkrankungen zu sein. Betroffen sind vor allem Tiere mit wenig Pigment, das sind Hunde, deren Nasenschwamm, Lidränder und Ballen nicht von tiefdunkler, sondern von rosaroter Farbe sind. Auch zu geringe oder fehlende Bauchbehaarung kann wegen des fehlenden Schutzes die Entstehung von Hautentzündungen begünstigen. Man sollte auf diese Merkmale bereits beim Welpenkauf achten. Meist handelt es sich bei den Veränderungen um relativ harmlose Hautentzündungen mit Rötung und Juckreiz. Diese lokalisieren sich vor allem auf Augen- und Ohrränder, Brust- und Bauchbereich, Zehenzwischenräume und Ballen sowie Schenkelinnenflächen und Achselhöhlen. Ursachen können sein: Ungeeignete Einstreu wie Gerstenstroh, Arbeiten in Getreide- und Maisschlägen oder in stark verunreinigtem oder verschilftem Wasser u. ä. Aber auch Parasiten wie Hundeflöhe und deren Kot, Schnaken und Kribelmücken oder die im Herbst vorkommenden Herbstgrasmilben können als Ursache in Frage kommen. Besonders unangenehm sind Ballenentzündungen bis hin zur Ablösung des Ballenhorns.

Oft verschwinden die Entzündungen von selbst wieder, wenn die ursächlichen Schädigungen nicht mehr einwirken. Ansonsten kann man durch Badezusätze oder durch Einreiben mit cortisonhaltigen Salben versuchen, die Hunde vor allem von dem oft heftigen Juckreiz zu befreien. Wenn auch diese Mittel nichts helfen, sollte man nicht zögern, den Tierarzt aufzusuchen, um eine möglichst genaue Diagnose zu erhalten. Denn auch Allergien sind bei Hunden heute durchaus nicht mehr selten. Sie können durch Blutuntersuchungen meist genauer eingegrenzt werden.

Ganz wichtig für die Gesunderhaltung von Haut und Haar, aber auch für die Behandlung von Haut- und Haar-Stoffwechselstörungen ist die vollwertige und artgerechte Fütterung. Die Nahrung muss vor allem einen hohen Anteil von mehrfach ungesättigten Fettsäuren und alle Anteile des natürlichen Beutetiers enthalten, also vor allem auch Haar- und Hornbestandteile. Eine alte Tierärzteweisheit lautet deshalb »Haarprobleme - Haare füttern!«

VORBEUGEN IST BESSER ALS HEILEN

Dieses Sprichwort bewahrheitet sich auch beim Weimaraner. Wenn man seinen Hund einigermaßen vernünftig hält, ihn ordentlich pflegt, ausgewogen füttert und die notwendigen medizinischen Vorbeugemaßnahmen durchführt, hat man schon viel für seine Gesunderhaltung getan. Bei allen meinen Weimaranern hätte ein Tierarzt, außer bei den vorbeugenden Impfungen, sicher keine Reichtümer verdienen können. Deshalb muss ich, um die vorstehend beschriebenen z. T. erschreckenden Krankheitsbilder zu relativieren, nochmals betonen: Der Weimaraner ist insgesamt gesehen eine gesunde Rasse! Wenn dann tatsächlich einmal schwere Krankheiten als Einzelereignis auftreten, dann muss man das, wenn es sich nicht gerade um Erbkrankeiten handelt, als schicksalhafte Fügung ansehen.

Die erforderlichen Vorbeugemaßnahmen unterscheiden sich selbstverständlich nicht grundsätzlich von denen, die auch bei anderen Rassen empfohlen werden. Trotzdem möchte ich nachfolgend einige nach meinen Erfahrungen wichtige Hinweise geben, die aber selbstverständlich keinerlei Anspruch auf Vollständigkeit erheben.

Haltung

Wie beim Menschen, so gilt auch für den Hund: Abgehärtete Hunde sind gesunde Hunde! Kurzzeitige, auch starke Temperaturschwankungen machen dem Hund nichts aus. Im Gegenteil, sie tragen dazu bei, das Immunsystem und die allgemeinen Abwehrreaktionen zu stimulieren. Deshalb ist die ideale Haltung auch für den Weimaraner die kombinierte Zwinger- und Wohnungshaltung.

Was den Hund krank macht, ist längerdauernde Unterkühlung und Durchnässung. Der durchnässte Hund muss, bevor er in den Zwinger oder ins Auto kommt, immer die Möglichkeit haben, sich trocken zu laufen. Notfalls kann man ihn auch abfrottieren.

Ich habe hier in unserer Gegend (Oberrheinebene), wo die Wasserjagd eine große Rolle spielt, die Beobachtung gemacht, dass Hunde, die diese Fürsorge nicht genießen, nur eine kurze Lebenserwartung haben. Meist sind chronische Nierenerkrankungen die Todesursache.

Die Welpen abhärten! *Foto: G. Simonet*

Fütterung

Die richtige Fütterung unserer Weimaraner ist mit eine der wichtigsten Vorbedingungen für die Erhaltung der Gesundheit und Leistungsfähigkeit. Schon die gute Kondition und das Erscheinungsbild, insbesondere das Haarkleid, können dem Kenner Aufschluss über die richtige oder falsche Fütterung eines Hundes geben.

Ich will mich ganz bewusst hier nicht mit den heute in breiter Palette erhältlichen Fertigfuttermitteln befassen, die ja für alle Lebenslagen angeboten werden: für Große und Kleine, für Junge und Alte, für Gesunde und Kranke (Diät!), für Sesselrutscher und Gebrauchshunde, ja sogar für Dicke und Dünne.

Es ist schon erstaunlich, wie die nach wie vor boomende Heimtiernahrungs-Industrie mit Hilfe auch von Tierärzten versucht, ihre Produkte sogar in Jagdzeitschriften den sonst doch recht naturverbundenen Jägern als allein richtige Hundenahrung anzupreisen. Dabei werden oft die angeblich bei Frischfütterung drohenden Gefahren wie Infektionen und Invasionen maßlos übertrieben.

Gewiss, Fertigfuttermittel für Hunde sind keine Erfindungen unserer Zeit; die hat es auch schon vor mehr als einhundert Jahren gegeben. So wird bei OSWALD (1890) schon für »Prof. Dr. Metzdorf's Fleischzwieback für Hunde« geworben. Diese so genannten Hundekuchen sind seit Jahrzehnten eine mit Recht bei Hund und Mensch beliebte gelegentliche Zusatznahrung und werden auch gerne als Belohnung für den Hund eingesetzt. Auch die vor einigen Jahren noch erhältlichen getrockneten Stockfisch-Abschnitte oder die mit Haaren und Knochenteilen durchsetzten getrockneten Rindfleischbrocken, waren eine gesunde und einigermaßen artgerechte Zusatz-Hundenahrung.

Was aber heute als Fertigfutter angeboten wird, kann man mit Dr. Hans SCHMIDT, dem ich viele Anregungen zu diesem Kapitel verdanke, nur mit »vorgekaut und vorverdaut« kennzeichnen. Diese Fertigfuttermittel sind sicher in ihrer Zusammensetzung ausgewogen, wobei sie allerdings regelmäßig den für den Gebrauchshund essentiellen Fettanteil von rund 40 % nicht erreichen. Für Zwerge oder zahnlose Hunde mögen diese Futtermittel die richtige Nahrung sein. Für unsere Jagdhunde sind sie aber zum großen Teil nicht art- und verhaltensgerecht. Jeder Weimaraner-Besitzer, vor allem aber auch jeder Züchter, sollte deshalb versuchen, seine Hunde vollwertig und abwechslungsreich, aber auch art- und verhaltensgerecht zu füttern. Dass das in unserer verstädterten Gesellschaft heute nicht mehr ganz so einfach ist wie früher, ist mir klar.

Was heißt nun aber art- und verhaltensgerechte Fütterung des Hundes? Wenn man sich klar macht, dass der Haushund von seiner Abstammung her nicht eigentlich ein Fleisch-Fresser, sondern ein Beutetier-Fresser ist, dann wird man auf seine eigene Wohnsituation bezogen leicht ableiten können, welche Möglichkeiten es gibt, seinen Hund naturnah zu füttern. Einige Möglichkeiten seien hier aufgezeigt.

Leider scheidet die Verfütterung von rohen Schlachtabfällen vom Schwein heute aus. Die früher mögliche Verfütterung von Afterausschnitten, Mägen, Ohrausschnitten usw. war zwar auch umstritten, sie stellte aber doch für viele Hunde eine akzeptable Futtergrundlage dar. Durch die Ausbreitung der Aujeszkyschen Krankheit (AK) in unseren Schweinebeständen wäre es heute unverantwortlich, auch nur geringe Mengen von rohem Schweinefleisch an Hunde zu verfüttern. Die beim Schwein seuchenhaft verlaufende Krankheit ist nämlich für Hund, Katze und Rind absolut tödlich. Wenn Teile vom Schwein verfüttert werden, müssen sie vorher gut durchgekocht werden, dabei büßen sie natürlich viel an Wert ein.

Was bleibt sind vor allem Teile vom Rind und Abfälle oder weniger wertvolle Teile unserer jagdbaren Tiere (Schwarzwild scheidet selbstverständlich ebenfalls aus!). Diese naturnahe Nah-

Artgerechte Welpenfütterung. *Foto: Dr. Schmidt*

rung sollte möglichst alle Anteile des ganzen (Beute)-Tieres enthalten, also Haut und Haar, Knochen, Innereien und Blut. Eine ständige Verfütterung von Rinderpansen wäre genauso einseitig, wie eine reine Muskelfleisch-Fütterung.

Die Beschaffung derartiger Futtermittel macht in manchen Gegenden Deutschlands heute schon Schwierigkeiten und man muss auf jeden Fall Vorratswirtschaft in der Tiefkühltruhe betreiben. In Gegenden mit Rindviehhaltung sind bei Schwergeburten eingegangene Kälber schon seit jeher sehr beliebt, sie liefern nach grober Entfernung der Därme und in Tagesportionen zerhackt ein hervorragendes Hundefutter. Aber auch Teile aus der Rinderschlachtung sind geeignet. An erster Stelle ist wohl hier die Rinderkopfhaut mit Haaren zu nennen. Ich kenne Weimaranerzüchter, die diese zerhackten Kopfhäute mit bestem Erfolg sogar schon an Welpen verfüttern. Ebenfalls verfüttern kann man Teile des Geschlinges mit Luftröhre und Teilen des Herzens und der Lunge sowie Schlund und Afterausschnitte. Gut ist auch die Zufütterung von Knochenmehl aus der Säge und sogar von Blut. Allgemeingut ist ja heute bei Jagdhundebesitzern die Verfütterung von rohen, nur grob ausgeschüttelten Vormägen des Rindes. Allerdings ist das kein Alleinfutter.

Aber auch unsere Jagdbeute kann, wenn im Überfluss vorhanden, ganz oder in Teilen als hervorragendes Futter an unsere Hunde gegeben werden. So liegen mir Berichte ebenfalls von Herrn Dr. Schmidt aus Ostfriesland vor, nach denen er und auch andere Jäger, ganze, vorher ausgeweidete Kaninchen mit bestem Erfolg an ihre Hunde verfüttern. Die Welpen bekommen die

Kaninchen klein gehackt. Auch die Reste von Kaninchen oder Hasen, die übrig bleiben, wenn Keulen und Rücken für den menschlichen Verzehr entnommen sind, können den Hunden gegeben werden. Hasenköpfe und -läufe scheinen für die Hunde sogar eine besondere Delikatesse zu sein. Nach Dr. Schmidt kann die Verfütterung von Kaninchen bei chronischen Durchfallerkrankungen sowie Haar- und Fellproblemen geradezu als Therapie eingesetzt werden. (»Haarprobleme - Haare füttern!«)

Bei mir selbst bekommen die Hunde immer schon beim Aufbrechen von Rehwild die Milz und ein Stück Lunge, manchmal auch das Herz sowie die beim Ausschneiden des Ausschusses anfallenden Wildbret- und Deckenteile. Später verfüttere ich auch die ausgeschüttelten Vormägen sowie den Rest des Geschlinges. Man kann aber auch die Kopfhaut und Teile der frischen Rehdecke geben.

Eines sollte man allerdings bei einer derartigen naturnahen Hundefütterung beachten: Man muss den Hund an eine derartige Fütterung gewöhnen, sonst gibt es Verdauungsprobleme. Der Verdauungstrakt stellt sich nämlich nur langsam auf Futterumstellungen ein.

Bleibt natürlich zum Schluss die Frage: Besteht bei dieser Art von Fütterung nicht die Gefahr der Übertragung von Parasiten, und erzieht man die Hunde nicht geradezu zu Anschneidern? Selbstverständlich besteht eine gewisse Gefahr der Übertragung von Parasiten. Aber diese Gefahr besteht beim Jagdhund immer, weil er auch unbeobachtet Teile von verludertem Wild u. ä. aufnimmt. Und zum anderen werden die beim Hund am häufigsten vorkommenden Parasiten nicht über Wildtierteile übertragen. Das Gleiche gilt für den gefährlichsten Parasiten, den Hundebandwurm. Ob Wildtierteile verfüttert werden oder nicht, gehört deshalb die mindestens zweimal jährlich durchgeführte Wurmkur mit einem modernen Breitband-Wurmmittel zur elementaren Sorgfaltspflicht des Jagdhunde-Besitzers.

Auch das Anschneiden hat nach Überzeugung der allermeisten Jagdhundekenner andere Ursachen. TABEL nennt hier vor allem fütterungsbedingte Mangelsituationen. Ebenso könnten nicht geklärte Rangordnungsprobleme ursächlich eine Rolle spielen, denn es ist Wolfserbe, dass zuerst der Alpha-Wolf frisst und dass die nachgeordneten Rudelmitglieder ihm die Beute zutragen. SCHMIDT berichtet, dass seine Langhaar-Weimaraner zuverlässig frisch erlegte Kaninchen und anderes Wild apportieren und nicht auf den Gedanken kommen, etwas zu fressen, bevor er es ihnen selbst zum Fressen gibt. Er füttert allerdings seine Hunde nie aus der Schüssel, sondern stets aus der Hand. Ich habe überhaupt keinen Zweifel daran, dass das beim Apportieren von *frisch geschossenem* Wild auch so funktioniert. *Aber Vorsicht!* Bei Prüfungen kann das schief gehen. Das dort verwendete Schleppwild ist oft derart vergammelt, dass der Hund tatsächlich in Versuchung kommen kann, das Wild anzuschneiden oder auch zu vergraben. Deshalb muss man Hunde, die man auf Prüfungen vorbereitet, unbedingt im Apport sauber und soweit durcharbeiten, dass sie auch nicht mehr ganz frisches Schleppwild sicher apportieren. Und auf die Prüfung selbst sollte man sein eigenes, möglichst frisch erlegtes Schleppwild mitbringen.

Pflege

Der Weimaraner, insbesondere der Kurzhaar-Weimaraner, braucht wenig Pflege. Gerade im Sommer, wenn die Hunde ab und zu ins Wasser kommen, erübrigen sich Baden und auch Bürsten. Ich habe meine Hunde eigentlich immer nur gebadet, wenn sie sich in Aas gewälzt hatten oder sonst so verschmutzt waren, dass es nicht mehr anders ging. Viel wichtiger für die Gesunderhaltung des Haut- und Haarkleids ist eine richtige Fütterung, vor allem mit einem hohen Anteil von mehrfach ungesättigten Fettsäuren. Meiner Meinung nach ist es nie verkehrt, wenn man deshalb regelmäßig eine hochwertige Margarine oder Öl zufüttert. Zu einer guten Pflege gehört auch die regelmäßige Säuberung des äußeren Gehörgangs. Wenn der Hund erst einmal stark mit den Behängen schüttelt, den Kopf schief hält und kratzt, ist der Gehörgang meist schon entzündet und dann geht man am besten gleich zum Tierarzt. Zur Säuberung des Gehörgangs reicht es, wenn man diesen mittels eines über den Finger gestülpten und mit Öl (Salatöl oder auch Ballistol o. ä.) getränkten Wattebauschs reinigt. Der gesunde Gehörgang des Weimaraners ist so weit, dass man mit dem Finger ausreichend tief eindringen kann. Wattestäbchen für Menschen sind ungeeignet, weil zu dünn.

Probleme, gerade beim älteren Weimaraner, können zu lang ausgewachsene Zehennägel bringen. Die rassetypische Form der Pfoten mit relativ langen Mittelzehen (so genannte Hasenpfote) begünstigt ganz offensichtlich das starke Längenwachstum. Wenn sich die Hunde dann noch vorwiegend auf weichem Boden bewegen und die Nägel deshalb nicht genügend abgenutzt werden, kommt es nicht nur zu unschönen Bildern, sondern auch zu Behinderungen für den Hund selbst. Die zu langen Nägel führen nämlich zu Stellungsanomalien des knöchernen Zehenskeletts, ähnlich wie wir das bei mangelhafter Huf- und Klauenpflege bei Pferd und Rind kennen. Deshalb ist es erforderlich, bei Weimaranern, die sich wenig auf hartem Boden bewegen und bei denen die Zehennägel schnell zu lang werden, regelmäßig die Nägel zu kürzen. Man sollte damit nicht zu lange warten, sondern lieber öfter und nicht bis »ins Leben« schneiden. Als Instrument hat sich eine nicht quetschende kleine Gartenschere bewährt, zum Beispiel die »Löwe-Baby« oder ein ähnliches, gleichwertiges Instrument.

Zahnsteinbildung kommt beim Weimaraner in unterschiedlichem Ausmaß vor. Es gibt hier individuelle Unterschiede. Aber auch eine nicht artgerechte Fütterung und ein hoher Kalkgehalt des Trinkwassers können die Zahnsteinbildung fördern. Bei übermäßiger Zahnsteinbildung kommt es zu sehr unangenehmem Maulgeruch. Oft wird zwar behauptet, dieser unangenehme Geruch käme vom Magen. Das ist aber sicher nur eine ganz seltene Ausnahme. Zur Verhinderung von übermäßiger Zahnsteinbildung ist es wichtig, den Hund mindestens einmal wöchentlich Knochen, Knorpel, Klauenschuhe oder ähnliches nagen zu lassen. Nur muss das der Hund von Jugend an gewöhnt sein, sonst kann es zu Verstopfung oder übermäßig starkem Erbrechen kommen. Als Notbehelf kann man auch die im Handel erhältlichen Kauknochen oder angeblich wirksame spezielle Hundekuchen anbieten.

Auch eine Hunde-Zahnpasta mit speziellen Bürsten, die über die Finger gestülpt werden, ist auf dem Markt, mit deren Hilfe man dem Hund die Zähne putzen kann. Das sind aber alles mehr oder weniger Vorbeugemaßnahmen. Bei starkem Befall muss der Tierarzt mit speziellen Zahninstrumenten oder mit dem Ultraschallgerät den Zahnstein entfernen. Wenn man geschickt ist, und der Hund sich das gefallen lässt, was eigentlich bei einem gut erzogenen Jagdhund der Fall sein müsste, kann man mit derartigen Zahnsteinkratzern auch den gröbsten Zahnstein, vor allem an den Fangzähnen, selbst entfernen.

IMPFUNGEN, PARASITENBEKÄMPFUNG

Bei den Impfungen müssen unbedingt die allgemein bekannten und regelmäßig zu wiederholenden Schutzimpfungen durchgeführt werden. Der Weimaraner-Klub e. V. schreibt ja auch die Grundimmunisierung der Welpen vor Abgabe vor. Es ist ein Irrglaube zu meinen, die klassischen Infektionskrankheiten des Hundes kämen heute nicht mehr vor, oder ein Hund, der in der Stadt lebe, könne sich, da alle Hunde geimpft sind, nicht mehr anstecken. Es gibt z. B. sehr wohl immer wieder Staupe- und Parvovirose-Fälle, und das gerade bei Hunden die aus einem relativ erregerarmen Milieu (= keine Immunitätsausbildung) in eine Umgebung kommen, wo der Erreger noch vorkommt.

Man sollte sich sogar überlegen und sich entsprechend beraten lassen, ob die klassische so genannte Fünffachimpfung (gegen Staupe, Hepatitis, Leptospirose, Tollwut, Parvovirose) heute noch ausreichend ist. Hunde, die etwa auf Massenveranstaltungen oder Hundeplätze gebracht werden, sollten auch gegen Zwingerhusten geimpft werden. Und in Borreliose-Gebieten, die sich ja immer mehr ausweiten, sollte man auch eine Impfung gegen diese, ja auch für den Menschen gefährliche Krankheit erwägen. Auch früher nie gekannte Tropenkrankheiten, wobei die Tropen schon in Spanien anfangen, können beim Hund sehr schwer verlaufen. Bei geplanten Auslandsaufenthalten sollte man sich deshalb Rat beim Tierarzt holen.

Auch Parasitenbefall kommt beim Hund noch regelmäßig vor. Selbst die durch Milben verursachten Räudeerkrankungen wie Sarcoptes- und Demodex-Räude, die einige Zeit lang als ausgestorben galten, werden wieder vermehrt diagnostiziert. Bei der Demodikose spielen dabei allerdings immer auch Immun-Defizite eine ursächliche Rolle. Bei beiden Räudeerkrankungen ist eine ganz intensive tierärztliche Behandlung erforderlich.

Bei banalen Außenparasiten wie beim Hundefloh ist es Auffassungssache, ob die üblichen Flohhalsbänder oder die auf die Haut aufzutragenden Mittel, die aber meist auch den Stoffwechsel des Hundes belasten, verwendet werden. Ich meine, dass hier oft mit Kanonen nach Spatzen geschossen wird. Eine Badebehandlung ist im Fall der Fälle meiner Ansicht nach die wirksamste und den Hund am wenigsten belastende Behandlung.

Problematischer ist die Zecken-Bekämpfung. Diese auch bei unseren Wildtieren vorkommenden Zecken kommen in manchen Jahren massenhaft vor und befallen Hund und Mensch gleichermaßen. Nach meinen Erfahrungen mit den verschiedensten Präparaten, Halsbändern oder auf die Haut aufzutragende Flüssigkeiten, sind diese nur ungenügend oder nur kurze Zeit wirksam. Die Zecken saugen sich teilweise trotz dieser Vorbeugemaßnahmen noch fest, sterben dann aber ab und trocknen aus, fallen aber nicht ab. Sie lassen sich in diesem Zustand nur recht schwer entfernen. Deshalb ziehe ich es vor, den Hund nach jedem Revieraufenthalt, bevor er ins Auto steigt, genau nach Zecken abzusuchen. Das geht ja bei dem hellen Fell des Weimaraners ganz gut. Es bleiben aber immer noch Zecken übrig, die sich festsaugen. Diese entferne ich mit den zwischenzeitlich überall erhältlichen sehr gut funktionierenden Zeckenzangen. Das Auftragen von Öl, Klebstoff u. a. sollte nach neueren Erkenntnissen unterbleiben.

Gegen die Darmparasiten (Rundwürmer, Bandwürmer) ist eine vorbeugende mindestens zweimal jährlich durchzuführende Wurmbehandlung mit den inzwischen sehr wirksamen Präparaten in Tablettenform unbedingt zu empfehlen. Es gibt auch die Möglichkeit, einige Präparate per Injektion zu verabreichen. Warum aber dem Hund ein Mittel über die Blutbahn einverleiben, wenn es im Darm wirken soll?

Die alten Hausmittel wie Knoblauch sind, zumindest gegen Problem-Parasiten wie Bandwürmer, nicht genügend wirksam. Auch für Innenparasiten sind bei Auslandsaufenthalten besondere Vorsichtsmaßnahmen erforderlich. Guter Rat ist auch hier beim Kleintierpraktiker zu haben.

Kapitel 18

WO FINDE ICH WEN?

Menschen sind zu ersetzen, auch wenn das manche nicht wahrhaben wollen! Es werden deshalb überwiegend die Adressen der Verbände und Vereine aufgeführt, bei denen anzunehmen ist, dass der Interessierte sich durchfragen kann.

Jagdgebrauchshundverband e. V. (JGHV)

Geschäftsführer: Herr Dr. Lutz Frank, Neue Siedlung 6, 15938 DRAHNSDORF, Telefon: 035453-215, Fax: 035453-262.

Der JGHV ist auch Herausgeber des Deutschen-Gebrauchshund-Stammbuchs (DGStB). Dieses jährlich erscheinende Werk enthält alle Adressen der wichtigen Ansprechpartner auf dem Gebiet des Jagdgebrauchshundewesens, insbesondere auch alle aktuellen Anschriften der Verbandsvereine. Das Verbandsorgan *»Der Jagdgebrauchshund«* erscheint bei der BLV-Verlagsgesellschaft, Lothstraße 29, 80797 München und ist u. a. Pflichtlektüre für alle Verbandsrichter. *Schriftleiter:* Karl Walch, Kernerstr. 12, 74193 Schwaigern. Tel.: 07138/3654, Fax: 07138/3653.

Verband für das Deutsche Hundewesen e. V. (VDH)

Anschrift: Westfalendamm 174, Postfach 104154, 44041 DORTMUND, Telefon: 0231-56500-0.

Der VDH ist zuständig für alle Fragen der Hundezucht und -haltung aller Nicht-Jagdhunderassen. Er stellt auch notwendige Kontakte zu einschlägigen Fachleuten aller Richtungen und zum Ausland her.

Fédération Cynologique Internationale (FCI)

Die FCI ist die Dachorganisation der nationalen Hundeverbände in Europa. Sie erteilt u. a. auch internationalen Zwingernamen-Schutz.

Adresse: Secrétariat Géneral der FCI. 13, Place Albert 1, B 6350 THUIN/ Belgien.

Deutscher Jagdschutz-Verband e. V. (DJV)

Adresse: Hauptgeschäftsstelle des DJV, Johannes-Henry-Straße 26, 53113 BONN.
Telefon: 0228-94906-0.

Der DJV ist der Zusammenschluss der deutschen Landesjagdverbände. Er ist zuständig für die Bearbeitung aller jagdlichen Fragen und Probleme und arbeitet auch mit dem JGHV eng zusammen. Das jährlich erscheinende DJV-Handbuch enthält ein umfangreiches Adressenverzeichnis aller jagdlichen Organisationen, auch auf dem Gebiet des Jagdgebrauchshundewesens. Es kann bei den Jägervereinigungen auf Kreisebene bezogen bzw. eingesehen werden.

Weimaraner-Klub e. V.

(Auswahl, Stand: Ende des Jahres 2000)

1. Vorsitzender:	Egon Gassmann, Am Haimberg 3, 36041 Fulda, Tel:/Fax.: 0661/21851
Zuchtwart:	Heinrich Giesemann, Dudweilerstraße 26 a, 38116 Braunschweig, Tel u. Fax 0531/54769

Pressewart:	Joachim Mack, Eichenstraße 39, 54516 Wittlich. Tel.: 06571/93767. Fax: 264240
Vermittlungsstelle:	Wilfried Möllenberg, Dorfstraße 8, 26215 Wiefelstede. Tel.: 04456/ 269
Kontakte zum Ausland:	Brigitta Guggolz, Köhlerhaldenweg 11, 69529 Wilhelmsfeld. Tel.: 06220/6766, Fax: 7866
Weimaraner-Archiv:	Hubertus Hiller, Am Schönberg 9, 23744 Schönwalde. Tel.: 04528/ 388

Landesgruppenvorsitzende:

Niedersachsen:	Conring Cramer, Verbindungsweg 84, 26789 Leer. Tel.: 0491/ 73689
Bayern:	Wolfgang Friedel, Am Löhlein 22, 96155 Buttenheim. Tel: 09545/1316 Fax: 4603
Schleswig-Holstein:	Liana Orlowski, Eutinerstraße 35, 23744 Schönwalde. Tel.: 04528/ 9754
Südwest:	Brigitta Guggolz, Köhlerhaldenweg 11, 69529 Wilhelmsfeld. Tel.:06220/6766. Fax 7866
Nordrhein-Westfalen:	Tanja Breu-Knaup, Im Kettelbach 69, 58135 Hagen. Tel.: 02331/46761, Fax 463497
Hessen:	Josef Lohre, Am Schaarbusch 33, 34388 Trendelburg. Tel.: 05675/ 9520.
Saarland:	Gerhard Eins, Elstersteinstraße 47, 66386 St. Ingbert. Tel.: 06894/ 381816
Rheinland- Pfalz:	Joachim Mack, Eichenstraße 39, 54416 Wittlich. Tel.: 06571/ 93767, Fax 264240
Sachsen-Anhalt:	Heinz Gräber, Hohenwarther Weg 2, 39291 Möser. Tel.: 039222/ 2479
Thüringen:	Kurt Franke, Zeulenrodaerstraße 21, 99091 Erfurt-Gispersleben. Tel.: 0361/ 7912613

Weimaraner-Klubs in anderen Ländern

Die aktuellen Anschriften sämtlicher Weimaraner-Klubs, auch der in einigen Ländern existierenden örtlichen Klubs, findet man im Internet unter www.weimclubamerica.org.

Kapitel 19

WER HAT WAS GESCHRIEBEN?

1. Quellen

Die meisten Fundstellen sind in alten Jagdzeitschriften zu finden oder auch in der älteren kynologischen Literatur, die aber dem Interessierten überwiegend nur noch in Antiquariaten oder öffentlichen Bibliotheken zugänglich ist. Eine sehr gute und reichhaltige Quellensammlung, die käuflich zu erhalten ist, findet sich in:

Meier, Karl: *Weimaraner-Chronik* - Karl Meier-Eigenverlag für geschichtliche Kynologie, Schalkhäuser Straße 90, 91522 ANSBACH 1995.

Über das Archiv des Weimaraner-Klubs (Adresse in Kap. 18) sind die nachfolgend aufgeführte Festschrift sowie weitere ältere Veröffentlichungen (letztere evtl. in Kopie) zu erhalten:

Hiller, Hubertus: *Major Herber und die Weimaraner* - ein Beitrag zur Vereinsgeschichte anlässlich des 100-jährigen Jubiläums des Weimaraner-Klub e. V. 1997.

Bloemer, Alexander: *Der Weimaraner* - Denkschrift über den Weimaraner-Vorstehhund, Fulda 1967.

Brandt, Karl : *Unser Jagdhund.* Illustrierte jagdkynologische Beilage zur Deutschen Jäger-Zeitung Verlag Neumann, Neudamm Nr. 23, 1909, S. 345.

Hartmann, Klaus : *Der Weimaraner-Vorstehhund.* Fakten, Gedanken, Überlegungen. Fulda 1972.

Herber, Robert: *Weimaraner.* Zwinger und Feld-Verlag, Stuttgart.

Petri, Werner: *Der Weimaraner Vorstehhund.* Karlsruhe 1997.

Richnow : *Weimaraner.* Deutsche Jägerzeitung Bd. 82 Nr. 8 1923. Weimaraner-Nummer.

2. Bücher, antiquarisch

Beckmann, Ludw.: *Geschichte und Beschreibung der Rassen des Hundes.* Verlag Friedr. Vieweg und Sohn, Braunschweig. Reprint im Kynos Verlag, Mürlenbach. ISBN 3-924008-08-6

Denlinger, W. : *The complete Weimaraner.* Richmond 1954.

Diezel, K. E.: *Diezels Niederjagd*, Paul Parey-Verlag, Berlin 1922. Dreizehnte Auflage der Originalausgabe.

Döbel, H. W.: *Jäger-Practica.* Verlag von J. Neumann, Neudamm, nach der ersten Ausgabe, Leipzig 1746.

Friess, R:. *Unsere Jagdhunde.* München 1949.

Hauck, E.: *Die Jagdhunde.* Selbstverlag, Wien 1967.

Oberländer: *Die Dressur und Führung des Gebrauchshundes.* 10. (letzte) Auflage 1926. Verlag Neumann-Neudamm. Auch als Reprint erhältlich.

Oberländer: *Quer durch deutsche Jagdgründe.* Verlag Neumann, Neudamm 1897.

Weimaraner on Point. Ölbild von K. Edel. Erstmals veröffentlicht bei Denlinger (1954). Im Besitz von Dr. Petri.

Oswald, Friedr.: *Der Vorstehhund in seinem vollen Werte; dessen neueste Parforce-Dressur ohne Schläge*. Verlag von H. Hartung und Sohn, Leipzig 1890.

Petri, Werner: *Neue Funde des Hundes aus dem keltischen Oppidum von Manching*. Verlag Kiefhaber und Eibl, München 1961.

Strebel, Richard: *Die Deutschen Hunde und ihre Abstammung*. Reprint der Erstausgabe aus dem Jahre 1904/05. Kynos Verlag, Mürlenbach. ISBN 3-924008-25-6

3. Bücher über Jagdhundeabrichtung und -führung aktuell

Hegendorf: *Der Gebrauchshund*. Kosmos-Verlag, Stuttgart 1980. ISBN 3-440-08083-8.

Klinkenberg, T.: *Hundeerziehung ohne Zwang*. Augustus-Verlag , München 1997.

Most, K.und **Müller-Darss**, F.: *Abrichten und Führen des Jagdhundes*. 2. Auflage bearbeitet von Heinr. Uhde u. a., Kynos-Verlag, Mürlenbach. ISBN-3-924008-35-3

Siveke, Wilhelm *Die Frühsterziehung der Vorstehhunde*. Verlag Paul Parey, Hamburg und Berlin. 3. Auflage 1984. ISBN 3-490-13519-9

Tabel, Carl: *Der Jagdgebrauchshund*. BLV-Verlag. München 1998. ISBN 3-405-15537-1.

Tabel, Carl: *Der Gebrauchshund-Jährling*. Zu beziehen über Gollwitzer-Verlag, Weiden.

4. Andere Bücher und Nachschlagewerke

Berrens, Karl u .a.: *Jagdlexikon*. BLV-Verlag, München. ISBN 3-405-12038-1

Fleig, Dieter: *Die Technik der Hundezucht*. Kynos-Verlag, Mürlenbach. 3. Aufl. 1998. ISBN 3-929545-31-4

Lorenz, Konrad: *So kam der Mensch auf den Hund*. DTV-Verlag München 1998. ISBN Nr. 3-423-20113-4

Spangenberg, R.: *Hundekrankheiten*. Falken-Verlag, Niedernhausen/Ts.2000. ISBN 3-8068-26242

Trumler, E.: *Mit dem Hund auf du*. Piper-Verlag, München 1999.

Trumler, E.: *Hunde ernst genommen*. Piper-Verlag, München 1999.

Trumler, E.: *Ratgeber für den Hundefreund*. Piper-Verlag, München ISBN 3-492-02554-4.

Weidt, H. u. **Berlowitz**, D. : *Das Wesen des Hundes*. Naturbuch-Verlag, Augsburg 1998. ISBN 3-89440-294-6.

Wachtel, H.: *Hundezucht 2000*. Verlag Gollwitzer, Weiden. 1997. ISBN 3-923555-10

Uhde, H.: *Das Jagdgebrauchshundewesen*. Landbuch-Verlag Hannover 1999 ISBN 3-7842-0577-1

5. Bücher und Schriften über den Weimaraner in anderen Ländern

Alexander, V. u. **Isabell**, J.: *Weimaraner-Ways*. Verlag Sunstar, Gemantown MD 20875 (1995)

Baird, J.: *Weimaraners*. TFH Publications INC.

Bambridge, V.: *The Weimaraner Today*. Letchworth Ringpress ISBN 0-9448955-17-1

Burgoin, G.: *Guide to the Weimaraner*. The Boydell Press

Liebers, A **Jeffries**, P.: *How to raise and train a Weimaraner*. TFH Publications Inc.

Nicholas, A. K.: *Weimaraners*. TFH Publications Inc., ISBN 0-7938-14766

Schneider, E.: *Know your Weimaraner*. The Pet Library Ltd. ISBN 0-87826-525-2

6. Zeitschriften und Periodica

DJV: *Handbuch des Deutschen Jagdschutz-Verbandes e. V.* Erscheint jährlich. Verlag Dieter Hoffmann, Mainz.

Weimaraner-Nachrichten: *Mitteilungsblatt des Weimaraner Klub e. V.*

Der Jagdgebrauchshund: *Organ und offizielles Mitteilungsblatt des Jagdgebrauchshundverbandes.e. V.* BLV-Verlagsgesellschaft mbH Postfach 400320, 80703 München.

Deutsches Gebrauchshund-Stammbuch: *Wird jährlich vom Jagdgebrauchundverband herausgegeben und kann über die Verbandsvereine bezogen werden.*

Wild und Hund: *Zeitschrift für Jäger und andere Naturfreunde* Paul-Parey-Verlag, 53679 Singhofen

7. Prüfungsordnungen des Jagdgebrauchshundverbands e. V.

Ordnung für Verbandszuchtprüfungen (VZPO)

Enthält die Prüfungsordnungen für die Verbandsjugendprüfung (VJP) sowie die Prüfungsordnung für die Herbstzuchtprüfung (HZP).

Enthält zusätzlich: Die Bestimmungen sowie Symbole und Abkürzungen für die Leistungszeichen des Jagdgebrauchshundverbandes, eine Darstellung des Hundegebisses sowie des Körperbaus des Hundes mit Bezeichnung der Körperregionen und des Skeletts.

Ordnung für Verbandsgebrauchsprüfungen (VGPO)
Enthält zusätzlich noch eine Darstellung der Bruchzeichen und eine Anleitung zum Aufdocken des Schweißriemens.

Ordnung für die Verbandsprüfung nach dem Schuss (VPSO)
Zusätzlicher Inhalt wie VGPO.

Ordnung für Verbandsschweißprüfungen (VswPO)

Ordnung zur Durchführung der Brauchbarkeitsprüfung
Diese Prüfungsordnungen sind von Bundesland zu Bundesland verschieden. Diese Prüfungsordnungen können über die jeweiligen Landesjagdverbände bezogen werden.

Die aufgeführten Prüfungsordnungen können bezogen werden bei: GG-Druck, Formularverlag für das Jagdgebrauchshundwesen, Dieselstraße 9, 38122 Braunschweig, Telefon: 0531-873287 oder von Druckerei Haas, Kalchreutherstr. 84, 90411 Nürnberg, Tel. 0911-5216739 und Fax 0911-5216744

8. Richtlinien und Ordnungen des Weimaraner-Klub e. V.

Mindestanforderungen an die Haltung von Hunden in Zwingern bzw. Zuchtstätten für den Weimaraner-Vorstehhund.
Satzung.
FCI- Standard.
Zucht- Ordnung.
Zuchtschau- Ordnung.
Leistungsnachweis auf natürlicher Schweißfährte. (SchwN).
Diese Ordnungen sind enthalten in einer Loseblatt-Sammlung des Weimaraner-Klub e. V. gesammelt und können über die Landesgruppen-Vorsitzenden bezogen werden.

Winterlicher Jagdtag.
Foto: Dr. Breustedt

Kapitel 20

WAS BEDEUTET DAS?

Die Jägersprache ist eine sehr bildhafte Zunftsprache. Ich halte es deshalb nicht für notwendig, jagdliche Begriffe, wie sie auf dem Gebiet des Jagdgebrauchshundewesens allgemein verwendet werden, besonders zu erklären. Nachfolgend sind deshalb lediglich Begriffe und Abkürzungen erklärt, von denen ich annehme, dass sie nicht jedem Leser geläufig sind.

Aalstrich: Als Primitivmerkmal angesehener, dunkel gefärbter Haar-Streifen längs des Rückens bei vielen Wildarten und bei ursprünglichen Haustierrassen. Kam beim Weimaraner bis in die 70er Jahre relativ häufig vor.

Acetabulum: Wörtlich übersetzt: *Essigpfännchen*. Die Gelenkpfanne des Beckens, welche den Oberschenkelkopf (Femur) umschließt.

AH: *Armbruster Haltabzeichen*. Ein ursprünglich von dem Amerikaner Armbruster gestiftetes *Leistungszeichen* (s. dort), welches 1970 vom JGHV übernommen wurde. Das Leistungszeichen wird vergeben, wenn der hasengehorsame Hund die Hasenspur mit mindestens »gut« arbeitet.

Ahnentafel: *Abstammungsnachweis*, in welchem beim Weimaraner die Ahnen mit sämtlichen Daten bis zur Urgroßelterngeneration verzeichnet sind.

AK: *Aujeszkysche Krankheit*. Seuchenhafte Erkrankung der Schweine, einschl. der Wildschweine. Kann vor allem durch Verfütterung von rohem Schweinefleisch u. a. auch auf den Hund übertragen werden und verläuft bei diesem immer tödlich (so genannte Pseudowut).

AKC: *American Kennel Club*. Dachorganisation der Hundeklubs in den USA.

Alterszange: *Zangengebiss* (s. dort), welches sich im Alter infolge starken Zahnabriebs aus einem ursprünglichen Scherengebiss (s. dort) entwickeln kann.

Wer ist der echte?
Foto: Dr. Petri

Analdrüsen: Werden auch als *Analbeutel* bezeichnet. Duftdrüsen beiderseits des Waidlochs, die normalerweise beim Lösen Sekret absondern. Neigen zu Entzündungen und Verstopfungen und verursachen dann Juckreiz und Schmerzen. Bei den Hunden wird dann oft »Schlittenfahren« beobachtet.

Anlageprüfungen: Auch *Zuchtprüfungen*. (s. dort) Jagdhundeprüfungen, bei denen vorwiegend die natürlichen Anlagen des Hundes festgestellt werden sollen. Beim Weimaraner VJP und HZP (s. dort).

Anschneider: Ein Hund, der gefundenes Wild ganz oder teilweise frisst.
Bei Prüfungen scheiden derartige Hunde aus.

Apportel: *Bringgegenstände* jedweder Art.

Autoimmunkrankheiten: Auch als Autoallergien oder Autosensibilitätskrankheiten bezeichnete schwere Erkrankungen, die darauf zurückzuführen sind, dass das Tier Antikörper gegen körpereigene Strukturen bildet. Im Normalfall reagiert das Immunsystem des Organismus nämlich nicht mit körpereigenen Strukturen (so genannte Immuntoleranz), wofür eine komplexer Schutzmechanismus verantwortlich ist. Derartige Erkrankungen manifestieren sich beim Hund oft als unheilbare Hauterkrankungen.

Behang: Wird bei Jagdhunden in doppelter Bedeutung gebraucht:
1. Das Hängeohr der brackenstämmigen Jagdhunde.
2. Altersbezeichnung für Schweißhunde: der einjährige Hund (im 2. Lebensjahr) »steht im 1. Behang«. Für Vorstehhunde ist dieser Ausdruck nicht richtig. Hier wird der einjährige Hund als »im 1. Feld stehend« bezeichnet.

Biotonus: Wörtlich übersetzt: »Lebensspannung«. Wird allgemein als Bezeichnung für den Grad der Vitalität bei Welpen benutzt. Ein Welpe mit hohem Biotonus fühlt sich, in die Hand genommen, hart und gespannt an und windet sich wie eine Schlange.

Brand: Braune Abzeichen über den Augen, an den Backen und auf der Vorderseite der Vorderläufe bei brackenblütigen Hunden. Wird beim Weimaraner als Fehler angesehen, obwohl diese Hunde nicht unschön sind und, wie gesagt, der Brand altes Brackenerbe verkörpert.

Brauchbarkeitsprüfung: Wird auch als *Jagdeignungsprüfung* (s. dort) bezeichnet. Prüfungen nach Landesrecht zum Nachweis der jagdlichen Brauchbarkeit (Mindestleistungen.) Werden vom Weimaraner-Klub nicht als Anlage- bzw. Leistungsprüfungen anerkannt.

Welpe mit Brand.
Foto: D. Andrews

Btr.: *Bringtreueprüfung.* Zusatzprüfung nach besonderer Prüfungsordnung des JGHV. Der Hund muss auf einmaligen Stöberbefehl den ausgelegten Fuchs innerhalb 20 Minuten finden und dem Führer zutragen.

Burgfrieden: Ursprünglich: Im Mittelalter das absolute Fehdeverbot im Einflussbereich der Burg. Bezeichnet in der Jagdkunde die Beobachtung, dass ähnliche Tabus auch bei vielen Tieren bestehen.

Caniden: Lateinische Bezeichnung für *Hundeartige.*

DC: *Delegirten-Commission.* Erster in Deutschland im Jahr 1880 gegründeter Zusammenschluss der Hundezuchtvereine.

Deckhaar: Die langen, derben und glatt anliegenden Haare, die bei bestimmten Hunderassen die darunter befindliche Unterwolle (s. dort) überdecken.

Demodikose: Durch Milben *(Demodex-Milbe)* hervorgerufene Hauterkrankung mit z. T. schweren Allgemeinstörungen. Tritt überwiegend bei kurzhaarigen Hunden und solchen Tieren auf, bei denen das Immunsystem geschwächt ist.(z. B. durch Mangelernährung).

DGStB: *Deutsches Gebrauchshund-Stammbuch.* Das seit über 100 Jahren vom JGHV (s. dort) jährlich herausgegebene Sammelwerk, welches alle erreichbaren Informationen über die im zurückliegenden Jahr geprüften und beurteilten Jagdhunde enthält.

Disposition: Erbliche Veranlagung für Defekte und Gesundheitsstörungen, die evtl. erst nach Hinzukommen von widrigen Umwelteinflüssen feststellbar werden.

Distichiasis: *Wimpernreihenverdoppelung.* Angeborener Lidfehler (s. dort), bei dem hinter der normalen Wimpernreihe, eine zweite, nach augenwärts gerichtete Härchenreihe wächst. Folge: Dauerreizung der Hornhaut. In Deutschland beim Weimaraner noch nicht beobachtet.

Dominant: Bezeichnet in der Erblehre die Beobachtung, dass ein Merkmal ein entgegengerichtetes anderes Merkmal *überdecken* kann. Beispiel: Beim Weimaraner ist das Merkmal »Kurzhaar« dominant über das Merkmal »Langhaar«. Das Merkmal »Langhaar« folgt dem rezessiven Erbgang (s. dort). Ein im Erscheinungsbild (Phänotyp, s. dort) kurzhaariger Weimaraner kann im Erbbild (Genotyp, s. dort) also durchaus auch das Merkmal »Langhaar« tragen.

Dressur: Früher übliche Bezeichnung für Jagdhundeabrichtung.

Dressurangel: *Reizangel.* (s. dort).

Dummy: Neudeutsche Bezeichnung für einen, allerdings recht vielseitig (z. B. auch im Wasser) verwendbaren Apportiersack.

Einhodigkeit: Zurückbleiben eines Hodens in der Bauchhöhle oder im Leistenkanal; siehe auch *Kryptorchismus.* Erblicher Defekt, führt zum Zuchtausschluss.

Ektropium: *Augenlidausstülpung.* Bei diesem erblichen und in schweren Fällen zum Zuchtausschluss führenden Fehler hängt das Unterlid herab, so dass die tiefrote Lidbindehaut sichtbar wird.

Elektoreizgeräte: Abrichtungshilfen bestehend aus einem Sender und einem Empfänger. Der Empfänger ist an einem Halsband befestigt. Über Funksignale, die am Sender ausgelöst werden, können an den Hund vorher programmierte (Stärke, Dauer, Frequenz) Elektroreize übermittelt werden.

Entropium: *Rolllid* in Form einer Einwärtsdrehung des Lidrands in Richtung Hornhaut. Führt, da erblich, zum Zuchtausschluss.

Epilepsie: Wird beim Menschen auch als *Fallsucht* bezeichnet. Schwerwiegende, erbliche Hirnstoffwechselstörung, die zu Krampfanfällen und zu Bewusstseinsstörungen führt. Zuchtausschluss!

Erziehung: Die Hinführung des Welpen an sein Leben als Familienmitglied und als Jagdhund ohne Ausübung von Zwang.

Exterieur: Das gesamte äußere Erscheinungsbild des Hundes.

F1-Generation: Heißt: erste *Filialgeneration*, also die Nachkömmlinge einer Paarung in der 1. Generation. Entsprechend werden dann die Abkürzungen F2, F3 usw. verwendet.

Fahne: Die fahnenartig von der unkupierten Rutenunterseite des gut behaarten Langhaar-Weimaraners herabhängenden *Deckhaare*.

Fährtenlaut: Das anhaltende Lautgeben des Hundes auf der warmen Fährte von Schalenwild. Siehe auch *Spurlaut*.

Fang: Die Schnauzenpartie des Jagdhundes.

Fassbeinigkeit: O-beinige Stellung der Hinterläufe.

FCI: *Fédération Cynologique Internationale* mit Sitz in Belgien ist die Dachorganisation der nationalen Hundeverbände in Europa.

Federn: Die langen Haare des gutbehaarten Langhaar-Weimaraners an der Hinterseite der Vorderläufe.

Femur: Der *Oberschenkelkopf*, der möglichst straff und tief in der Beckenpfanne *(Acetabulum* s. dort) sitzen soll.

firm: Aus dem lateinischen »sicher«. Auch eingedeutscht »ferm«. Ist der gut ausgebildete und sicher arbeitende Jagdgebrauchshund.

Fransen: Die langen Haare des gut behaarten Langhaar-Weimaraners an den Rändern des Behangs.

Futterschleppe: Schleppspur mit Futterteilen zum Futternapf der Welpen zur frühen Anleitung zur Ausarbeitung von Spuren.

Gänge: Die Qualität der Fortbewegung des Hundes in den einzelnen Gangarten.

Geläuf: Duftspur, welche das Federwild beim Laufen hinterlässt.

Genotyp: *Erbbild.* Dieses Erbbild ist bei einem Hund meist nicht äußerlich sichtbar, im Gegensatz zum *Erscheinungsbild (Phänotyp*, s. dort). Beispiel: Ein Kurzhaar-Weimaraner kann, da Kurzhaar *dominant* (s. dort) vererbt wird, im Erbbild auch Langhaar-Gene tragen.

Goldschakal: Wurde früher nach einer inzwischen wohl nicht mehr gültigen Hypothese zu den Vorfahren des Haushundes gerechnet.

Habichtsauge: Infolge Pigmentarmut der Regenbogenhaut (Iris) sehr helles, habichtsartiges Auge.

Hals, lockerer: Angeborene Neigung zum Lautgeben.

Halshaut: Haut an der Unterseite des Halses. Siehe auch *Wamme*.

Handler: In den USA: Professioneller oder halbprofessioneller Vorführer von Jagdhunden auf Schauen, Tests oder Trials.

Handscheu: Scheu des Hundes vor der Hand des Führers. Achtung: meist nicht anlagebedingt, sondern durch falsches Führerverhalten verursacht!

Hängseil: In früheren Jahrhunderten verwendete Leine (Seil) zur Arbeit mit dem *Leithund* (s. dort) auf der Fährte.

Härte: Die Kampfbereitschaft des Jagdhundes vor allem gegenüber Raubwild und anderem wehrhaften Wild.

Hasenpfoten: Ovale, hasenpfotenartige Pfotenform des Hundes mit etwas längeren Mittelzehen.

HD: *Hüftgelenkdysplasie*. Ein- oder beidseitige Entwicklungsanomalie des Gelenks zwischen Beckenpfanne und Oberschenkelkopf.

Heritabilität: Gleichbedeutend mit *Vererbbarkeit oder Erblichkeitsgrad.* Die Vererbbarkeit kann von 0 % bis 100 % (oder 0,00 bis 1,00) reichen. Merkmale mit hohem Erblichkeitsgrad sind solche mit Werten von über 50 %, von niedrigem Erblichkeitsgrad solche unter 20 %.

Heterosiseffekt: Als Heterosiseffekt oder *Heterose* bezeichnet man die Beobachtung, dass bei Kreuzung nicht verwandter Linien die Nachkommen den zu erwartenden Leistungs-Mittelwert der Eltern deutlich übertreffen. Wird auch als *Luxurieren* der Bastarde bezeichnet. Siehe auch *Hybridzucht*.

HN: *Härte-Nachweis*. Eintrag als Leistungszeichen. Abkürzung (/).

Hodenfehler: Fehlentwicklung beim physiologischen Hodenabstieg ins Skrotum (s. a. *Kryptorchismus*).

Hosen: Die längeren Haare an der Hinterseite der Keulen, insbesondere beim Langhaar-Weimaraner.

Hodensack: Lateinisch: *Scrotum oder Skrotum.*

Hybridzucht: Kreuzung nicht verwandter, ingezüchteter Linien mit dem Ziel der Erzielung eines *Heterosiseffekts* (s. dort).

Südseestimmung an der Nordseeküste.
Foto: Dr. Schmidt

Hypophyse: *Hirnanhangsdrüse*. Besonders wichtig der *Hypophysenvorderlappen*. Steuert als übergeordnete Hormondrüse den gesamten Geschlechtszyklus sowohl männlicher als auch weiblicher Individuen.

HZP: *Verbands-Herbstzuchtprüfung*.

Inzucht-depression: Umgekehrter Effekt der *Heterose* (s. dort) bei Inzucht. Vor allem auch Nachlassen der Vitalität.

Jagdeignungs-prüfung: Gleichbedeutend mit *Brauchbarkeitsprüfung* (s. dort).

Jagdgebrauchs-hundverein: Mitgliedsvereine des JGHV, die sich im Gegensatz zu den so genannten Zuchtvereinen überwiegend mit der Ausbildung, Führung und vor allem Prüfung von Jagdgebrauchshunden befassen.

JGHV: *Jagdgebrauchshundverband e. V.* Der in Deutschland zuständige Dachverband für alle Jagdhundevereine.

Jugendklasse: Klasseneinteilung für Junghunde bis 15 Monate bei der Zuchtschau.

Karpfenrücken: Fehlerhaft aufgewölbter Rücken wie bei einem Karpfen.

Katzenpfoten: Katzenartig runde Pfoten bei Hunden. (s. auch *Hasenpfoten*).

Kehlhaut: Meist in Zusammenhang mit »locker« gebraucht. Die Haut an der Unterseite des Übergangs vom Unterkieferbereich zum Hals ist locker und hängt als Hautfalte herab.

Klick- Methode: Angeblich neue Methode, um bei der Abrichtung durch metallisch klingende Signale die Aufmerksamkeit des Hundes zu erzwingen. Verfasser klirrt hierzu mit dem Schlüsselbund. Bei der Suche bedeutet der lang gezogene Pfiff dasselbe, nämlich »Achtung«!

Knautschen: Zu starkes Zufassen beim Apportieren des Wildes, so dass es zur Entwertung des Wildbrets kommt.

Knickrute: Verwachsung von Wirbelkörpern im Bereich der Schwanzwirbelsäule mit dem Ergebnis, dass die Rute einen mehr oder minder starken Knick aufweist. Kommt auch beim Weimaraner vor. Wurde beim Kurzhaar-Weimaraner bisher wenig beachtet, da die Rute ohnehin kupiert wurde. Wird in Zukunft als Erbfehler an Bedeutung gewinnen.

Kombinations-kreuzung: Paarung von zwei Individuen, deren erwünschte Merkmale sich ergänzen in der Hoffnung, bei den Nachkommen möglichst viele erwünschte Eigenschaften der Eltern zu kombinieren.

Kontraselektion: Selektion, deren Ergebnis im Gegensatz zum erwünschten oder erhofften Ziel steht.

Kreuzgebiss: Gebissform, bei der die Schneidezähne zum Teil vor- und zum anderen Teil zurückbeißen (siehe *Vorbiss* und *Rückbiss*)

Kreuzungszucht: Zuchtverfahren, bei welchem nicht oder nicht nahe verwandte Elterntiere gepaart = gekreuzt werden. Siehe auch *Outcross*.

Kryptorchismus: Wörtlich übersetzt: *Verborgenhodigkeit*. Ein oder beide Hoden sind beim Junghund nicht aus der Bauchhöhle in den Hodensack abgestiegen. Erbfehler.

Kuhhessigkeit: Stellungsfehler der Hinterhand. Die Sprunggelenke stehen eng beieinander, während die Pfotenspitzen eher nach außen gedreht sind, ähnlich den Hessen einer Kuh.

Laut: Stimmäußerung des Hundes, vor allem als *Sichtlaut, Spurlaut, Fährtenlaut und evtl. Waidlaut* (s. dort).

Lautjagerstrich: *Leistungszeichen.* (s.dort) Nachweis des lauten Jagens. Abkürzung: (\ ) oder auch »lt«.

Lederohren: Lederartige Veränderung der Haut der Behänge mit teilweiser Haarlosigkeit.

Leinenführigkeit: Das korrekte Gehen des Hundes an der Leine.

Leistungsprüfungen: Prüfungen, bei denen in erster Linie die Leistungen und erst in zweiter Linie die Anlagen des Jagdhundes geprüft werden. Vor allem *VGP, VPS, VswP* (s. dort).

Leistungszeichen: Leistungen, die zusätzlich bei den Prüfungen, bei besonderen Prüfungen oder auch anlässlich der Jagd erbracht und bestätigt werden.: *AH, HN, Lautjagerstrich, Vbr, Btr.* (s. dort).

Leithund: Ursprünglich von Meutehunden abstammender, ruhiger, schwerer (»lymphatischer«), besonders feinnasiger, fährtenwilliger und fährtentreuer Hund, der von den höfischen Berufsjägern zum Bestätigen und Lancieren vor allem des Rothirschs verwendet wurde.

Lidfehler: Fehlbildungen des Augenlids wie *Entropium, Ektropium und Distichiasis* (s. dort.)

Linienzucht: Zuchtmethode, bei der zumindest auf einer Elternseite, meist der Mutterlinie, »Blutanschluss« gesucht wird, d. h. Verwandtschaftszucht betrieben wird.

Lymphatischer Typ: Ungenaue Bezeichnung für einen etwas schwammig wirkenden, grobknochigen und schweren Hund vom Leithundtyp.

Magendrehung: Plötzlich entstehende und akut mit Aufgasung und Kreislaufstörungen einhergehende Drehung des Magens bei großen Hunderassen. Oft nach Fütterung von Trockenfutter und anschließendem übermäßigen Trinken, sowie nach Wälzen.

Major-Herber-Gedächtnisprüfung: *Herbstzuchtprüfung*, (HZP s. dort) die jährlich wechselnd von einer anderen Landesgruppe des Weimaraner-Klubs ausgerichtet wird, meist mit nicht in der Prüfungsordnung verankertem Zusatzfach. So benannt nach dem *»Weimaraner-Vater« Major Robert Herber.*

Molaren: Hintere Zähne der Backenzahnreihe im Unter- und Oberkiefer, die nicht als Milchzähne, sondern nur als Dauerzähne erscheinen.

Nabelbruch: Rundlicher bis ovaler Defekt der Bauchdecke, durch welchen Darm und Gekrösefett bis unter die Haut vorfallen können und hier als kugeliges Gebilde bis zu Nussgröße beobachtet werden kann. Wird allgemein als Bindegewebsschwäche gedeutet.

NAVHDA: *The North American Versatile Hunting Dog Association.* Bedeutet frei übersetzt etwa: »Nordamerikanischer Verband für den vielseitigen Jagdgebrauchshund«. Bietet dem amerikanischen Weimaranerbesitzer Alternativen zu den Tests und Trials des *AKC* (s. dort) mit mehr jagdlichem Bezug.

o.Sp. Abkürzung für *»ohne Spur«*. So wird die HZP (s. dort) der Landesgruppen des Weimaraner-Klubs meist ohne Spur ausgeschrieben, d. h. die Hasenspur wird nicht geprüft.

Oberländer: Pseudonym von *Carl Rehfuß* (1855-1926) aus Kehl im »badischen Oberland«. *»Oberländer«* war zusammen mit *Hegewald* und anderen Mitbegründer der deutschen Gebrauchshundbewegung und insbesondere auch des *DGStB* (s. dort). Er hat in zahlreichen Büchern und Beiträgen seine Gedanken und Ansichten veröffentlicht. Von ihm wurden auch viele Abrichtungshilfen entwickelt, von denen heute noch der *Oberländer-Apportierbock* und die *Oberländer-Leine* weit verbreitet sind. Ihm zu Ehren trägt ein in Karlsruhe ansässiger großer Jagdgebrauchshundverein den Namen *JGV »Oberländer«.*

Oligodontie: Meist erblich bedingte, angeborene Zahnverluste.

Outcross: auch *Outcrossing*. Wörtlich »Auskreuzung«. Wird in ähnlicher Bedeutung wie *Kreuzungszucht* (s. dort) verwendet, vor allem aber auch dann, wenn nach sehr enger Zucht durch Kreuzung mit einer nicht oder nicht eng verwandten Linie eine Leistungssteigerung erwartet wird.

Paarhühnerfeld: Die Zeit im Frühjahr, zu der die Rebhühner paarweise auf den Fruchtäckern liegen. Diese Zeit eignet sich besonders gut zur Einarbeitung des Junghundes in der Feldarbeit, insbesondere in der Suche und im Vorstehen.

Parforce-Dressur: Wohl zuerst von OSWALD eingeführter und später auch von OBERLÄNDER übernommener Begriff für eine Abrichtung mit gelindem Zwang. Wurde in unserer Zeit von einigen Autoren, die Oberländer wohl als »Abschriftsteller« bezeichnet hätte, verteufelt, wahrscheinlich weil diese die genannten Autoren nicht gelesen haben. Beachte: Der Titel des Oswald'schen Werks lautet in seinem ersten Teil *Der Vorstehhund in seinem vollen Werte; dessen neueste Parforce-Dressur,* mit dem Zusatz, der wohl aber meist nicht gelesen wird, ***»ohne Schläge«.***

Parvovirose: Seuchenartig verlaufende Infektionskrankheit der Hunde, die in Deutschland seit ca. 1979 beobachtet wird. Da P. früher überwiegend bei Katzen vorkam, wird sie im Volksmund oft auch noch als *Katzenseuche* bezeichnet. Vorbeuge durch Impfung gehört heute zum Standard-Impfprogramm.

Passgang: Unerwünschte Gangart beim Vorstehhund im Trab. Dabei werden Vorder- und Hinterläufe parallel geführt und gleichzeitig aufgesetzt. Dadurch entsteht ein schaukelnder (Pass-) Gang.

Passion: Leidenschaft des Jagdhundes zum Jagen. Hunde, denen diese Passion abgeht, sind als Jagdhunde nicht geeignet, *man muss sie zum Jagen tragen!*

Penetranz: Begriff aus der Erblehre, bedeutet wörtlich übersetzt »Durchdringungsvermögen«. Hauptsächlich zusammen mit *dominant* verwendet. Beispiel: Kurzhaarigkeit wird beim Weimaraner zwar grundsätzlich dominant vererbt, es kommt aber auch vor, dass bei Kurzhaar x Langhaar-Paarungen Nachkommen mit Mischhaar auftreten, die nicht eindeutig kurz- oder langhaarig sind. In diesem Fall spricht man davon, dass Kurzhaar dominant mit unvollständiger Penetranz vererbt wird.

Phänotyp: *Erscheinungsbild* eines Tieres. Aus diesem Erscheinungsbild kann, besonders bei *dominant* vererbten Merkmalen, meist nicht auf das *Erbbild (Genotyp, s. dort)* geschlossen werden. Beispiel: Ein im Erscheinungsbild kurzhaariger Weimaraner kann im Erbbild durchaus Langhaar-Gene tragen.

Phantom-schmerz: Vom Menschen her bekannte Schmerzempfindung, bei welcher Schmerzen an amputierten, also gar nicht mehr vorhandenen Körperteilen empfunden werden.

polygen: Begriff aus der Erblehre. Merkmale werden *polygen* vererbt, wenn für ihr Zustandekommen mehrere Gene verantwortlich sind.

Polyodontie: Angeborene, meist erbliche *Zahnüberzahl.* Beim Weimaraner sind beispielsweise manchmal M3 und P1 im Unterkiefer doppelt vorhanden. Züchterisch ohne Bedeutung.

Der Allesapporteur.
Foto: Dr. Schmidt

Prägungsphase: Erste der so genannten *sensiblen Phasen* (s. dort) in der Jugendentwicklung des Hundes. Dauert ca. bis zur 7. Lebenswoche.

Prägungs-spieltage: Auch *Welpenspieltage* (s. dort).

Prämolaren: Vordere Backenzähne des Hundes, die sowohl im Milchgebiss, als auch im Dauergebiss vorhanden sind.

Rachitis: *Knochenweiche.* Störung des Kalkstoffwechsels im Knochen mit Verbiegungen und Entwicklungsstörungen. Ursächlich durch Mangelernährung oder erblich bedingt.

Rangordnungs-phase: Dritte der so genannten *sensiblen Phasen* (s. dort) nach der *Sozialisierungsphase.* Ca. 12. bis 20. Woche.

Rassekenn-zeichen: *Standard.*

Reizangel: Wichtige Abrichtungshilfe insbesondere für Welpen, bestehend aus einem langen Stock mit Schnur und daran befestigter Attrappe. Wird auch weniger korrekt als *Dressurangel* bezeichnet.

Rezessiv: Begriff aus der Erblehre. Merkmale, die rezessiv oder *verdeckt* vererbt werden, können durch *dominante Gene* (s. dort) überdeckt werden. Beispiel aus der Weimaranerzucht. Langhaar wird rezessiv vererbt und kann durch Kurzhaar überdeckt werden. Das bedeutet anderseits, dass langhaarige Hunde immer reinerbig in Bezug auf das Haar sind.

Riemen: Die Schweißleine oder besser der *Schweißriemen.* Sollte beim Weimaraner mindestens 10 m lang , 2 cm breit und genügend schwer sein. Sehr leichte Riemen aus Nylon o. ä. sind weniger geeignet.

Riemenarbeit: Der Teil der *Nachsuchenarbeit*, bei welchem der Hund am Riemen arbeitet.

Rückbiss: Gebiss, bei welchem die Schneidezähne des Unterkiefers deutlich hinter die des Oberkiefers beißen. Bildhaft auch als *Karpfengebiss* bezeichnet.

Rudelordnungsphase: Die in der Jugendentwicklung letzte *sensible Phase* (s. dort) im Alter von 6 bis 7 Monaten.

Rupfer: Hunde, die beim zu apportierenden Flugwild die Federn ausrupfen. Kann Vorstufe zum *Anschneiden* (s. dort) sein.

Scheinträchtigkeit: Anzeichen der Trächtigkeit bei leergebliebenen Hündinnen, wie Anschwellen des Gesäuges, Nestbauen, Behüten von Gegenständen usw. Kommt vor allem bei sehr sensiblen Hündinnen vor. Achtung! Disposition für Gebärmutterentzündungen.

Scherengebiss: Gilt allgemein als korrektes Gebiss: Schneidezähne des Unterkiefers stehen geringfügig gegenüber denen des Oberkiefers zurück, *sie berühren sich aber noch reibend.*

Schussempfindlichkeit: Jedes Beeindrucktsein des Hundes bei Schussabgabe. Es wird unterschieden zwischen *leichter Schussempfindlichkeit, Schussempfindlichkeit* und *starker Schussemfindlickeit.* Die Definitionen sind in § 23 VZPO (s. dort) niedergelegt.

Schussfestigkeit: Das Unbeeindrucktsein des Hundes bei jeglicher Abgabe eines Schusses.

Schussscheu: Die Angst vor dem Schuss bzw. vor dem Schießen. Kann sich durch Weglaufen, Verkriechen z. B. unter dem Auto oder im Schutzsuchen beim Führer manifestieren. Kann sogar so weit gehen, dass der Hund nicht vom Führer weicht, wenn dieser eine Flinte trägt.

Schutztrieb: Angeborenes Verhalten, den Führer, die Rudelgenossen, sowie das gemeinsam erjagte Wild zu schützen und auch notfalls zu verteidigen. Hängt wahrscheinlich auch mit dem Hütetrieb zusammen.

Schweißhalsung: Breite, nicht einschneidende Halsung mit drehbarem Wirbel zur Befestigung des *Riemens* (s. dort). Brustgeschirre haben sich beim Jagdhund (noch) nicht durchgesetzt.

Selektion: Begriff aus der Erblehre. Das A und O der Zucht, nämlich die züchterische Auslese zur möglichst schnellen und durchschlagenden Erreichung eines *Zuchtziels* (s. dort).

Selektionsdruck: Bildhafter Ausdruck aus der Erblehre. Durch rigorose Auslese (= Druck) kann etwa die Häufigkeit unerwünschter Merkmale in einer Zuchtfamilie schnell reduziert werden.

Sensible Phasen: Einteilung der Phasen in der Jugendentwicklung des Hundes nach TRUMLER. *Prägungsphase - Sozialisierungsphase - Rangordnungsphase - Rudelordnungsphase.*

Sichtlaut: Lautgeben des Hundes bei Ansichtigwerden insbesondere eines Hasen oder Fuchses, aber auch anderer Wildarten.

Skrotum: *Hodensack* (s. dort). Beim Weimaraner von ca. 10 Wochen müssen sich beide Hoden außerhalb der Bauchhöhle im Hodensack befinden.

Sozialisierungsphase: Die zweite der *sensiblen Phasen* (s. dort) in der Jugendentwicklung des Hundes nach der *Prägungsphase.* (s .dort).

Spuren: Spuren, für den Menschen sichtbar oder aber auch nur für den Hund nasenmäßig wahrnehmbar, hinterlässt das *Haarwild* außer Schalenwild.(Hase, Fuchs, Kaninchen u. a.)

Spurlaut: Das Lautgeben des Hundes auf der Hasenspur.

St.K: *Stammbuch-Kurzhaar.* In dieses Zuchtbuch waren vom Jahr 1897 (Band 1) bis zum Jahr 1922 (Band 26) neben *Deutsch-Kurzhaar* und *Württemberger* auch die (kurzhaarigen) Weimaraner eingetragen.

Standard: *Rassekennzeichen.* Für jede Rasse existierende und international registrierte Beschreibung der körperlichen und geistig-seelischen Eigenschaften einer Hunderasse. Zuständig für die Aufstellung des Standards ist das Herkunftsland der Rasse, für den Weimaraner also Deutschland.

Stockhaar: Behaarung einer Hunderasse, bei welcher die deutlich ausgeprägte *Unterwolle* (s. dort) von glatt anliegendem und derbem *Deckhaar* (s. dort) vollständig überdeckt wird. Vorkommen z. B. beim Deutschen Schäferhund. Beim Weimaraner kommt lediglich stockhaar-ähnliche Behaarung vor.

Stockmaß: *Widerristhöhe*, gemessen mit dem »Stock« an der höchsten Stelle des *Widerrists.*

Stopp: Absatz zwischen Übergang des Oberschädels zum Gesichtsschädel. Beim Weimaraner, im Gegensatz etwa zum Pointer, gering ausgeprägt.

Stubendressur: Abschnitt in der Grundabrichtung (Gehorsamsabrichtung) des Jagdhundes, der zweckmäßigerweise an Orten durchgeführt wird, wo der Hund möglichst wenig abgelenkt wird.

Tabuisieren: Wichtiger Teil der Erziehung des Welpen zum Hausgenossen, bei welchem ihm klar gemacht wird, was für ihn *tabu* ist (z. B.Teppichfransen).

Totengräber: Fehlverhalten des Hundes , bei dem das Wild ganz oder teilweise eingegraben wird.

Totverbeller: Abrichtungsmäßig gefestigtes Verhalten des Jagdhundes, bei dem er Wild, welches er nicht apportieren kann, verbellt und dadurch seinen Führer *»zum Stück ruft«.*

Totverweiser: Abrichtungsmäßig gefestigtes Verhalten des Jagdhundes, bei dem er seinem Führer durch bestimmte Gesten anzeigt, dass er Wild, das er nicht apportieren kann, gefunden hat und ihn anschließend *»zum Stück führt«.*

überbaut: *Überbaut* ist ein Hund, bei welchem im lockeren Stand die Kruppe höher liegt, als der *Widerrist.*

Unterordnung: Bei der Abrichtung von Nicht-Jagdhunden gebräuchliche Bezeichnung für die Abrichtung in den Gehorsamsfächern.

Unterwolle: Die wollige Behaarung des Hundes, die in unterschiedlichem Ausmaß unter dem Deckhaar (s. dort) liegt. Kurzhaarige Hunde haben in der Regel keine oder wenig Unterwolle.

Vbr: Abkürzung für *Verlorenbringen bzw. den Verlorenbringer. Leistungszeichen* (s. dort) des JGHV.

VDH: Verband für das Deutsche Hundewesen mit Sitz in Dortmund. Dachorganisation für die deutschen Hundezuchtvereine, wobei die Jagdhunderassen in wesentlichen Angelegenheiten auch vom *JGHV* (s. dort) vertreten werden.

Verbandsprüfungen: Prüfungen nach den *Prüfungsordnungen des JGHV* (s. dort).

Verdrängungs-kreuzung: Kreuzung eines Hundes, der unerwünschte Merkmale aufweist mit einem Partner, welcher diese Merkmale nicht hat, mit dem Ziel, die unerwünschten Merkmale aus der behafteten Zuchtlinie zu verdrängen.

VGP: *Verbandsgebrauchsprüfung*, die Meisterprüfung des Vorstehhundes.

Viole: *Duftdrüse* (modifizierte Schweißdrüse) des Fuchses auf der Oberseite des ersten Drittels der Lunte. Auch beim Hund rudimentär (in Resten) vorhanden.

VJP: *Verbandsjugendprüfung*. Anlageprüfung im Februar/März für Junghunde, die im Vorjahr gewölft sind. Zugelassen werden auch noch Hunde, die bis zu 3 Monate älter sind (Stichtag ist der 1. Oktober).

Vorbiss: Gebiss, bei welchem die Schneidezähne des Unterkiefers deutlich vor die des Oberkiefers beißen. Bildhaft auch *Hechtgebiss* genannt.

VPS: *Verbandsprüfung nach dem Schuss*. Im Jahr 1997 neu geschaffene Leistungsprüfung des *JGHV*. Die Prüfungsordnung lehnt sich weitgehend an die *VGPO* an. Bei der VPS werden allerdings überwiegend die Fächer der so genannten *Arbeit nach dem Schuss* geprüft. So werden z. B. bei der Feldarbeit die Fächer *Suche und Vorstehen* nicht geprüft.

VSwP: *Verbandsschweißprüfung*. Oft auch nicht korrekt als »erschwerte Schweißprüfung« bezeichnet. Bei dieser Verbandsprüfung muss der Hund eine übernächtige, mit Wildschweiß getupfte oder getropfte Kunstfährte von mindestens 1000 m Länge arbeiten. Die Prüfung kann auch auf doppelt-übernächtiger Fährte ausgeschrieben werden. Für das Legen der Fährte darf höchstens ein Viertelliter Schweiß verwendet werden.

VZPO: *Ordnung für Verbands-Zuchtprüfungen* (des JGHV). Enthält die Prüfungsordnungen für *VJP* und *HZP* (s. dort).

Waidlaut: Durch Überpassion bedingtes, unerwünschtes Lautgeben des Hundes, ohne dass er auf einer Fährte, Spur oder Geläuf arbeitet.

Wamme: Lose herabhängende Hautfalte an der Unterseite des Halses. Wird als Fehler bewertet.

WCA: *Weimaraner Club of America.*

Welpenspieltage: Auch nicht ganz korrekt als *Prägungsspieltage* bezeichnet. Anlässlich solcher Treffen mit Welpen und/oder Junghunden etwa gleichen Alters lernt der Welpe spielerisch vor allem soziales Verhalten und soziale Verträglichkeit. Gute Vorbereitung für die Teilnahme an einem *Hundeführerlehrgang* im darauf folgenden Jahr.

Widerristhöhe: Auch *Stockmaß* Höhe des Hundes, gemessen an der höchsten Stelle des *Widerrists.*

Wildgehorsam: Erwünschter Gehorsam des Jagdhundes, der sich darin zeigt, dass der ansonsten *wildscharfe* Hunde sich auf entsprechendes Signal (meist Trillerpfiff) vom Verfolgen des angehetzten Wildes abhalten lässt.

Wildreinheit: Eigenschaft eines Hundes, Wild überhaupt nicht zu verfolgen, bedingt durch mangelnde *Jadgpassion* oder durch Erziehungsmaßnahmen. *Wildreine Hunde sind auf der Jagd nicht brauchbar.*

Wildschärfe: Anlagebedingtes Verhalten des Hundes, Wild auf Befehl zu verfolgen, es energisch zu hetzen zu stellen oder zu töten. *Für den brauchbaren Jagdhund unabdingbar.*

WK: In neuerer Zeit gebräuchliche Abkürzung für *Kurzhaar-Weimaraner.*

WL: In neuerer Zeit gebräuchliche Abkürzung für *Langhaar-Weimaraner.*

WN: *Weimaraner-Nachrichten.* Viermal jährlich herausgegebenes Mitteilungsblatt des *Weimaraner-Klub e. V.*

Wolfskrallen: Fünftes Zehenglied mit Kralle, teilweise auch mit Ballen, an der Innenseite der *Hinterläufe* mancher Hunderassen. Überwiegend bei Hütehunderassen, beim Weimaraner selten. Merke: Die fünfte Kralle an der Innenseite der *Vorderläufe* des Weimaraners ist immer vorhanden und ist keine Wolfskralle. Sie sollte auch nicht, wie in den USA üblich, entfernt werden.

Wurfkette: Kleines, möglichst laut klirrendes Kettchen, mit dem man durch Werfen die Aufmerksamkeit des Hundes auf (kürzere) Entfernungen erzwingen kann. Heute wird in ähnlicher Funktion die so genannte *Klick-Methode* (s. dort) propagiert.

Zahnfehler: Überwiegend erbliche Gebiss-Fehlentwicklungen; können sich als Fehlstellungen oder Zahnverluste manifestieren.

Zangengebiss: Gebiss, bei welchem die Schneidezähne des Unter- und Oberkiefers wie bei einer Zange direkt aufeinander beißen. Wird nicht als zuchtausschließender Fehler bewertet. Siehe auch *Alterszange.*

Zuchtperiode: Die Zeitspanne, in der beim Weimaraner die Welpen fallen sollten. Sie beginnt, bedingt durch die Vorgaben der VZPO (s. dort), obligatorisch am 1. Oktober und sollte etwa Mitte Mai enden.

Zuchtprüfungen: *Anlageprüfungen* (s. dort).

Zuchtschau-ordnung: *Ordnung des Weimaraner-Klub e. V.* zur Regelung der einheitlichen Durchführung von Zuchtschauen des Klubs.

Zuchtziel: In den *Rassekennzeichen* festgelegte Zielvorstellung über *Exterieur* (s. dort) und die Anlagen des Weimaraner-Vorstehhundes.

Zwille: Norddeutscher Ausdruck für Steinschleuder.

Der Autor mit einer seiner Hündinnen

Waidmannsheil auf allen Wegen und Wechseln!
Der Autor